云南文库

当代云南社会科学百人百部优秀学术著作丛书

云南少数民族地区
梯度结构与人力资源梯次开发

任新民/著

云南大学出版社
云南人民出版社

作者小传

任新民，法学博士，云南大学马克思主义研究院教授，博士生导师。主要从事中国特色社会主义理论、马克思主义民族理论与政策方向的研究工作。从教以来，公开发表学术论文70多篇，共出版个人专著及担任主编、参与主编、副主编著作20余部。2000年博士毕业论文《云南民族地区梯度结构与人力资源梯次开发》被评为华中师范大学优秀博士论文。所主编的《云南省人力资源系统开发研究》、《人才战略概论》分别获得云南省哲学社会科学优秀成果二等奖、三等奖。多年来，作为课题研究者主持完成国家及省级多项各种课题研究。目前，主持国家社科基金2007年重点项目"中国特色社会主义在西南边疆多民族地区的探索与实践"课题的研究。多年来，研究工作获得云南省政府社会科学优秀成果奖二等奖、三等奖多项；在教学工作上，获得过云南大学教学优秀成果一等奖、二等奖、三等奖多项，云南省教学优秀成果二等奖，云南省教育厅思想政治课"十佳"教师光荣称号，云南大学"伍达观先进教师奖"等荣誉。

图书在版编目（CIP）数据

云南少数民族地区梯度结构与人力资源梯次开发/
任新民著．—昆明：云南大学出版社，2012
（当代云南社会科学百人百部优秀学术著作丛书）
ISBN 978 - 7 - 5482 - 0919 - 5

Ⅰ.①云⋯　Ⅱ.①任⋯　Ⅲ.①少数民族—民族地区—
人力资源开发—研究—云南省　Ⅳ.①F249.277.4

中国版本图书馆 CIP 数据核字（2012）第 080359 号

责任编辑： 石　可
装帧设计： 刘　雨　王睿韬
责任印制： 张爱成

书　　名	**云南少数民族地区梯度结构与人力资源梯次开发**
作　　者	任新民　著
出　　版	云南大学出版社 云南人民出版社
发　　行	云南大学出版社 云南人民出版社
社　　址	昆明市翠湖北路 2 号云南大学英华园内（650091） 昆明市环城西路 609 号（650034）
电　　话	0871 - 5031071　5033244 0871 - 4113185
网　　址	http：//www.ynup.com　www.ynpph.com.cn
E - mail	market@ynup.com　rmszbs@public.km.yn.cn
开　　本	787mm×1092mm　1/16
印　　张	14
字　　数	225 千
版　　次	2012 年 7 月第 1 版第 1 次印刷
印　　刷	昆明卓林包装印刷有限公司
书　　号	ISBN 978 - 7 - 5482 - 0919 - 5
定　　价	38.00 元

《云南文库》编辑说明

　　《云南文库》是云南省哲学社会科学"十二五"规划的重大项目。编辑出版《云南文库》是落实云南省委、省政府建设民族文化强省的重要举措，是繁荣发展云南哲学社会科学的重要途径，是树立云南文化形象、提升云南文化软实力的基础性工程。

　　中国学术文化的发展不仅有共性，还有很强的地域性。一国有一国之学术，一方有一方之学术。学术研究是社会发展的动力，是社会智慧的结晶，是文化建设的重要构成部分。云南虽地处边疆，仍不乏丰厚的学术研究传统。尤其明清以来，云南与中原的文化交流日臻密切，省外名宿大儒进入云南的代不乏人，而云南的文人学士也多有游宦中原者。在中原文化的熏陶下，云南的文化学术遂结出累累硕果，文化名人辈出，如杨慎、李贽、李元阳、师范、王崧、方玉润、许印芳等，其总体集中性的代表成果是《滇系》和《云南备征志》。至清末，云南学子开始走出国门到海外留学，成为云南与世界沟通的桥梁，也成为改造社会和推进云南文化学术发展的中坚。但由于交通不便，信息闭塞，云南的学术成果并未为内地所认知。更有甚者，清乾隆年间，四库全书馆在全国征集历代遗书，云南巡抚李右江得到云南先贤的著述，但害怕其中有什么不恰当的内容，竟私藏起来不上报，使得《四库全书》仅从它处收录了3种云南人著述，成为云南文化史上的一大缺憾。辛亥革命后，云南学人痛感地方文化学术之不彰，在地方政府的支持下，赵藩、陈荣昌、袁嘉谷、由云龙、周钟岳、李根源、方树梅、秦光玉等一批当时最负盛名的云南学者倾力收集整理云南文献，于1914年至1923年编成刻印《云南丛书》初编，共152种1064卷，及不分卷者47册；1923年至1940年编成刻印《云南丛书》二编，共69种133卷。另编定31种待刻，后由于抗日战争爆发，整个《云南丛书》的编辑刻印工作中止。历时26年编刻的《云南丛书》把保存下来的历代云南重要地方文献网罗殆尽，是云南有史以来地方文化的一次最系统的总结，对云南的文化建设发挥了不可估量的作用。

　　学术创新的根基是学术积淀和传承。从编辑刻印《云南丛书》之时算起至今，其间经历了抗日战争、新民主主义革命、社会主义革命和建设、改革开放的新的历史时期。在这近一百年的历史中，云南的学者为抗击日本侵略者和新中国的解放事业，为社会主义新文化的建设贡献了自己的聪明才智，也为云南地方经济、社会、文化的发展创造了一大批研究成果，并形成了自己的风格和特色。今天，文化建设又站在一个新的历史起点上。整理和出版云南学术史和文化史上的优秀成果，是继承优秀的地方历史文化遗产，建设有中国特色的社会主义新文化和民族文化强省的基础性工作。只有站在前人的肩上，我们才看得更远，走得更实。这也是我们编辑出版《云南文库》的初衷。

比之编刻《云南丛书》的时代，云南的经济政治社会文化已经发生了翻天覆地的变化，云南不再是一个封闭落后的边疆省份，而是成为了我国面向南亚、东南亚开放的桥头堡，其战略地位日益突出。云南的文化创造力也大大发展了，学者力量的壮大、学术成果的丰富早已不可同日而语。今天的《云南文库》不可能像当年《云南丛书》一样收录所有的文献资料，只可能是好中选优、优中选精，尽可能地把最能体现云南学术文化水平和云南学术特色的成果收录进来，以达到整理、总结、展示、交流和传承文化，弘扬学术，促进今日云南文化学术的建设与繁荣之目的。功在当代，利在千秋。

《云南文库》分为三个系列。

一是《云南文库·学术大家文丛》，收录云南学术大家的作品。

二是《云南文库·学术名家文丛》，收录中华人民共和国建立以前出生的云南学术名家的作品。

三是《云南文库·当代云南社会科学百人百部优秀学术著作丛书》，收录中华人民共和国建立以后出生的一代学者的优秀作品。

我们将使《云南文库》成为一个开放的体系，随着云南民族文化强省建设的推进而不断丰富它的内涵，不断发挥其在社会主义精神文明建设和云南文化建设中的积极作用。

《云南文库》编辑委员会
2011 年 6 月

目 录

百人百部

导　言

云南各少数民族从不同的历史发展阶段进入社会主义社会以后，如何尽快地缩小民族地区与发达地区的发展差距，已成为民族发展理论中的一个重大课题。民族地区的现代化是中国社会主义现代化的重要组成部分，民族地区的发展要放到世界现代化和中国社会主义现代化的时代背景下，才能深刻地认识。

知识经济时代的到来，使人类社会的可持续发展从过去主要依靠自然资源、资本转移到了主要依靠人类自身的聪明智慧，依靠人类积累创造的知识。知识经济加剧了世界各国之间的竞争。竞争首先表现为科技的竞争，而科技竞争的实质则是人才的竞争，人的综合素质的竞争。人才是一个民族、一个国家经济繁荣的决定性因素。在知识经济时代，经济活动成为以人才为主体的最基本的实践活动，经济发展水平的高低是与人才数量的多少和素质的优劣成正比的，国民经济的主要潜力在于人力资本；科技的进步取决于人力资本；人力资本决定着经济社会的可持续发展和经济增长方式的转变；提升人力资本是发展中国家经济赶超发达国家的战略选择。邓小平看到了中国与世界的差距的根本在于科技发展水平与人才的差距，提出了以"尊重知识、尊重人才"为核心的人力资源开发理论，把人才作为人力资源开发的重点，提出了"革命化、年轻化、知识化、专业化"的社会主义人才标准，阐明了人才在社会主义现代化进程中的主导地位，要求创造良好的人才环境，加快教育发展的培养选拔人才，为我国人力资源开发提供了理论指导。

西部大开发战略的提出为民族地区的发展提供了十分有利的机遇。西部大开发战略是以可持续发展为核心，这一战略突出了人力资源开发的先导地位，提高人力资源素质是实现西部地区可持续发展的根本任务，是西部地区适应市场经济开发体制的基本要求；人力资源开发有利于形成西部地区人才

1

的规模效应，有利于在西部地区树立起新的精神状态。"以人为本"是西部人力资源开发的发展目标，只有把提高人力资源素质作为西部地区人力资源开发的主要任务，建立西部地区人力资源开发的机制，改善西部地区的人才环境，转变人才观念，强化教育，才能保证西部大开发战略的成功。在西部大开发战略的总体格局下，从云南民族地区经济社会发展的实际出发，选择以人力资源开发为突破口，既是云南民族地区经济社会发展的必然要求，又是云南民族地区经济社会发展实现超常规发展的战略选择。

人力资源作为一种经济要素，其开发与利用要受到生产力系统结构的约束，人力资源只有在与系统中的其他资源要素如资金、技术、管理等相互结合中，才能发挥其经济增长之功效。不同的生产力发展水平需要不同的人力资源，对人力资源的数量、质量、结构提出了不同的要求。一种人力资本在实际应用中究竟能否产生效率，首先取决于其技术知识类型与含量是否适合于经济社会的需要。人力资源供给与经济社会需求相吻合，是人力资本得以有效利用的前提，而人力资本供给类型与特点又是由人力资源投资或开发所决定的。云南各民族地区从不同的社会发展阶段进入社会主义社会，社会经济发展中存在的不平衡状况，构成了民族地区事实上的梯度结构。所谓梯度结构，指民族地区经济发展形态上所表现出的纵向序列性，即民族地区经济社会发展中目前存在的不平衡性，这种不平衡性形态上呈现出由低到高的层次性、系列化形态。在地区经济结构中，存在着许多的部门，产业结构的每个成长阶段都有与之相适应的、起到主导作用的部门，主导产业是划分民族地区经济形态梯度结构的主要依据。在民族地区经济的运行过程中，关键的是人们怎样生产，用什么样的方式生产，产品以什么样的方式进行交换。在社会主义条件下，从民族地区的生产及交换两个环节来划分梯度结构，有利于更准确地把握民族地区生产力的实际发展水平，从而有利于从这种实际状况出发实施人力资源的有效开发。梯度结构是我们制定民族地区人力资源开发利用战略的基本出发点和客观依据。

根据目前云南民族地区经济结构中主导部门的性质，生产过程中所使用的生产工具，生产的组成方式及交换关系及由此形成的产业结构的分布状况，我们可以把民族及民族地区的经济发展大致划分为四个梯度：处于原始经济发展阶段的民族和民族地区；基本上处于自然经济阶段的民族和民族地区；基本上处于小商品生产阶段的民族和民族地区；具备了一定市场经济基础的民族和民族地区。不同梯度的经济社会状况决定了民族地区人力资源的梯度结构状态。民族地区的梯度结构是有条件的、相对的，在现实存在中，由于各种因素的影响，表现出多样性和复杂性。在社会主义条件下，民族地区梯度结构从根本上看，就是地区间经济发展不平衡状态的表现形态。梯度结构的形成有着十分复杂的原因，主要来自于社会历史原因、自然环境因素、体制因素以及市场因素等四个方面。

在市场经济中，人力资源的开发表现为一种投资，必须强调这种投资的有效性；而民族地区的梯度结构规定了民族地区人力资源开发的特殊性。从梯度结构出发，选择梯次开发的战略是实现民族地区人力资源开发有效投入的具体途径。所谓梯次开发，一是指人力资源开发的差别性战略、重点性战略、非均衡性发展战略，即针对不同民族、不同民族地区社会经济实际发展水平中存在的梯度结构及人力资源现状中存在的梯度结构，根据民族地区经济发展的不同目标，实施人力资源的分层次、分梯度地重点、针对性开发。二是指在实施民族地区人力资源梯次开发的过程中，适应民族地区经济社会发展由低梯度向高梯度的转移，既立足于民族地区人力资源的现实状态，又充分估计到民族地区的未来发展，带有超前性战略眼光，使开发成为一个由低梯次向高层次转移的动态过程。三是梯次开发的主轴围绕人口资源、人力资源和人才资源三个层次，注重对劳动者的体能、技能、知识和全面素质三个层次在不同梯度下实施不同的重点开发与转移。四是梯次开发在总体目标上所要实现的就是使民族地区人力资源开发最大限度地满足民族地区经济社会发展的实际需要。因此，梯次开发从总体上服从于民族地区解决温饱，摆脱贫困，致富奔小康和向中等发达水平发展的四个不同发展阶段的战略目标，根据不同的发展战略目标来制定人力资源开发的总体规划。五是梯次开发的重点放在低梯度的民族地区，这些地区民族人口不算太多，但民族种类多，居住地域广，经济社会发展总体水平较低，目前摆脱贫困、解决温饱的任务十分重大，民族社会发展的问题主要集中在这些民族地区。六是梯次开发的主体应是培养适应各民族经济社会发展需要的人力资源，开发的对象是少数

民族，梯次开发必须确立"培养当地民族人才为主，吸收外地人才为辅，重在改善当地人才环境"的基本开发原则。七是根据民族地区经济社会的实际发展状况，以开发第一产业人力资源为重点，解决好民族地区脱贫致富问题；加快第二产业人力资源的开发，以满足民族地区工业化进程的发展需要；有选择地开发第三产业人力资源，以适应民族地区城市化进程的需求。八是在教育开发上，注意处理好基础教育和初级实用技术教育，中等教育和中级实用技术，高等教育和高等职业技术教育三个基本层次的关系。民族地区要实现经济的超常规发展，关键在于人力资源的梯次开发中的梯次转移。梯次开发包含着两层含义：一是从民族地区现实的经济社会发展需要出发，开发民族地区所需要的各类人才；二是从民族地区产业结构的调整和经济发展的要求出发，实施民族地区人力资源的超前开发，提高人力资源的储量，改变人力资源的内在素质，从而推动民族地区经济结构的调整，促进经济的快速增长。人力资源开发中的梯次转移是民族地区产业结构调整的必然要求，也是民族地区的非均衡发展战略的实现途径，梯次转移的实质是人力资源的超前开发战略。梯次开发是基础，梯次转移是导向，是民族地区经济发展的希望所在。

从广义上讲，人力资源的开发包含了开发与利用两个不同的阶段，这两个阶段借助流通环节来实现。市场经济体制形成了与计划体制完全不同的人力资源开发机制。在市场经济体制下，人力资源的社会流动是实现优化配置的中枢环节。人力资源流动在民族地区表现为"双逆向流动"，这种流动产生了"虹吸现象"。所谓"虹吸现象"，是指人才在不同的人才环境压力下，由人才环境差的地区向人才环境优良的地区流动。"虹吸现象"的特点是人才环境优良的地区抽干了人才环境差的地区的高素质人才，留下素质偏低的人力资源，从而降低了民族地区人力资源的总体素质，拉大了民族地区与内地发达地区的发展差距，人力资源成为民族地区经济发展的"瓶颈"。建立和完善市场经济机制，坚持有效投入，突出人力资源开发的针对性和重点，加强国家宏观调控，培养以少数民族人才为主体的人才队伍是解决"虹吸现象"的战略途径。

人力资源开发是一个社会系统工程，在人力资源开发系统中，教育是基础，科技的普及与提高是人力资源开发的重要形式，文化建设则是人力资源开发的社会系统。教育是实现人力资源开发的重要途径。在民族地区，劳动者的经济收入随文化程度的提高呈递增趋势；文化素质越高，职业分布越广，致富门路越多；文化素质的提高是劳动者致富的基础；文化素质随农村经济的发展呈现由低向高的梯次转移趋势；文化素质的提高也有利于提高劳动者的生活质量，实现民族地区向现代文明的过渡。教育的发展在民族地区表现出特殊的规律，教育在不同梯度民族地区表现出不同的地位和作用。发展民族地区的教育必须采取分类指导、分期普及的原则；重点解决好农村教育的问题；实施特殊优惠的政策。

科学技术是生产力发展的主要动力，是教育转化为现实生产力的中间环节。科技水平的落后，阻碍了民族地区资源的有效利用，造成对生态环境的严重破坏，不利于资源替代发展战略的实施。科技的普及与提高是人力资源技能素质、文化素质和精神素质提高的重要形式。建立科学技术普及的网络，普及推广一批先进的科学技术，培育一批高新技术产业，形成一批高素质的民族人才，是民族地区科技发展的主要任务。

文化是一个民族发展进步的标志和动力，也是人力资源开发的社会系统工程。在世界综合国力的竞争中，与经济力和国防力相对应的，存在着一个"文化力"。所谓"文化力"，就是指一个国家人力资源和民族素质的问题。文化所产生的是人的整体精神境界和劳动素质，它主要的功能就是塑造人。云南省提出建设边疆民族文化大省的战略构想，就是以党的十五大政治报告中提出的"建设有中国特色的社会主义文化，就是以马克思主义为指导，以培养有理想、有道德、有文化、有纪律的公民为目标，发展面向现代化、面向世界、面向未来的，民族的、科学的、大众的社会主义文化"为根本指针，把云南建设成为各民族人民具有社会主义共同理想和较高的科学文化素质，经济繁荣、社会文明、民族团结、人与自然和谐发展的民族大省。建设文化民族大省的定义：文化立省、科技兴滇，充分发挥民族文化丰富多样的独特优势，让文化融入经济，提高经济发展质量，把民族文化产业培养成新的经济增长点，促进多民族地区文化、经济、生态的可持续发展，把云南建设成一个经济繁荣、文化发达、民族团结、社会文明的现代化强省。从这一立意

来看，建设边疆民族文化大省就是民族地区人力资源开发的系统工程。建设边疆民族文化大省与人力资源超前开发战略是相吻合的，有利于创造人力资源开发的软环境，有利于提高民族文化的整体质量，有利于培养一批优秀的民族人才，有利于动员全社会各种资源来实施人力资源开发的工作，因而从客观上形成了民族地区人力资源开发的系统工程，形成了在民族地区人力资源开发中，以科学技术为核心，以教育为基础，以文化建设为网络的多层次、多结构的开发系统，必将有力地推动民族地区人力资源的开发。

第一章　人力资源开发：知识经济时代经济增长的主导

知识经济的到来是人类文明的一个飞跃，知识经济的核心是科技，关键是人才，基础是教育，因此，知识经济从本质上是人才经济，是人力资本经济。人力资源开发成为现代经济增长的主导因素。早在改革开放初期，邓小平就提出了"尊重知识、尊重人才"的要求，提出人才在经济社会发展中的战略地位，强调了人力资源开发的重要意义。

第一节　人力资本经济：知识经济的本质特征

一、知识经济：社会经济增长形态中的革命性变革

世界新科技的发展，尤其是信息技术产业的发展，把人类社会带入了知识经济时代。知识经济不同于传统的农业经济和工业经济，知识经济是以现代科学技术为核心，建立在对知识信息的生产、分配和应用基础上的新型经济。在知识经济条件下，经济的增长要有两个飞轮，一个是科技，另一个是管理，而两个飞轮的轴心就是人才。知识经济的发展是人类社会发展中一场深刻的革命，人类社会的可持续发展从过去主要依靠自然资源、资本转移到了依靠人类自身的聪明智慧，人类积累创造的知识成为人类社会生存和发展、文明和进步的最主要的推动力；人类的灵性、人类的知识和智慧受到从未有过的重视，并将得到最充分的发挥。与农业经济和工业经济相比较，知识经济具有五个基本的特点：

（1）主导因素不一样。知识经济是信息化的经济，今天的信息化就是电子化、数字化、网络化；信息产业是符号化的经济，信息化以知识为内涵，

使经济系统的产品、服务、效率、生产、流通交易等概念及操作方式都发生了深刻的变革，生产中的高附加值向高技术产业或智力密集型产业的转移，使知识不仅是力量，而且成为机会；知识不仅是可兑现的资本，而且是财富的源泉，成为经济发展中的主导。

（2）经济规律不一样。在科学技术为主导的情况下，高素质人才则是科学技术转化为现实生产力的关键，人力资本的投资所产生的效益递增原则可以克服资本投资及资源投入中所出现的边际效益递减规律。

（3）竞争对象不一样。在科学技术进步日益加速的趋势下，高素质人才在经济发展中的地位日益突出，对人才的争夺取代了对土地、资本、资源的争夺。

（4）投资重点不一样。知识经济造就了新的产业主体，知识型劳动者从后台走向了前台，成为决定生产和管理运作的主体，人力资本或知识的累积已成为改变经济系统产出的显著变量，对产业主体的素质要求越来越高，高素质人才在经济社会发展中的地位日趋突出，对人力资源的投资已经成为未来投资的重点。

（5）资源形态不一样。知识经济是以创新的速度、方向决定成败的经济，它一改过去那种靠资源、资本的总量或增量增长的模式，以知识创新的优势弥补了资源、资本上的劣势，因此，经济发展过程中资源的形态表现为从有形向无形的根本性转变。知识经济的发展推动了产业结构的进一步高级化，提高了劳动产品的附加值，扩大了无形资产在资产中的比例，加快了世界经济的一体化，改变了工业经济时代对自然资源掠夺性开采的发展模式，转变为人与自然和谐发展，实现人类社会的可持续发展。知识和智力已成为现代经济增长的主要因素。目前，世界经济合作与发展组织主要成员国的国内生产总值的50%以上都来自以知识为基础的产业。以美国为例，近年来增长的主要源泉是高技术产业。据1996年统计，高技术产业在美国国内生产总值中的贡献率为27%，而传统的民用建筑业的贡献率为14%，汽车工业的贡献率为4%。世界银行行长瑞斯查德认为，知识是比原材料、资本、劳动力、汇率更重要的经济因素。而现代管理学权威彼得·德鲁克则指出，在现代经济中，知识已成为真正的资本和首要的财富。

二、人才竞争：知识经济的主旋律

知识经济是以知识资源、知识资本和知识产业为主导的经济形态，可以说，知识经济是"以人才为本"的经济。知识经济的到来加剧了世界各国之间的竞争。这种竞争表现为综合国力的竞争，综合国力的竞争则表现为科技的竞争，而科技竞争的实质则是人才的竞争，人的综合素质的竞争。

首先，在知识经济条件下，科技是核心，人才是关键，经济的竞争直接表现为人才的竞争。人才是一个民族、一个国家经济繁荣的决定性因素，在知识经济时代，经济活动成为以人才为主体的最基本的实践活动，经济发展水平的高低与人才数量的多少和素质的优劣呈正相关。到1996年，美国的诺贝尔奖获得者为175名，美国取得理科博士学位的为9700人，在产业界工作的博士达14万。到1999年统计，在美国各大学中注册的外国留学生已达49.1万人，全世界每3个留学生中就有1人在美国留学。苏联解体后，美国已得到了3万名前苏联的科学家。美国经济在人才聚集的雄厚基础上开始了以信息产业为主导的经济结构调整，创造了二战后经济106个月连续增长的奇迹，在未来的发展中占据了先机。

其次，发达国家经济结构的巨大调整引起了就业结构的深刻变化，一方面是从事简单劳动的就业机会相对减少，失业问题日趋严重，另一方面是高技术研究与开发以及操作人才越来越供不应求。美国全国科学基金会预测，到2006年，美国将缺少67.5万名科学家和工程师。据美国劳工部预测，美国每年需要100多万掌握软件技能的人才，到2010年每年至少需要9.5万名电脑专家，而国内培养的人才只能满足需求的三分之一。日本预测，如果国民生产总值年增长率为4%，日本将缺少51万名科技人员。欧盟国家的失业率长期保持在10%左右的高水平，但专业人才却严重供不应求。据调查，在2000年，欧洲缺少123万名信息技术人员，2001年将缺少156万人，特别是兼备技术和经济两方面知识的人才极为短缺。在德国，20世纪90年代后期还有400万人失业，但仅信息技术人才就急需增加10万人。

再次，在知识经济条件下，知识创新的水平和速度是经济增长的关键因素，劳动者掌握和应用知识和信息的能力是经济竞争力的核心。因此，人才

的竞争在根本上是人才综合素质的竞争。知识经济的显著特征就是知识经济化，主要表现为知识因素以越来越多的种类和越来越高的程度参与并融入经济活动中，知识也成为经济中越来越重要的生产要素。掌握和应用知识和信息的能力是竞争力的核心。知识经济的发展取决于人对知识的理解和运用，知识的积累、知识的溢散、知识转化为现实的生产力，其载体、其推动力要靠具有专门知识、专门技能的人才，人的综合素质越强，科技进步就越快，技术增长的动力也就越强，技术供给需求就会不断增加，对人力资源的质量需求就不断提高，对高技术人才的需求更为强烈，形成一种良性的循环。在科学技术的进步中，人是科学技术转化为现实生产力的关键。一方面，人是科学技术的发明者和创造者，高素质的人才是科学技术进步的主要推动力，而人才的知识结构、总体素质决定着科学技术的发展水平；另一方面，科学技术进步成果的应用、科学技术进步成果转化为现实生产力的程度也取决于人力资源的整体素质，取决于现实人才素质的高低。因此，知识经济条件下，人才的竞争必然表现为人的综合素质的竞争。

最后，人才的竞争不仅仅是技术人才的竞争，而且包括政治人才、军事人才、管理人才等全方位人才的竞争。因此，人才的竞争也是人才总体存量、人力资源总量的竞争。正如邓小平所强调的："靠空讲不能实现现代化，必须有知识，有人才。没有知识，没有人才，怎么上得去？"

三、人力资本经济：知识经济的本质特征

早在资本主义工业革命时期，劳动者技能的差异对经济发展的影响就已经为重农主义和重商主义经济学家所注意。配第认为，由于人的素质差异，他们所提供的生产力也是不同的，"有的人，由于他有技艺，能够做许多没有本领的人所不能做的许多工作"。斯密提出劳动生产力的水平受制于人们在劳动中所表现出的熟练技巧和判断能力，而这又是受教育和培训的结果。他指出："学习一种才能须进学校，须做学徒，所费不少。这样费去的资本，好像已经实现并且固定在学习者身上。这些才能，对于他个人自然是财产的一部分，对于他们所属的社会，也是财产的一部分。工人增进的熟练程度，可以和便利劳动、节省劳动的机器和工具一样，同样看做是社会上的固定资产。

学习的时候，固然要花一笔费用，但这笔费用可以得到补偿，赚取利润。"马歇尔则认为，经济学研究人的强壮、才能与生产力发展和经济增长之间的关系，既是一门研究财富的科学，也是一门研究人的科学。人的坚强信心、精力和自制力是一切进步的源泉，是工业效率的基础。工业进步依赖于人的道德、智力和才干。

在知识经济时代，人力资本已经成为经济发展的主导。

第一，国民经济的主要潜力在于人力资本。在科技进步已成为当代经济增长的主要推动力的时代，从总量上看，增加人力资本的投入，特别是增加高质量的人力资本投入，比增加物力资本的投入取得的收益更大。舒尔茨对美国公司 1900~1957 年物质资本和人力资本收益作了计算，其结果是物质资本投资额增加了 4.5 倍，收益值增加了 3.5 倍；人力资本投资增加了 3.5 倍，收益增加了 17.5 倍。根据挪威 1900~1955 年的统计，固定资产每增加 1%，生产量增加 0.2%，对劳动者的投资（即普遍的人力资本投资）每增加 1%，生产量增加 0.76%。而对教育的投资（即提高人力的质量）每增加 1%，生产量增加 1.8%。

第二，科技的进步取决于人力资本。人力资本越高，技术进步越快，国家综合竞争力就越强。据 1988 年统计，在每万人中研究生数，美国为 70.6 人，日本为 6.7 人，中国为 1.1 人。在 20~24 岁的青年中，大学入学率，美国为 54.9%，日本为 29.8%，中国为 4%。进一步分析，在经济增长的要素来源中，美国物质资本因素仅占 23%，而技术进步因素占 42%；日本物质资本因素占 48%，技术进步因素占 42%；中国物质因素占 67.5%，技术进步因素只占 1.9%。一般意义上讲，人力资本通过推动技术进步，使资本的收益提高，从而推动了经济建设的增长。

第三，人力资本决定着社会经济的可持续发展和经济增长方式的转变。在世界人口急剧增长、物质资源极为有限的情况下，只有依靠人力资本的积累和科技的进步，才可能实现经济的可持续增长。人力资本的积累从总体上看是递增的，人力资本边际产出在总体上的递增性，克服了劳动和物质资本的边际产出递减的原则，使经济得以持续增长。同时，随着人力资本的积累，技术进步在经济增长中的作用不断加大，经济增长方式便由主要依靠劳动和

资本投入量增加的粗放方式向主要依靠技术进步的集约方式转变。而且，劳动者素质的提高、劳动者的全面发展有利于社会文明程度的提高，实现社会物质文明与精神文明的协调发展。

第四，优先开发人力资本是发展中国家经济赶超发达国家的战略选择。其一，人力资本在发展中国家由传统农业向现代农业的转化中起到了至关重要的作用。发展中国家经济的主要成分是农业。舒尔茨认为，传统的农业是不能对经济增长作出贡献的，只有现代农业才是经济增长的源泉，而传统农业转向现代农业的关键，就是要通过人力投资，提高农民的知识和技能。他认为，对发展中国家来说，向农民进行中小学教育及文化投资是最有利的人力资本投资，只有对农民进行教育，才能使其掌握科学技术。其二，人力资本投资在发展中国家产业结构演化过程中起到主导作用。发展中国家经济起飞的初始阶段，多为劳动密集型产业，投资少，使用劳动力较多，生产技术简单，对劳动力技能、知识要求并不高。但随着产业结构的升级，高科技产业的出现，科技在产业中的含量增多，国际竞争的激烈，对劳动者素质，特别是技能、知识的要求越来越高，没有对人力资源的进一步开发，势必严重地阻碍了发展中国家经济的快速增长。其三，有利于改变发展中国家的投资环境，提高对外资的吸引能力。发展中国家在经济起飞时，由于资金、技术等稀缺要素的约束，仅靠国内储蓄和科学技术的自然发展，是很难赶上和超越发达国家的，只有充分利用国际资金和世界先进技术，才能尽快缩短发展差距，促进经济的快速增长。然而在全球一体化中，生产要素是在世界范围内流动的，要实现优化组合，要吸引外资，就要具备良好的投资环境。这除了硬件的设施外，主要的就是人力资源的积累。正如舒尔茨所提出的："在发展中国家人力资本往往不受重视，这些国家的领袖和主管人员都认为，物质投资才是经济发展的最重要因素。"来自国外的资金通常用来建筑有形的建筑，购买设备和货物的仓库。但人的素质水平赶不上资本的需要，从而成为经济发展的"瓶颈"。其四，人力投资是发展中国家经济发展赶超发达国家的战略选择。发展中国家现代化经济起点很低，对人力资源的开发并不迫切，而发达国家的经济起飞是在第三次科技革命的基础上，对人力资源的开发已成为实现经济增长的主导因素。正如联合国教科文组织总干事马约尔所指出的："今天富国与穷国的差距是知识的差距。没有科技的发展，就不可能有持久的发展。"而所谓知识差距，实际上就是人力资本的差距。因此，要赶超发达国家，就要直接抓住这一中心环节，加快人力资源的开发，使人力资本成为推动发展中国家经济增长和技术的进步、赶超发达国家的主要动力。人力资本问题对发达国家来说，是在经济起飞阶段以后产生的，在经济起飞阶段就注意到人力资本问题，有利于发展中国家跳跃传统发展阶段，尽快缩小与发达国家间的历史差距。

第二节　从物质资本到人力资本：经济增长理论的历史发展

随着社会经济的发展和科技的进步，对经济增长理论的研究也大致经历了四个发展阶段。

一、资本决定论

在经济增长理论中，资本决定论是长期占据主流地位的理论。其溯源于亚当·斯密，成熟于哈罗德—多马。亚当·斯密的《国富论》是对一国国民财富增长进行系统分析的一部巨著，它融入了当时有关经济增长的一系列重要思想。亚当·斯密把经济增长界定为人均产出的提高，或劳动产品（社会纯收入）的增加。他认为，劳动、资本、土地的数量是决定一国总产出和经济增长的基本因素。资本决定论认为，经济增长取决于投资的规模和资本产生率的大小，而投资来源于储蓄，所以经济增长最终是由一国的储蓄率和资本效率决定的。早期的经济学家观察到了机器在经济发展中的地位，认为这是资本投资的结果。在生产力系统中，他们的注意力集中在物质资本方面。尽管他们也看到了劳动者在经济中的地位和作用。亚当·斯密提出，劳动是财富的源泉，人均产出的增加取决于劳动力的数量与质量。同时，他进一步提出了"分工与协作的发展能通过增强劳动者的熟练程度和劳动技能，促进生产工具的改进来提高劳动生产率"的观点。然而，由于局限于古典的劳动概念，即劳动作为一种从事体力劳动的能力，仅需要少量的知识和技能，在

理论模型中，劳动者的能力大致是相等的，便于计量；以及对劳动者人权的保护等因素，早期的经济学家们并没有深挖生产力中人的因素的地位和作用，仍把资本作为经济增长的主导因素。

二、技术进步论

二战以后，科技进步出现了日益加速的趋势，科技进步在经济发展中的作用越来越直接显著，索洛区分了经济增长的两种不同来源——由劳动和资本要素增加而产生的增长效应和在要素投入的情况下，技术进步可以使生产函数曲线向上移动，从而实现经济增长的目的。为此，索洛率先提出了技术因素对经济增长的关键作用。丹尼森等人的实证研究发现：在经济增长的计量中，总的经济增长率大大高于资本，劳动要素投入的增长，即存在着一个相当的"增长的剩余"，这个剩余不能用要素的投入来解释，只能归结为技术进步的结果。20世纪70年代末至80年代初，麦迪逊和纳迪里等人发现：技术进步对经济增长的贡献在发达国家高于发展中国家，而资本的贡献在发展中国家高于发达国家。这类实证研究推动了技术进步论的形成和发展。"技术进步论"对"资本决定论"的替代，是经济增长理论中的重大贡献，经济学家们从生产工具的演变过程进一步认识到物质资本的效用取决于科技的发明和应用，工业基础越深厚，科技的应用就越普及，科技对经济增长的作用就越显著。经济增长主导因素研究的光标开始由物质的因素向人的因素的方向移动。

三、"人力资本"论

由于技术进步论过分强调了生产过程中的"物质"因素，而忽视了"人力"因素，忽视了科技的发明与应用，而科技对生产力的作用必须通过劳动者这一主体来实现。因此，60年代，以舒尔茨为代表，形成了经济增长中的"人力资本"论。舒尔茨通过对农业与城市，黑人与白人，南部与北部收入差距的对比，认为：在自然资源相同，科技水平相差不大的条件下，造成收入巨大的差别应是劳动者的健康与教育方面的差别所致。在市场竞争中，年纪较轻的工人往往具有更大优势，因为，这些年轻人都受过12年教育，而年纪较大的工人所受的教育大部分是 6 年或 4 年。舒尔茨进一步分析了资本是由常规资本和人力资本两部分组成。美国二战后农业生产的增长只有 20% 是由物质资本投资引起的，其余 80% 则是由于教育和与教育密切相关的科学技术的作用所致，这表明人力资本投资的收益率要大于物质资本投资的收益率。为此，舒尔茨批评传统经济思想"忽视了两类投资——人类投资和研究开发投资"。舒尔茨指出，教育并不是一种纯粹的消费，同时也是一种投资，并将人力资本的投资分为用于教育的支出、用于保健的支出、用于劳动力国内流动和用于移民入境的支出几种类型。舒尔茨进一步提出：人力资本，特别是生产人力资本的教育是现代经济增长的主要动力和源泉。经济中最重要的是人力资本的形成问题。由教育、卫生等方面的投资可以产生"知识效应"和"非知识效应"，从而直接或间接地促进经济增长；人力资本投资可以产生递增的收益，克服资本和劳动要素固有的边际收益下降的倾向，保证经济的持续增长，人通过自身投资便能扩大自己的选择范围，这正是自由人增加自身福利的重要途径之一。"人力资本"理论的提出使经济增长理论研究的视角从物的因素完全转到了人的因素本身，从而揭示了科技的主体是人本身，劳动者的素质成为经济增长的主导因素。人力资本投资成为经济增长理论研究的新视角。人力资本理论的产生是工业时代向知识经济逼近的必然结果，工业发展越快，科技进步的作用越显著，科技进步的速度越快，对劳动者的素质要求就越高，人力资源开发的作用就越突出。

四、"专业人力资本论"

贝克尔与卢卡斯对舒尔茨的人力资本理论又作了进一步的发展，贝克尔认为："人力资本包括个人的技能、知识和健康。三者之间不可分割，共同构成对现代经济增长至关重要的人力资本。现代世界的进步依赖于技术进步的知识的力量，但不是依赖人的数量，而是依赖人的知识水平，依赖高度专业化的人才。"卢卡斯运用个量分析方法，将舒尔茨的人力资本理论和索洛的技术进步概念结合起来，提出了每个人的专业化的人力资本，并强调只有这种特殊的、专业的人力资本的积累才是产出增长的真正源泉，从而建立了内生的人力资本增长理论，被称为"新增长理论"。新增长理论创造性地描述了知

识作为资本在生产中所起的特殊作用，认为"知识的边际生产力是递增的，它不会因为知识存量的增大而减少，因而知识存量的增加不是使产出沿着生产函数滑动，而是使生产函数上移"。罗默的研究进一步强化了这一思想。罗默从内生角度解释知识的积累过程，主张将知识区分为一般知识和专业化知识，认为，一般知识可以产生规模经济，专业化知识不仅可以产生要素的递增收益，而且可以促成产业的规模化进程。新的产业领域特殊的知识和专业化的人力资本是经济增长的主要因素，它们不仅自身具有收益递增的特点，而且因使资本与劳动等要素的收益递增，产生一个"收益递增的增长模式"。专业知识和一般知识相结合不仅使知识、技术、人力资本自身的收益递增，而且也使其他的追加生产要素收益递增。"专业人力资本"理论是在人力资本理论上的深化，其看到了在科技进步加速的条件下，经济增长已不仅仅取决于一般的人力资本，取决于一般的知识，而是取决于专业化的人力资本，取决于人才，取决于特殊专业的知识，从而提出了人力资本开发的重点应该是人才的观点。

第三节　人力资源开发的基本特点

一、现实性

所谓现实性，就是指人力资源开发必须立足于社会的经济状况。人力资源作为一种经济资源，只有融入特定的生产力系统，与系统中的其他资源要素，如资金、技术、管理等相互结合，才能发挥其实现经济增长之功效。一种人力资本在实际应用中究竟能否产生效率，首先取决于其技术知识类型与含量是否适合于特定社会经济的需要。人力资源供给与经济社会需求相吻合，是人力资本得以有效利用的前提，也是人力资源开发的出发点。人力资本供给类型与特点是由人力资源投资或开发所决定的，这样，人力资源投资或开发是否与经济社会需求相适合，便直接决定其形成的人力资源实际利用效率的高低。

首先，经济发展的形态规定了人力资源开发的形式、内容和目标。在农

业经济时代，对主流劳动者的素质要求主要表现为劳动者的劳动经验、手工技艺和体力。人力资源开发的形式主要通过子承父业和劳动经验的积累，学校教育在人力资源开发中所占的成分比较小，对人才的要求主要集中在政治、文化、艺术、教育等非经济领域，培养人才的目标大致集中在维持社会的秩序、安定。在工业经济时代，机器大生产要求主流劳动者具有驾驭新生产工具的技术素质，要求他们具备严明的组织纪律性和高度的时间观念，以及成本效率和竞争意识等，数学、力学、机械原理等已成为工业革命之后主流劳动者必须掌握的知识，学校教育承担了人力资源开发的主要角色。学校教育所培养的目标已从非经济领域转到了经济领域、科技领域。人才的目标主要集中在经济发展及社会各个领域。

其次，科技在生产力发展中的地位决定着人力资源开发的地位，不断调整着人力资源开发的结构需求。从生产力发展的历史来看，人力资源开发的历史与科技发展的历史相联系，人力资源在经济增长中的地位与作用是随科技在生产力系统中的地位的发展而不断增强的。生产力系统的发展大致经历了：生产力 = 劳动对象 + 劳动工具 + 劳动者；生产力 = 劳动对象 + 劳动工具 + 劳动者 + 科学技术；生产力 = （劳动对象 + 劳动工具 + 劳动者）× 科学技术；生产力 = （劳动对象 + 劳动工具 + 劳动者）^{高科技} 四个阶段。在生产力系统中，科学技术从无到有，从加法到乘法，再到指数，地位越来越显著。同样，对人力资源的要求也从人口发展到劳动力，到人力资本，再到人才。对劳动者的素质要求也从数量的增加，到技能与知识的掌握，再到智力的全面开发，对劳动者文化素质的要求，从文盲、小学到初中、高中，再到高等教育。科学技术转变为现实生产力的程度，科学技术在经济增长中的作用，从根本上取决于劳动者的素质。一般说，科学技术基础越深厚，科技进步越快，技术增长的动力也就越强，技术供给需求就会不断增加，对人力资源的质量需求就不断提高，高技术人才的需求就必然增强。从而导致人力资源结构的不断调整，推动人力资源的不断深化。

再次，社会经济发展的水平决定着人力资源开发的规模。人力资源开发中总的趋势表现为，经济越不发达的地区，受教育者与非受教育者间的差距越小；反之，经济越发达的地方，受教育者与非受教育者的差距越大。这种

趋势直接影响到人们对人力资源开发投资的预期形成，形成越穷越舍不得在人力资源开发上投资，越舍不得投资，人力资源素质得不到提高，经济就得不到发展，人就越穷的恶性循环。从人力资源开发的历史看，人力资源投资大致可分为公共投资与私人投资两个基本部分。一般意义讲，经济不发达地区，人力资源的投资以公共投资为主，私人投资为辅；在经济发达地区，私人投资比例将大大增加，人力资源开发成为劳动者的自觉行为。也只有在此意义上，教育才能成其为产业。最后，社会经济发展的目标决定了人力资源开发的性质。

二、市场性

人力资源作为一种经济资源，其开发利用必须在特定的经济机制下实现与其他经济要素的结合，经济机制直接规定了人力资源的开发利用和模式。在计划体制下，作为人力资源利用的最基本单位——企业，并不具备独立的商品经营和生产者的地位，仅是政府所属的一个部门。人力资源并不是根据企业的实际要求来配置，而是由行政部门直接配置，造成大量的人力资源的浪费。由于企业目标所追求的是政府的计划，企业并无技术改造的动力，对人力资源素质的提高并无兴趣，从而造成人力资源整体素质的偏低。从社会层面来看，为了维护政府追求的政治目标，经济的发展采取了低工资高就业的福利政策，形成了实质上依靠人力资源数量投入的经济增长模式。为保证社会秩序，维护行政权威所设置的单位所有制、干部终身制、居民户籍制，则把人力资源切割成几乎是一个个相对独立的单元，阻断了人力资源流动优化配置的社会渠道，从而不利于人才功能的发挥。在计划体制下，形成的二元经济结构则是把城市与农村的发展完全分开，农村人力资源被排斥在人力资源开发的视野之外，造成占全国人口绝大多数的农村整体人力资源素质低下。在计划体制下，教育投资的目的就是为了升学率，严重脱离社会经济发展的实际需要，高等教育的目的在很大程度上是为了改变身份，改变等级，培养了学生脱离实际的过高预期。在市场经济条件下，人力资源开发必须服务于现实的社会经济要求，必须遵循成本效益原则，讲求投入产出率。从人力资源开发的数量控制、质量提高、结构调整、功能发挥等方面，都要求遵

循市场的基本规律。如供求规律、价值规律和竞争规律等。市场机制对旧的计划体制的人力资源开发模式的冲突在于：一是市场经济的特点，就是不承认任何特权，不承认地区、行业、单位以及城乡等等人为的区分，全国的人力资源开发均必须纳入开发的视野。二是人力资源的配置将根据市场经济的竞争规律，实现更大范围的优化配置。三是人力资源的开发必须普遍遵循有效投入的法则，根据不同地区的不同经济状况，有目的、有重点地开发利用。贴近、贴实、贴好经济社会的实际发展，最大限度地提高开发的效率。四是在企业拥有独立的商品生产者和经营者的地位后，利润的最大化是企业经济的首选目标，企业对科技进步的需求将不断增强，对劳动者素质的要求也将不断地提高，从而有利于创造人力资源开发的优越的社会环境。

三、系统性

人力资源开发是一项复杂的系统工程。从狭义上讲，开发仅指对劳动者进行教育、培训和投资的过程。"开发"一词有两层含义：一是指对现实人力资源潜力的充分发掘和合理利用，表现为平面的；另一方面，则是指对潜在的人力资源的培养和发展，这是纵向的。从广义上讲，开发实际包括两个环节，即开发与利用，开发是形成劳动者素质、能力的过程；利用则是指把开发的资源投入现实的经济过程，变为现实的生产力，实现经济增长的过程。开发是有目的的利用，开发决定了人力资源在经济增长中的地位和作用；利用则是开发的延伸，是开发的实际效果的检验。因此，任何国家或地区的人力资源开发实际上都面临两项任务：一是不断提高人力资源的内在质量；二是努力改善人力资源的利用效率。前者属人力资源的合理开发，后者属人力资源的有效利用。这两项基本任务则是通过人力资源开发的五个环节表现出来的，即人力资源的数量控制，人力资源的结构调整，人力资源素质的提高，人力资源功能的发挥，人力资源发展的未来前景。其中，人力资源数量的控制主要解决好人力资源的发展与社会协调发展的关系；人力资源的结构调整主要是解决好人力资源在社会经济结构中的分布，实现人力资源的优化配置；人力资源功能的发挥主要指创造有利于充分发挥人力资源的社会环境，充分发掘现有人力资源的价值；人才素质的提高，主要指开发劳动者的创新精神、

团队精神及文化劳动本领；人才发展的未来趋势，指根据经济社会发展的趋势，制定人力资源的战略规划。在这五个环节中，人力资源的数量控制是最基础的环节。人力资源是以人口为存在的自然基础。人口是人力资源的基础和前提，人力资源则是人口的核心和关键。人口的数量与质量规定着人力资源的数量与质量；人口的结构直接决定或间接地影响着人力资源的结构；人力资源的生产也要以人口为基础，依赖于人口的再生产。因此，控制人力资源的数量包括三个方面：一是通过对近期人口再生产的调节，控制远期人力资源的数量；二是对目前、近期和长远的经济发展目标及其对人力资源的需求作出科学的计算和预测，作为人力资源数量调节的依据；三是合理扩大就业人口的比重，使其增加生产能力。人力结构的调整是实现人力资源服务于经济社会发展需要的关键环节，是实现人力资源优化配置的中心内容。社会经济随着生产力的发展，会相应地出现经济结构的调整、产业结构的调整，社会分工随经济的发展不断复杂化、不断多样化，人力资源开发必须不断地对现实劳动力实现新的技能和知识的开发，以适应经济社会的不断变化发展和调整。同时，改善对潜在劳动力开发的形式、内容，以满足经济社会的结构调整。社会经济机制的根本转变，科技革命的阶段性发展是导致社会人力资源结构调整的根源，预测经济结构调整和科技革命对人力资源需求的变化是实施人力资源开发的主要内容。调整人力资源结构则必须依据市场竞争规则，通过对劳动力价格变化来预测需求信息，改变人力资源投资方向，是实现人力资源结构调整的基本途径。人力资源功能的发挥是发挥人力资源对经济增长功效的基本要求，与其他资源相比，人力资源是一种活的资源，其在经济过程中效能从根本上取决于劳动者的主动性、创造性和积极性，人力功能的提高，可以提高其他生产要素的功效，克服资源稀缺的硬约束，实现经济的增长。只有创设适宜的人力资源的工作环境、生活环境，营造一个能够充分发掘劳动者潜能的社会环境，才能实现人力资源功能的发挥。在人力资源开发系统中，人力资源质量的提高反映出生产力发展的不同阶段和生产力水平的提高，是经济发展的必然要求。在农业经济时代，经济发展的实际水平对劳动力的需求主要为数量的投入，集中在体力和技艺方面。在工业经济时代，经济发展对劳动力的质量要求已集中在劳动者的技能和知识方面、面对新的知识经济的到来，对劳动者的质量要求已发展为劳动者智力的发展，尤其是劳动者创新能力是决定经济增长的主导因素。人力资源质量的提高可以替代自然资源，缓解资源的短缺带来的影响，提高产品附加值；高质量人力资源不仅能够深度开发和有效利用自然资源，而且能够创造出新的物质资源以弥补原有的不足；高质量的人力资源对经济增长可以发挥倍加的效应。总之，在人力资源的开发系统中，各个环节之间相互联系、相互渗透，必须进行整体的规划，使人力资源成为一项自觉的社会工程，使人力资源成为经济增长的主导因素。

四、规模性

人力资源开发的规模效应比较明显，人力资源的开发从本质上就是对劳动者进行知识和信息的传授，形成劳动者的素质。这种开发通过科技的普及、教育的发展和文化的传播来实现。知识或信息的传播、交流和加工需要一定的分工协作，知识量或信息量的大小往往取决于对知识和信息具有认知能力的个人和组织以及知识或信息传播、交流、储蓄和加工的渠道和方式。知识量的增加需要一个良好的认知基础和相当时期的知识积累过程，少量或分散的人力资源难以取得明显的收益，较狭窄的开发渠道难以形成人力资源素质提高的社会环境，也难以展现人力资源在经济增长中的主导作用。从个体来讲，受教育程度高的劳动者可能比受教育程度低的劳动者具有更高的生产力，而教育程度是通过学习时间及投资的累积而形成，其表现为比教育程度低的劳动者更高的生产力的源泉在于其投资的规模超过了受教育程度低的劳动者。由于知识本身具有折旧、时效性的特点，要获得未来更大的收益，个体必须不断追加对自身的投资，更新原有的知识与信息，其投资的规模将不断加大，所产生的效果和规模也将不断扩大。从社会人力资源开发的角度看，人力资源投资的规模越大，越容易形成人力资源的规模，形成人力资源、人才资源的聚集，从而产生对经济发展的规模效应。人力资源、人才资源的聚集，容易形成各种知识财富和各种创新与管理才能和应用性技能的集中交融，从而极大地激发了生产力的提高和知识更新的速率。因此，具有较高人力资本投入或团体的集中，本身就是具有创新意义的资源优化配置。要形成人力资源，

尤其是人才资源的聚集，产生规模化效应，一是要把人力资源开发作为一个系统的战略工程来策划，加大对人力资源开发的投资规模，改革人力资源开发的体制，对人力资源实施超前开发战略。二是要改善人力资源环境，建立先进的人力资源、人才资源政策导向和人才激励机制，创设良好的外部环境、人文基础以及相对优厚的物质生活条件，以吸收各方人才，形成人力资本的集聚。从技术的角度看，人力资源开发就是一项对人力资源的投资，这种投资是一种影响未来货币收入和消费的预支性投资，只有当预期效用大于当前支出所带来的效用时，人们才会进行这项投资。同时，投资者在考虑投资方向时，经常考虑的重要因素是有利的投资环境和未来的发展潜力。鉴于在不同环境下的人力资本投资所产生的收益或回报具有很大的差异，人们总是倾向于向有良好的人力资本投资环境和政策措施的地区和行业集中。因此，从形成人力资源聚集、形成规模效应的角度看，营造一个良好的人力资本投资氛围，可以提高投入产出比，节约实际投资成本，并且有可能产生递增的人力资本扩散和带动效应。从实际收益方面来看，这也比完全由自己单方面投资所产生的效益大得多，有时可以获得数倍、数十倍甚至数百倍的收益。

第四节　以人力资本为依托的经济发展模式
已成为现代经济增长的主要模式

在前资本主义社会，生产力内涵相对狭窄，经济的增长依赖于物质资本生产力，形成的是以物质资本为依托的经济发展模式。随着机器大生产的产生，劳动技术和程序的复杂化以及社会劳动分工的不断复杂化，对劳动者的要求由以体力为主转到以知识与智能为主，人力资本逐渐从物质资本形态中脱离出来，并且成为现代经济增长的主要动力，形成了以人力资本为依托的经济发展模式，这种模式成功地实现了发达国家经济的持续增长，也推动了发展中国家赶超型经济的成功。

在美国，二战以后，大批的军人复员，成批地涌向生产部门，就业成为社会问题中的主要内容，许多地方成立了人事管理部门来处理劳动力的安置、培训等一系列工作，从而开始了对人力资源的全面开发与管理工作。20 世纪

60 年代初期，随着美国生产力的迅猛发展、产业结构的变化，人力资源的结构性矛盾加剧，各个大企业相继建立了人才管理部门。70 年代中期，在面对日本、欧洲日益激烈的竞争中，对高质量技术人才、管理人才的需求日益高涨，对人才培养、开发和调配的要求更为强烈，美国许多地方政府和企业纷纷设立人力资源开发的专门机构。在美国经济发展和社会特殊的环境中，美国人力资源开发形成了以"聚才"为核心的多种方式开发利用人力资源的基本战略。美国十分注意吸收外国科技人才，首先以立法形式，对有成就的科学家，不论国籍、资历和年龄，一律优先进入美国。二战后的 20 年间，美国接收的各国高科技人才达 40 多万，至今仍以每年 1 万人的速度递增。在美国各大学深造的外国留学生多达 30 万人，其中 60% 攻读理工科，有 25% 的留学生在取得工程师和科学家资格后定居美国，纳入美国的"人才库"。美国 50% 的高科技公司中，外籍科学家和工程师占公司科技人员总数的 90%。其次，把在世界范围内争夺科技人才作为其基本国策。二战前后，美国曾一度吸收了 2000 多名来自西欧的著名科学家，其中包括爱因斯坦、费米及电子计算机奠基人诺伊曼等。冷战结束后，美国又把挖掘前苏联杰出人才当做一项战略任务，专门制订了接待和安置前苏联学者赴美的计划。同时，二战后美国不断增加教育投入，人均教育经费比日本高出 42%，在校大学生为日本的 3.5 倍。据统计，美国 100 家最大企业用于科技人员更新扩展专业知识的经费每年增长 25%，其中，IBM 公司、通用汽车公司等每年的开支增长 40%。当时的美国总统克林顿提出，要提高美国产品的竞争力，提高企业的竞争力，提高美国的竞争力。这三个竞争力，归根到底是靠美国在培养、开发、引进人才，特别是在全球人才竞争中的优势地位作为保证的。1994 年，美国如愿以偿取代日本，荣登世界各国竞争力排名榜首。可以说，美国出色的人力资源开发立了头功。

　　如果说美国的人力资源开发注重人的知识、智能及人才的交流，那么日本的人力资源开发则注重人的劳动积极性、人的劳动潜力的开发。日本形成了以"激励"为核心的人力资源开发模式，所谓"激励"，即善于使一般员工人才化、团队化，形成了高度的劳动热情、团队精神和敬业风气，发挥人力资源整体的竞争优势。这种激励机制是建立在其特殊的劳动人事制度上的。

这种人事可以简化为"终身雇佣＋年功序列制"及与此相联系的"企业内工会"、"自主管理"、"集体决策"、"企业教育培训制"和"企业办福利"等，这种对人的内在素质，人的潜力，劳动者精神，价值理念的开发是日本二战后经济迅速崛起的重要因素。可以说，发达国家以人力资源开发为依托的经济增长方式取得了成功。

发展中国家和地区采取人力资源开发为主导的战略同样取得了极大的成功。亚洲"四小龙"的兴起便是例证。新加坡是个岛国，自然资源极为贫乏。新加坡在被人认为小国寡民，缺少必要的天然资源的情况下，只能依靠自己发展经济。新加坡前总理李光耀不断告诫国人："我们有的只是新加坡海峡的海水，以及人民的双手。"提出："新加坡要成功，就要依靠两个重要因素，第一，提高国民教育水准，加上更好的训练，更好的纪律，更好的技术，更好的工作态度。第二，提高生产力。"为此，新加坡政府一直致力于提高国民素质，把人力资源开发定为重要的国策之一，制定并实施以人才治国为核心的完整的人力资源开发战略，不断提高国民的教育科技水平，尤其是提高管理者的素质。新加坡把人力资源的开发重点放在人才上，提出治国者必须是精英人才，只有实施精英当政，才能选拔人才，使用人才。以国民的品质来弥补土地面积和人口数量的不足，使用人的头脑和双手获得最大的生产力和最高的工作效率是其成功的主要原因。这样做，不仅使新加坡成为亚洲的新兴工业化国家，而且使其跻身于中等发达国家行列。

从以物质资本为依托转到以人力资本为依托的经济增长模式，不仅是知识经济时代提出的必然要求，而且是发达国家保持经济持续优势，发展中国家实现超越式发展的战略成功的重要途径。这一成功实践，对云南民族地区实现经济社会的超常规发展是具有强烈的借鉴性的。

第二章　"尊重知识，尊重人才"：邓小平人力资源理论的核心

改革开放初期，邓小平从世界科学技术进步对生产力的巨大推动中，看到了中国科学技术以及由此产生的经济社会发展与世界发展存在的差距，深刻地阐述了知识、人才在中国社会主义现代化建设中的战略地位，提出了"尊重知识、尊重人才"的科学论断，以知识、人才为核心，形成了系统的有中国社会主义特色的人力资源理论，为我国人力资源开发工作提供了基本的理论指导。

第一节　发展差距："尊重知识，尊重人才"形成的时代背景

社会主义首先在经济文化落后的国家取得胜利，这是历史在特定历史条件下的跳跃，这种历史跳跃能否取得最终的胜利，关键在于如何在已建立的社会主义制度下尽快地发展生产力，建立起社会主义的物质基础。列宁曾对未来的共产主义和社会主义作了深刻的描述，"共产主义就是苏维埃政权加全国电气化"[①]，"社会主义＝苏维埃政权＋普鲁士的铁路制度＋美国的技术和托拉斯｜美国的国民教育……"[②]。要解决发展生产力，建立社会主义物质基础这一历史课题，社会主义国家经济社会的发展面临两个现实的问题：一是底子薄，经济基础太差。二是帝国主义的全面封锁，社会主义建设实际是在一个相对封闭的环境下进行的。

---

① 《列宁全集》第四卷，人民出版社 1972 年版，第 339 页。
② 《列宁全集》（俄文版），人民出版社 1960 年版，第 550 页。

在资本极其有限，技术资源相当贫乏的条件下，毛泽东肯定了人在社会发展中的决定性因素。他指出："世界一切事物中，人是第一可贵的。""只要有了人，什么人间奇迹也可以造出来。"在自给自足经济占绝对优势，计划经济起主导作用的情况下，毛泽东虽然注意到科技进步在经济发展中的作用，但并没有注意到人的技能、知识在经济社会发展中的主导地位，注意到人在科技转化为生产力中的地位和作用，而是把注意力集中在人的数量优势上，认为经济的增长主要依赖于劳动力的大量投入，他反复强调，"除了党的领导之外，六亿人口是一个决定的因素。人多议论多、热气高、干劲大"。并把人口数量作为经济增长的总优势，与美国进行了对比，"六亿人口的国家，在地球上只有一个，就是我们。……美国只有一亿七千万人口，我国人口比它多几倍"。"人家一亿七千万人口，有一万万吨钢，你六亿人口不能搞它两万万吨、三万万吨钢呀。"显然是用人口数量的倍比来推演经济实力的倍比关系。把人口优势作为中国赶超美国的有利条件。在人的因素中，毛泽东强调人的主观能动性，精神的决定作用，精神可以转变为物质，提出了精神原子弹的概念。始终坚持只要充分发挥人的主观能动性，什么人间奇迹都可以创造出来。毛泽东并没有从人的知识、技能、身体素质等方面来研究人的主观能动性，而是从人的主观意志、精神能量，即是从"革命热情"方面来谈论人的主观能动性，把激发人的革命热情作为发挥人在经济社会中作用的关键环节。在人的决定因素中，毛泽东对知识分子存在着一定的偏见，他贬低知识价值，把知识分子排斥在人力资源开发利用的视野之外。毛泽东认为"我们现在大多数知识分子，是从旧社会过来的，是从非劳动人民家庭出身的，有些人即使是出身工人、农民的家庭，但在解放以前受的是资产阶级教育，世界观基本上是资产阶级的，他们还是属于资产阶级的知识分子"。"高贵者最愚蠢，卑贱者最聪明"，最终演化为"知识越多越反动"。学有专长的人被视为"白专"的典型，教育战线成为重灾区，交白卷的小丑被捧为英雄，学校不办学，学生不上课，老师不教书，鄙视知识，崇尚愚昧。由于否定了知识、人才的地位，大规模的政治动员与群众参与就成为人力资源的配置方式。大跃进、人民公社运动就是企图通过政治动员和群众参与，形成劳动力数量上的优势，以弥补其他资源的短缺，去达到特定的经济目标和特定的政治目标。邓小平在思考"什么是社会主义，怎样建设社会主义"这一基本问题时，首先考虑的是把经济工作放在一切工作的首位，提出了把经济建设作为经济文化落后国家建设社会主义的中心工作，从而实现了党在社会主义建设新时期工作重点的战略转移。为实现这一战略转移，邓小平注意到我们与发达国家经济发展的差距。在认识这一差距的视野上，邓小平不仅看到历史造成的差距，更重要的是看到了现实发展的差距，从世界历史进程的高度分析了造成这一差距的根本原因，提出了"尊重知识，尊重人才"的战略口号。从而，开始了我国经济发展战略的转移。

首先，邓小平敏锐地注意到当代科技进步所发生的根本性转折，注意到了科技进步对人类社会日趋突出的影响。他认为："现代科学技术正在经历着一场革命"，"当代的自然科学正以空前的规模和速度，应用于生产，使社会物质生产的各个领域面貌一新"①。科学技术极大地推动了生产力的进步，"同样的数量的劳动力，在同样的劳动时间内，可以生产出比过去多几十倍几百倍的产品"②。科学技术已经成为生产力发展中的主导因素。劳动生产力的大幅度提高，社会生产力的巨大发展，靠的是科学的力量、技术的力量。所以，邓小平认为："科学技术是生产力，这是马克思历来的观点。早在一百多年以前，马克思就说过，机器生产的发展要求自觉地应用自然科学。并且指出：'生产中也包括科学'，现代科学技术的发展使科学与生产的关系越来越密切了，科学作为生产力，越来越显示出巨大的作用。"③ 在此认识的基础上，邓小平提出了"科学是第一生产力"的结论。这一结论已不是从一般意义去理解科学就是生产力，而是反映了当代科学技术发展的特点和趋势，即现代科学技术超前于生产并对生产起到主导的作用。④ 在现代经济发展中，产业和产品科技含量密集程度日益增高，科技进步对经济增长贡献日益增大，据OECD 组织统计，现在发达国家经济增长的 50% 以上都来自于技术的进步。科技从发明到应用的周期越来越短，与生产过程结合得越来越直接。电动机

---

① 《邓小平文选》第二卷，人民出版社 1983 年版，第 87 页。

② 同上。

③ 同上。

④ 同上书，第 90 页。

从发明到应用经历了 65 年，电话从发明到应用经历了 56 年，而 20 世纪以来，喷气发动机的发明仅用了 14 年，电视机不到 12 年，集成电路 2 年，而激光转换器则仅仅用了 1 年。科学技术使劳动对象在利用的广度和深度上大大提高，使劳动资料和劳动手段发生了革命性变革，对劳动者素质提出的不仅是技能，更重要的是智力上的要求，推动了管理走向现代化、科学化，从而形成现代科学技术与其他生产要素相联系的乘法效应：即生产力 = 科学技术 × （劳动力 + 劳动工具 + 劳动对象 + 生产管理），科学技术放大了各生产要素。科技发展越快，乘数的增大越迅速。

其次，在这场新的科技革命浪潮中，我们与发达国家的差距拉大了。邓小平指出："必须清醒地看到，我们的科学技术水平与世界先进水平的差距还很大，科学技术力量还很薄弱，远不能适应现代化建设的需要。""科学技术水平从总体上看要比世界先进国家落后二三十年。"① 这种落后状况表现为："几亿人口搞饭吃，粮食问题还没有真正过关。我们钢铁工业的劳动生产率只有国外先进水平的几十分之一。新兴工业的差距就更大了。在这方面，不用说落后一二十年，即使落后八年十年，甚至三年五年，都是很大的差距。"② 面对这种发展差距，邓小平表现出实事求是的科学态度，认为："认识落后，才能改变落后，学习先进，才能有可能赶超先进。"③ 只有把世界科技发展对我们的挑战当做我国实现"四化"的极好机遇，加快我国科技的发展，促进经济的发展，才可能缩短这种发展差距。

最后，要尽快缩短与世界发达国家的发展差距，推动四个现代化的进程，"最重要的是靠科学的力量，技术的力量"④。"四个现代化，关键是科学技术的现代化。"⑤ "靠空讲不能实现现代化，必须有知识、有人才。没有知识，没有人才，怎么上得去。"⑥ 为此，邓小平强调："一定要在党内造成一种空

---

① 《邓小平文选》第二卷，人民出版社 1983 年版，第 163 页。
② 同上书，第 86 页。
③ 同上书，第 91 页。
④ 同上书，第 163 页。
⑤ 同上书，第 86 页。
⑥ 同上书，第 40 页。

气：尊重知识、尊重人才。"① 并以此为基础，构架起系统的邓小平人力资源理论。"尊重知识，尊重人才。"这一战略方针的基本含义突出地表现在三个方面：一是从世界科技发展的高视角来肯定人才在经济社会发展中的主体地位，对人的主体地位，从数量上升到质的要求，必然地突出人的技能，知识的价值，从而奠定了新时期人力资源开发的主导因素。二是对"左倾"思潮影响下不尊重知识、不尊重人才的一种历史反思，这种反思是社会主义人力资源开发战略的一个根本性转折。三是指明了未来社会主义现代化进程发展的基本思路。中国社会主义未来面临的巨大压力，就业压力以及资本、技术自然资源的短缺，社会经济的发展必然转到依赖科学技术的发展，依赖人力资源的开发，走以开发人才资源为主导的发展战略，走"科教兴国"的道路。

第二节　"尊重知识，尊重人才"：人力资源开发理论的核心

一、人才：人力资源开发的重点

在人力资源这一概念中，存在着三个相互联系的层次：一是人口，指一定时间内，在特定区域具有一定数量和质量的人的总称；二是劳动力资源，指在劳动年龄上、下限之间的人口，又称"劳动适龄人口"或"劳动年龄人口"，只是人口中的一部分，即能够创造物质财富的主要部分；三是人才，指劳动力资源中受过特殊教育和训练，具有专门知识和技能，能够创造比一般劳动者高得多的社会经济效益的劳动人口。当代科技的发展，社会经济结构的根本转变，社会的全面进步，对劳动力的知识、结构和专业层次都提出了较高的要求，经济增长的主导因素不再是资本和一般意义上的劳动力，而是人才。人才资源是人力资源的精华部分，对经济的增长和社会的发展起着倍加的效应。一个国家人才资源的数量和质量决定了一个国家经济和社会发展的后劲儿，同时也是国际竞争力、综合力强弱的重要内容。社会主义现代化

---

① 《邓小平文选》第二卷，人民出版社1983年版，第40页。

建设需要的是大批优秀的领导人才、企业家、科学家和各行各业的专家。科学作为智能要素渗透到生产力的基本要素之中，生产力的首要的能动的因素是劳动者自身，只有通过劳动者，科技才能转化为现实的生产力，而劳动者的科学文化知识水平决定着他的生产能力。所以，正如邓小平所指出的："历史上的劳动力，也都是掌握一定的科学技术知识的劳动力。我们常说，人是生产力中最活跃的因素。这里讲的人，是指有一定的科学知识、生产经验和劳动技能来使用生产工具，实现物质资料生产的人。"① 同时，"劳动者只有具备较高的科学文化水平，丰富的生产经验，先进的劳动技能，才能在现代化的生产中发挥更大的的作用"②。因此，邓小平要求各级领导干部要"善于发现人才，团结人才，使用人才"③。

二、革命化、年轻化、知识化、专业化：社会主义的人才标准

我们所实现的现代化，是社会主义的现代化，是中国特色的社会主义现代化。现代化、社会主义和中国特色的社会主义三个基本关联的范畴，区别了我们与世界其他国家现代化的不同性质，也区别了我们与其他社会主义国家不同的性质，同时必然锁定了我们对人才的标准。在此基础上，邓小平提出了"革命化、年轻化、知识化、专业化"的人才标准。他提出，用人的政治标准是什么？为人民造福，为发展生产力、为社会主义事业作出贡献，这就是最主要的政治标准。邓小平进一步指出："选干部，标准有好多条，主要是两条，一条是拥护三中全会的政治路线和思想路线，一条是讲党性，不搞派性。"④ "我们选干部，要注意德才兼备。所谓德，最主要的，就是坚持社会主义道路和党的领导。"⑤ 为什么要把政治标准放在人才的首位，因为"人才问题，主要是个组织路线问题"⑥。只有选出的人才具有高度的政治品德，党的社会主义初级阶段时期的基本路线才能得到根本保证，社会主义事业才

---

① 《邓小平文选》第二卷，人民出版社1983年版，第88页。
② 同上。
③ 《邓小平文选》第二卷，人民出版社1993年版，第109页。
④ 同上书，第192页。
⑤ 同上书，第326页。
⑥ 同上书，第324页。

能后继有人。在世界科技革命浪潮中，从中国社会主义现代化的实际发展出发，邓小平提出，干部要在革命化前提下，更加年轻化、知识化、专业化，反复论证了搞现代化建设，干部必须懂专业，"知识面要宽得多"。只有红，没有专，没有专门的知识技能和专业能力不可能担当起现代化建设的重担。因此，邓小平首先提出："今后的干部选择，特别要重视专业知识。我们长期都没有重视，现在再不特别重视，就不可能进行现代化建设。没有专业知识，又不认真学习，尽管你抱了很大的热心建设社会主义，结果做不出应有的贡献，起不到应有的作用，甚至还起相反的作用。"① 针对过去认为只有科技人员才需要专业化，而其他人员不需要专业化的误解，邓小平认为，各行各业都具有自身的规律，都需要懂得特殊的知识，不但科技人员需要专业化，干其他工作，包括党政工作也要专业化，不但做一般业务工作的要专业化，做领导工作的也要专业化。邓小平指出："比如学校党委的领导同志，应不应该是个专业人员呢？应该是。他可以不是教学人员，但至少应该是懂得教育的有管理学校专长的专业人员，会管某一类学校。"② 长期以来，在"左"倾思想的影响下，我们只强调人才的"红"，而忽视了人才的专业知识。同时，在政治统率一切的前提下，干部队伍的构成单一化，这与社会主义现代化建设的实际需要极其不适应。正如邓小平指出的："问题是干部构成不合理，缺乏专业知识，专业能力的干部太多，具有专业知识、专业能力的干部太少。"③ 这一多一少，充分体现专业知识对于人才的重要地位。随着社会主义现代化建设的深入发展，在新的形势下，江泽民在十五大政治报告中提出，要充分估量未来科学技术特别是高技术发展对综合国力、社会经济和人民生活的巨大影响，把加快科技进步放在经济社会发展的关键地位，使经济建设真正转到依靠科技进步和提高劳动者素质的轨道上来。党的经济发展战略的转变，对人才的知识化、专业化的要求更高。没有人才的知识化、专业化，革命化就要落空；没有革命化、知识化，专业化就可能迷失方向；同时，只有实现

---

① 《邓小平文选》第二卷，人民出版社 1983 年版，第 264 页。
② 同上书，第 263 页。
③ 同上。

了人才的年轻化，才能同时实现革命化、知识化、专业化，使社会主义事业保持活力。"四化"之间相互联系，构成了中国特色社会主义现代化条件下特殊的人才标准。

三、"关键在人"：人才在社会主义现代化进程中的主导地位

人是生产力的首要因素，生产力的发展，从根本上取决于人的创造活动。邓小平提出了"关键在人"的科学论断，充分肯定了人才在社会主义现代化进程中的主导地位。反复阐明社会主义发展的核心问题是人才。"任何事情都是人干的，没有大批人才，我们的事业就不能成功"，只有"人才不断涌出，我们的事业才有希望"。[①] 首先，人才对社会主义经济的发展起着强大的推动作用。现代经济的发展取决于两个方面的驱动，一是科技的发展；二是现代管理水平的提高。科技是第一生产力，科技与经济的"接口"，是技术成果的商品化。科技成果的转化效果从根本上取决于人的参与、人的素质；管理的主体是人，人的素质是实现管理效果的关键。因此，两个驱动的中轴是人，而且是具有较高素质的人。科技管理发展水平越高，对人的素质提出的要求越高；反之，人的素质越高，科学技术水平越高，经济增长的速度和质量就越高。正如邓小平所指出的："国力的强弱，经济发展后劲的大小，取决于劳动者的素质，取决于知识分子的数量和质量。"[②]

其次，能否选拔出合格的人才直接关系到四个现代化目标的实现。四个现代化是我们党在社会主义新时期的奋斗目标和工作中心，实现现代化我们面临的问题是缺少一批年富力强的专业知识干部，而没有这样一批干部，四个现代化就搞不起来。由于现代化本身就是现代科学技术知识的产物，知识面窄了，就不能胜任。因此，邓小平强调："今后的干部选择，特别要重视专业知识。"[③]

再次，强调了人才是决定改革成败的关键。改革是社会主义时期的自我

---

① 《建设有中国特色的社会主义》（增订本），人民出版社 1987 年版，第 8 页。
② 《邓小平文选》第三卷，人民出版社 1993 年版，第 120 页。
③ 同上书，第 263 页。

完善，改革要打破束缚生产力发展的旧体制，解放和发展生产力，这是一场深刻的社会变革。改革要求人们不断解放思想，实事求是，不断创新。改革离不开人才，而造就人才既是改革的目的，又是改革的手段。邓小平明确提出："改革经济体制，最重要的，我最关心的是人才，改革科技体制，我最关心的还是人才。"①"改革靠人才，改革的进程和措施有利于造就人才，人才辈出，而人才涌现又必将加快改革的步伐和进程。"

最后，人才关系到党和社会主义事业的兴衰成败。无产阶级的革命事业是长期的，需要许多代人的努力才能成功。因此，培养和选拔好无产阶级事业所需的人才，关系到党和社会主义事业的兴衰成败。1979 年 11 月 2 日，邓小平明确提出："现在我们国家面临的一个严重问题，不是四个现代化的路线、方针对不对，而是缺少一大批实现这个路线、方针的人才。道理很简单，任何事情都是人干的，没有大批的人才，我们的事业就不能成功。"②"我们一定要认识到，认真选好接班人，这是一个战略，是关系到我们党和国家长远利益的大问题，如果我们在三几年内不解决好这个问题，十年后不晓得会出什么事。要忧国、忧民、忧党啊。这是个带根本性质的问题。我们有正确的思想路线，有正确的政治路线，如果组织问题不解决好，正确的政治路线的实行就无法保证，我们向党和人民就交不了账。"③

第三节　创造良好的人才环境：落实"尊重知识，尊重人才"的社会保证

人是生产力中"活"的要素，与其他物质要素不同的是，人的要素具有能动性，对自身和对外部具有清晰的看法，对自身行动具有抉择能力，能够自觉调节自身与外部的关系。劳动积极性是人的素质发挥的源泉，也是人才潜能发挥的决定性因素。要充分调动人才的劳动积极性，充分发挥人才的知

---

① 《邓小平文选》第三卷，人民出版社 1993 年版，第 120 页。

② 《邓小平文选》第二卷，人民出版社 1983 年版，第 221 页。

③ 同上书，第 222 页。

识效能，就要求有一个良好的人才环境。提高知识、人才在社会中的地位，大胆选拔和使用人才，改善人才的物质生活条件，创设一个"珍惜劳动，珍惜人才"的社会环境，是实现"尊重知识，尊重人才"的社会条件。

一、"一定要在党内造成一种空气；尊重知识，尊重人才。要反对不尊重知识分子的错误思想。"①

首先，邓小平对知识分子的社会归属作出明确的界定，肯定知识分子的阶级属性。邓小平指出："承认科学技术是生产力，就连带要答复一个问题：怎么看待科学研究这种脑力劳动？科学技术正在成为越来越重要的生产力，那么，从事科学技术工作的人是不是劳动者呢？"② 在总结知识分子在社会主义建设中的表现后，他认为："总的说来，他们的绝大多数已经是工人阶级和劳动人民自己的知识分子，因此，也可以说，已经是工人阶级的一部分。"③ 他进一步分析我国的科技队伍："就整个说来，不愧是我们工人阶级自己的又红又专的科学技术队伍。"④ 从而纠正了在"左"的思潮影响下，把知识分子看成是资产阶级，看成是社会主义改造的对象的错误倾向。其次，要尊重知识分子的劳动成果，尊重社会主义建设的人才。"要反对不尊重知识分子的错误思想，不论脑力劳动，体力劳动都是劳动，从事脑力劳动的人也是劳动者。"⑤ 肯定了知识分子的社会主义属性，也就肯定了知识在社会主义现代化中的价值。没有对劳动的尊重，就没有劳动成果，人才就无法出来。社会对知识、人才的尊重，是对知识和人才价值的肯定；社会对知识、人才的尊重必然形成人才辈出的环境，直接影响社会发展的价值的取向。所以，邓小平强调："要珍惜劳动，珍惜人才，人才难得。"⑥

---

① 《邓小平文选》第二卷，人民出版社 1983 年版，第 40 页。
② 同上书，第 88 页。
③ 同上书，第 89 页。
④ 同上书，第 41 页。
⑤ 同上书，第 92 页。
⑥ 同上书，第 50 页。

二、知人善任，大胆选拔，使用人才是落实"尊重知识，尊重人才"的必然途径

知识和人才的价值只有在社会实践中体现出来，才能转化为直接的生产力。使用、选拔人才，首先要求从社会主义现代化建设的实际出发，解放思想，实事求是，不拘一格，选拔人才。正如邓小平认为的："在人才的问题上，要特别强调一下，必须打破常规去发现、选拔和培养杰出人才。"① 所以，邓小平指出："考虑人的角度也要深化，这也是一种改革，思想上的解放。要破除阻碍人才脱颖而出的陈腐观念，善于发现，大胆破格提拔中青年优秀干部。要处理好德才之间的关系，要用发展的眼光，从改革开放发展的实际要求来解放思想，选拔人才。其次，大胆使用干部。对经验不足的年轻干部一要传帮带；二要压担子。要敢于把他们提起来，让他们在其位，谋其政，经过一两年就能干起来。再次，要全面地看待干部，不要求全责备。"他认为，人都有缺点错误，新干部有，老干部也有。不能因为不是全才，不是党员，没有学历，没有资历，就把人家埋没了，即使有某些缺点弱点，也要放手用。有缺点可以帮助克服。对某些缺点可以辩证地看，如对骄傲，邓小平认为，越有主见的人，越有自信。这个并不坏。真是有点骄傲，如果放在适当的岗位，他自己会谦虚起来，要不然他就沉不下去了。最后，邓小平提出："要创造一种环境，使拔尖人才能够脱颖而出。"改革就是要创造这种环境。

三、人才流动是人才开发的重要途径

邓小平指出："人员不流动，思想就会僵化。外国科研机构很注意更新科研队伍，经常补充年轻的、思想灵活的人进来。我们也要逐步实行科研人员流动、更新的制度。"② 人才要在流动中才能实现最大的价值，人才资源只有在流动中才能实现优化配置。旧的所有制、人事制度、户籍制、干部身份制等构成了人才流动中的层层障碍，造成了人才的专业不对口，学非所用，用

---

① 《邓小平文选》第二卷，人民出版社1983年版，第95页。

② 同上书，第56页。

非所学，影响了人才的使用和功能的发挥，造成了人才资源的浪费。实行人才的流动，有助于人才的交流，有助于人才的开发，有助于实现人才的最大效益。

四、改善知识分子的工作和生活条件

早在 1979 年，邓小平就指出："要调动科学和教育工作者的积极性，光讲不行，还要给他们创造条件，切切实实地帮助他们解决一些具体问题。"① "要从科技系统中挑选出几千名尖子人才。这些人挑选出来后，就为他们创造条件，让他们专心致志地做研究工作。……他们做好研究工作，出了成果，就对政治有利，对中华人民共和国有好处。"② 邓小平进一步提出："对那些真正有本事的人，在工资级别上可以破格提高。""凡是人才（并不是所有知识分子都是人才），真正行的，要提高他们的物质待遇。"按社会主义按劳分配的原则，脑力劳动者比体力劳动者物质待遇高一点，是知识价值的一种体现，有利于鼓励、形成广大人民群众努力学习文化知识，提高劳动者整体素质的局面。

第四节　教育为本：实现"尊重知识，尊重人才"的根本途径

人才不是天生的，知识不是凭空的，知识的传授，人才的形成是通过教育实现的。科技的进步，科学技术人才的培养，基础在教育。从社会发展的趋势看，科技发展越快，对人的素质要求越高，教育在社会发展中的地位就越突出。反之，教育越发达，社会劳动者的素质越高，经济发展越快，社会发展程度就越高。教育的核心是培养人才，人才是科学技术最重要的载体，从这个意义上说，教育也具有生产力的属性。教育通过高素质的劳动者、高素质的专门人才和科学技术的再生产，直接为发展生产力服务，为经济和社

---

① 《邓小平文选》第二卷，人民出版社 1983 年版，第 40 页。
② 《邓小平文选》第三卷，人民出版社 1993 年版，第 120 页。

会发展服务。正如马克思所指出的：教育会产生劳动能力。为此，邓小平提出"教育为本"的思想，并阐明了教育在培养知识和人才中的地位和作用。

一、我们国家要赶上世界先进水平，就要从科学和教育入手

邓小平指出："我国的经济，到建国一百周年时，可能接近发达国家的水平。我们这样说，根据之一，就是在这段时间里，我们完全有能力把教育搞上去，提高我国的科技水平，培养出数以亿计的各类人才，一个十亿人口的大国，教育搞上去了，人才资源的巨大优势是任何国家比不了的。有了人才优势，再加上先进的社会主义制度，我们的目标就有可能达到。"① 从世界现代化的进程来看，发展教育既是发达国家科技不断进步、经济社会持续增长的源泉，又是发展中国家赶上和超过发达国家的成功实践。邓小平十分重视日本的经验，他说："日本从明治维新就开始注意科技教育，花了很大力气。明治维新是新兴资产阶级干的现代化，我们是无产阶级，应该也可能干得比他们好。"② 未来世界的竞争，表现为科技的竞争，综合国力的竞争，归根到底是人才的竞争，而人才的培训、知识的传授，全民族文化素质的提高取决于教育的发展。因此，在现代化、科技进步和教育诸关系上，邓小平反复强调"教育是基础"。他指出："我们要实现现代化，关键是科学技术要能上去。发展科学技术，不抓教育不行。"③ 不抓科学、不抓教育，四个现代化就没有希望，就成为一句空话。

二、教育归根到底是要培养人才

自工业革命时代开始，教育已成为人的社会化的主要途径。教育担负了对劳动者进行系统传授科学知识、生产技能，全面提高劳动者科学文化素质，培养人才的主要任务。邓小平直截了当地提出："我们的学校是为社会主义建设培养人才的地方。"④ 办学校，首先的要求就是："训练干部、选拔干部、

---

① 《邓小平文选》第三卷，人民出版社1993年版，第120页。
② 《邓小平文选》第二卷，人民出版社1983年版，第40页。
③ 同上书，第40页。
④ 同上书，第103页。

推荐干部"①，要"把尽快地培养出一批具有世界第一流的科学技术专家，作为我们的科学，教育战线的重要任务"②。通过发展教育，扩大科技人才的数量，提高科技人才质量，造就成批的杰出人才，带动我们整个中华民族的科学文化水平的提高。我国尚处在社会主义初级阶段，科技水平较低，教育发展总体水平较低，人口数量过多，劳动力资源十分丰富，但劳动力总体素质偏低，要把人口包袱逐步转变为人口的优势，首先就必须有计划地对大批干部、工人进行正规教育，提高他们的政治水平、文化水平、技术水平、经营管理水平。发展教育，"要从小学抓起，一直到中学、大学"③。其次，邓小平明确提出："培养人才有没有质量标准呢？有的。这就是毛泽东说的，应该使受教育者在德育、智育、体育几方面都得到发展，成为有社会主义觉悟的有文化的劳动者。"④ 邓小平进一步提出："我们要掌握和发展现代科学文化知识和各行各业的新技术、新工艺，要创造比资本主义更高的劳动生产率把我国建设成为现代化的社会主义强国，并且在上层建筑最终战胜资产阶级的影响，就必须培养具有高度科学文化水平的劳动者，必须造就宏大的又红又专的工人阶级知识分子队伍。"⑤ 最后，对教育效果的检验，邓小平认为："教育方面有很多问题，归根到底，是要出人才，出成果。"⑥ 同时，教育不仅仅是一个知识传授的过程，更重要的是一个发现人才、培养人才的过程。正如邓小平所说的："我们的科学家，教师发现人才，培养人才，本身就是一种成就，就是对国家的贡献。"⑦

三、教育要改革，要提高质量，才能适应现代化建设对教育提出的要求

科技经济社会的发展，对教育不断提出新的要求，教育要满足这些要求，培养与时代相适应的知识、人才，就必须不断改革，提高质量。邓小平提出，

---

① 《邓小平文选》第二卷，人民出版社 1983 年版，第 62 页。
② 同上书，第 66 页。
③ 同上书，第 40 页。
④ 同上书，第 103 页。
⑤ 同上书，第 104 页。
⑥ 同上书，第 70 页。
⑦ 同上。

现代经济和技术的迅速发展，要求教育质量和教育效率的迅速提高，要求我们在教育与生产结合的内容上，方法上不断有新的发展。这种改革主要表现为：

首先，要提高教师的质量。"只有老师教得好，学生才能学得好。"① 而能否培养出高质量的学生，高质量的科技人才，现代化建设的各类人才，在很大程度上取决于教师的质量和水平。在"左"倾思想的影响下，我国的教育战线成为重灾区，教师队伍受到严重破坏，一是不少地区教师极端缺乏；二是在飞速发展的现代化建设和日新月异的科技进步的历史条件下，教师总体水平，特别是业务水平存在一个继续提高的问题。正如邓小平指出的："教育战线任务愈来愈重，各级教育部门不能不努力提高现有教师队伍的教学能力和教学质量。"② 提高教师的水平，"包括政治思想水平，业务工作能力以及改进作风等"③。

其次，要在教育的基本内容和教育的方法上进一步解放思想，加快改革，使教育真正能担当起传授知识，培养人才的重任。邓小平提出："我们要在科学技术上赶超世界先进水平，不但要提高高等教育的质量，而且首先要提高中小学教育的质量，按照中小学生所能接受的程度，用先进的科学知识来充实中小学的教育内容。"④ 当今世界教育的发展正从一般人力资源开发转向高层次人才资源开发；从以职前的学校教育为主转向职前、职后并重的终身教育为主；以单纯的学历型知识教育转向以能力素质为核心的全面优化教育为主。教育的改革任务就更为迫切、更为重要。因此，邓小平对教育的发展提出了较高的要求："现代经济和技术的迅速发展，要求教育质量和教育效率的迅速提高，要求我们在教育与生产劳动结合的内容上、方法上不断有新的发展。"⑤

最后，教育必须为社会主义经济建设服务，"更重要的是教育事业必须同

① 《邓小平文选》第二卷，人民出版社 1983 年版，第 96 页。
② 同上书，第 55 页。
③ 同上书，第 109 页。
④ 同上书，第 104 页。
⑤ 同上书，第 107 页。

国民经济发展的要求相适应"①。教育不仅是提高国民素质，开发智力资源的基础工程，而且是促进经济发展和社会进步的持续动力和能源基础。教育的地位决定了教育的功能，教育必须为社会主义经济建设和社会主义现代化建设服务。要实现这一功能，在规划各所学校时，就要同国民经济发展的要求相适应，学生掌握的专业知识要与日后从事的职业相适应，学用一致。邓小平提出，要从国民经济发展的实际需要出发，"考虑各级各类学校的比例，特别是扩大农业中学，各种中等专业学校、技工学校的比例要研究发展什么样的高等学校，怎样调整专业设置、安排基础理论课程和进行教材改革"②。从经济的角度看，教育是一种产业，也是一种投资，教育的发展也要遵循投入与产出比，即有效投入的原则。教育与我国目前人力资源和经济发展的实际状况相符合是实现教育有效投入的保证。我国的社会主义初级阶段，农业和自给自足经济占了很大的比重，工业结构基本上属于劳动密集型，需要的劳动力数量多，对知识技能要求并不高，社会事务分化尚不十分复杂，普及九年义务教育，开展实用技术培训，发展技术教育，发展职业高等教育与发展普通高等教育是适合我国的社会实际的。总之，充分发挥教育与经济社会相适应的功能，必须遵循有效投入的基本原则，克服教育发展中的短视性、盲目性，克服只重文凭教育，忽视职业教育和实用技术教育；只注重高等教育，而忽视中国社会主义发展最需要的基础教育的错误倾向。

---

① 《邓小平文选》第二卷，人民出版社 1983 年版，第 107 页。

② 同上书，第 108 页。

第三章　人力资源开发：实施西部大开发战略的新视角

党中央关于西部大开发战略的提出是邓小平"两个大局"思想的贯彻和落实。在西部大开发战略中，实施人力资源开发，创造西部大开发战略的软环境，是实施西部大开发战略的社会保证。云南民族地区的经济社会发展必须从实际出发，选择以人力资源开发为突破口，既是云南民族地区经济社会发展的必然要求，也是实现云南民族地区经济社会超常规发展的战略选择。

第一节　"两个大局"思想：西部大开发战略的理论指导

一、东西部差距的拉大：经济持续发展中的严峻课题

东西部地区发展差距是区域经济发展理论中的热点问题之一。区域经济发展理论把地区经济发展的不均衡性划分为三个层次：东部沿海 12 个省、市属于发达地区；中部 9 个省、市属于次发达地区；西部 10 个省、市（区）属于不发达地区。90% 以上的人口集中在东中部地区，但资源较少；10% 的人口在西部地区，资源较为丰富，但地理条件很差。在改革开放过程中，三个经济层次间呈现出明显的梯度差距，这种发展差距随改革开放的发展不断拉大，表现出日益加速的趋势。1992 ~ 1995 年从广西到山东沿海 7 个省、市（不包括上海）的经济增长占全国增长率的 70%，其余 23 个省、市、自治区加在一起仅占 30%。98% 以上的外商投资集中在东部和中部地区，而西部地区外商投资仅占 2%，全国乡镇企业总产值的 95.6% 是由东部和中部地区创造的。东西部差距的形成既有历史原因，也有现实的原因。从历史上看，我国的生产力布局主要集中在东部沿海地区，该地区工业基础历史悠久，资本、

41

技术等生产要素资源丰富。从地理环境上看，东部沿海毗邻港澳台，到日本、东南亚、欧美海外通道宽广，对外开放引进外资具有十分优越的区位优势。从制度因素上看，在计划体制下，国家宏观布局上，形成发达的东南沿海地区以加工工业为主导，不发达的西部地区以提供原材料、资源和初级产品为主体的格局，导致东部地区资源短缺，能源紧张，加工工业膨胀。目前70%以上的工业集中在占国土面积不到12%的东南沿海地区；而西部地区加工工业相对不足，上游产业势单力薄，缺乏前后相续的产业支撑，难以形成支柱产业。改革开放时，东部沿海地区充分利用国家所给予的优惠政策，大胆超前试验，比较灵活地运用市场机制率先发展了一些投资回报率较高的产业，并在政策上给予投资者以相当大的全国投资热点优惠政策。从人力资源因素来看，东部沿海地区教育较为发达，人力资源素质比西部地区高，人力资源蓄积基础较为深厚，具备一大批各种知识类型的人才队伍。

东西部发展差距的拉大，一是必然带来经济收入的差距。1981年，城镇居民收入最高的上海与收入最低的山西分别为599元和370元，其比例为1.62：1。到1997年，城镇居民收入最高的广东与最低的甘肃省分别为8562元和3592元，其比例已扩大为2.38：1。1998年，东部农民人均纯收入为2854元，而西部地区农民人均纯收入只有1474元。1998年在全国直辖市、省会城市、计划单列市中，深圳人均可支配收入为20245元，而全国最低的银川人均可支配收入为4245元，两个城市的人均可支配收入之比为4.77：1。二是对西部经济的发展造成极大障碍。由于发展差距的拉大，西部地区失去了吸引国内外投资和吸引人才的有效政策，基础设施和交通通信的落后，不仅留不住资金、人才，而且剩下的人才也失去了发挥功能的社会条件，从而造成西部地区人才、资金等要素匮乏的"空心经济"状态。三是不利于形成完整的市场经济体制。东西部经济发展差距的拉大，必然会形成政府在经济运行过程中人为地干预区域间的商品往来和生产要素的自由流动，造成区域间的地方保护主义和区域封锁，限制生产要素的自由流动，从而制约着全国市场体系的完整建立。四是进一步导致生态的破坏和环境的恶化。西部地区的贫穷与低水平发展难以满足人民生活和致富的需要，在经济长期得不到有效发展，致富无门的情况下，西部地区的人们只能拼命向大自然索取，毁林开荒或是掠夺性开发，由于缺资金，少技术，投入再多的人力、物力也只能在低层次上使用，甚至出现"民尽力于无用"，生态环境受破坏，资源大量浪费的局面。五是民族矛盾、宗教问题日益突出。由于东部地区主要为汉族聚居地区，西部地区主要为少数民族聚居地区，地处边疆，东西部地区发展差距的拉大，容易引发民族矛盾；民族问题与宗教问题相互渗透，而民族问题又容易引发宗教问题，导致民族社会的动荡，边疆的不稳定。因此，正如江泽民所指出的："加快西部地区的发展，对于保持西部地区政治和社会稳定，促进民族团结和保障边疆安全具有重大意义。"要"维护民族地区的稳定，很重要的一条就是要不断加快这些地区的经济发展和社会进步，经济发展了，社会进步了，各民族共同富裕了，就会进一步巩固和发展平等、团结、互助的社会主义民族关系，就会大大增强整个中华民族的凝聚力。保持民族地区的稳定和巩固祖国边防，也就具有了更加强大的物质基础和思想政治基础。"①

二、"两个大局"的思想：缩小东西部发展差距的战略构想

20 世纪 80 年代，在改革开放深入发展的过程中，当东西部发展差距日趋明显时，如何缩小东西部发展差距就成为我国经济持续发展中的严峻课题。邓小平从改革开放的大局及社会主义发展的阶段战略目标出发，对缩小东西部发展差距进行了深刻的思考，发表了关于"两个大局"的重要思想理论。他指出，一个大局，就是从东部沿海地区加快对外开放，使之较快地发展起来，中西部地区要顾全这个大局；另一个大局，就是当发展到一定时期，比如本世纪末全国达到小康水平时，就要拿出更多的力量帮助中西部地区加快发展，东部沿海地区也要服从这个大局。邓小平"两个大局"的思想，是我们解决东西部差距问题的总体战略构想，是我们今天实施西部大开发战略的基本指导思想。第一，这一构想辩证地解决了非均衡发展与协调发展的关系。从我国生产力发展的现实水平看，其突出的特征就是发展的不均衡，各地区间经济发展的条件存在着极大的差异，因此发展也不可能实现完全的均衡。在发展改革开放初期，从根本上，我们不能靠降低东部发展速度来缩小东西

---

① 《邓小平文选》第三卷，人民出版社 1993 年版，第 364 页。

部的差距，只有支持东部地区利用一切有利的时机，加快发展，探索出在社会主义条件下实现现代化的新道路，才能为西部的发展树立榜样，创造出条件。但东西部的发展不可能长期建立在这种非均衡状态的基础上，社会主义必须建立在协调发展的基础上，发展差距的拉大也会制约东部本身的发展。当东部经济已达到一定发展水平，形成较深厚的积累时，就要考虑西部发展问题，让西部在东部的支持和带动下，也尽快发展起来。第二，辩证地解决了先富与后富的关系。邓小平指出："共同致富，我们从改革一开始就讲，将来总有一天要成为中心课题。社会主义不是少数人富起来、大多数人穷，不是那个样子。社会主义最大的优越性就是共同富裕，这是体现社会主义本质的一个东西。如果搞两极分化，情况就不同了，民族矛盾、区域矛盾、阶级矛盾都会发展，相应地中央和地区的矛盾也会发展，就可能出乱子。"① 实现共同富裕是社会主义的价值目标，也是社会主义优越性的体现，但共同富裕并不是同步富裕、同等富裕，实现共同富裕是通过一部分人、一部分地区先富起来，树立榜样，带动其他人、其他地区也富裕起来，由点到面，逐步实现的。只讲共同富裕，不讲一部分人、一部分地区先富起来，就会制约这部分人、这部分地区实现富裕潜力的发挥，不利于生产力的发展，其结果仍是回到平均主义、大锅饭。第三，提出了实现协调发展，解决东西部地区差距的两个阶段转变的条件、时机和思路。在改革开放初期，发达地区如何帮助贫困地区，邓小平提出过，一方面"可以由沿海一个省包括内地一个省或两个省，也不要一下子负担过重，开始时可以做某些技术转让"②。另一方面，也可以让先富起来的地区多交点利税，支持贫困地区，但这里有一个帮助的力度和时机的选择问题。邓小平认为解决东西部差距问题"太早，这样办，也不行"。否则，力度和时机掌握得不当，又可能回到平均主义的老路上去。什么时候突出地解决这个问题。邓小平认为可以研究，可以设想到本世纪末，达到小康水平的时候，就要提出和解决这个问题，"不发达地区又大都是拥有丰富资源的地区，发展潜力是很大的。总之，就全国范围来说，我们一定能

---

① 见《人民日报》1999 年 6 月 18 日第一版。
② 《邓小平文选》第三卷，人民出版社 1993 年版，第 364 页。

够逐步顺利地解决沿海同内地贫富差距问题"。这就是第二阶段的任务。在这里，由第一阶段转变到第二阶段的前提是东部地区实现小康水平，基本的思路就是东西部资源互补，协调发展。在"两个大局"中，前一个大局是前提，后一个大局是目的，是方向。只有前一个大局的目标实现了，后一个大局才有了保证和实现的社会条件。而没有后一个大局，前一个大局的结果只能加剧发展差距的拉大。

三、西部开发大战略："两个大局"战略构想的实施

改革开放以来，充分证实了邓小平关于东西问题的英明性和深刻性。自90年代初期，中央根据邓小平南方讲话精神颁布了1992年第4号文件，提出了进一步扩大对外开放，对内搞活全方位开放的新措施。其中有两项内容是针对西部地区的：一是要逐步开放沿海城市，形成周边对外开放的格局；二是加强了沿海地区对内地的联合与辐射。这两项措施的实施，打破了长期以来西部单纯依靠东部分工体系，依赖东部市场、资金和对外开放通道的单方面格局，变不利环境为有利环境，形成双向市场和双向资金来源，形成全方位开放的新格局。同时，通过东西部地区干部相互易地锻炼，对口扶贫，支教帮助等多种形式，努力实现东西部间的均衡发展，但在全国经济发展达到小康水平前，这些措施对缩小东西部发展差距的影响还不是决定性的。由于西部地区周边国家均属落后国家，缺乏资金、技术和市场有限，西部地区除个别中心城市，大部分不具备起码的工业基础设施，东部资金等各种生产要素不会大规模流入西部。同时，东部处于加速发展时期，自我发展资本尚不足，只能产生对西部的吸纳，而不可能筹到足够的资金流入西部，而且鉴于国力的实际状况，国家不具备规模开发西部经济的巨额投资能力。因此，在2000年以前，东西部的差距与矛盾仍是一个严峻的课题。

1999年6月17日，江泽民在西北五省国有企业改革和发展座谈会上就加快中西部地区发展发表重要讲话，提出"要抓住世纪之交历史机遇，加快西部地区开发步伐"。强调"加快开发西部地区，对于推进全国的改革和建设，对于保持党和国家的长治久安，是一个全局性的发展战略，不仅具有重大的经济发展意义，而且具有重大的政治和社会意义"。江泽民明确提出："加快

中西部地区发展的条件已经具备，时机已经成熟。从现在起，这要作为党和国家一项重大的战略任务，摆到更加突出的位置。"江泽民的讲话擂响了西部大开发的战鼓，标志着解决东西部差距向第二阶段的根本战略性转折。

西部开发大战略的提出，一是国家经济结构调整的必然要求。经过改革开放 20 年的努力，从 1994～1997 年国内生产总值年均增长率为 10.4%，到 1997 年已达到 73858.88 万元。工业主要产品中的钢、煤、水泥、化肥、棉布、电视机；农业主要产品中的谷物、肉类、棉花、花生、油菜子、水果等位居世界第一位，进出口贸易额 1827 亿美元，外汇储备达 1267 亿美元。国家实力已大大增强，从全国总体平衡上看，我们已达到小康目标。东部沿海经过几十年的发展，已具备强劲的实力。要保持国民经济持续快速健康发展，实现现代化建设的第三步战略目标，东部经济的发展要进行战略性的结构调整，迎接入关的挑战，东部将重点发展高新技术产业、金融、电信、保险等第三产业。传统的产业，能源耗费较大，劳动成本较高以及污染严重的产业，将逐步改造，转移。西部地区地域广大，自然资源丰富，有巨大的潜力，也是一个巨大的潜在市场，加快发展西部地区有利于东部地区产业结构调整中的产业转移，有利于东部地区利用西部地区的特殊资源，形成新产业。西部地区由于设施基础的落后，资源未能得到大规模的开采，并且在生态环境的保护等方面，存在着巨大的潜在市场，有利于东部投资的转移。总之，西部的开发有利于各种资源的合理配置和流动，为国民经济的发展提供了广阔的空间和巨大的推动力量。二是社会主义本质的要求。在改革开放后 20 年间，东部经济的快速发展与西部地区发展水平的落后形成了强烈的反差，社会主义的本质最终要求达到全体人民的共同富裕，只有逐步缩小全国各地区之间的发展差距，实现全国经济社会的协调发展，才能最终达到这一目标。西部大开发实质上就是全局性的扶贫大决战，目标就是要尽快缩短地区发展差距，实现全国经济的协调发展和共同富裕。抓住国家经济结构调整的有利时机，采取切实可行的措施，选择合适的发展战略，解决东西部的发展差距问题，从本质上讲，是社会主义发展的必然要求。三是地区经济协调发展的必然要求。东部地区利用改革开放的有利条件首先发展，加快发展，但东部的发展不可能长期建立在西部落后的基础上，没有西部的相应发展，东部也会逐渐失去广阔的市场，失去各种高质量资源的支撑，同时为生态环境的毁坏付出代价，因此，只有协调发展才是解决东西部问题的根本途径。西部大开发战略的提出把邓小平"两个大局"的思想转变为具体的战略步骤，成为推动东西部地区协调发展的强大动力。

第二节　以人力资源开发为先导：实施西部大开发战略的基本要求

西部大开发战略与东部开发战略处于不同的历史条件环境，具有不同的特点，提出不同的要求，以可持续发展为核心的西部大开发战略突出了西部人力资源开发的先导地位，人力资源的系统开发，是西部大开发战略成功的基础。

一、两种不同的发展战略：东西部开发战略的差异

西部大开发战略是在特殊历史条件下，国家经济发展战略的重大调整。西部大开发的战略构想表现出与东部发展战略的不同点：一是西部大开发战略的核心是实现西部地区的可持续发展，其启动的时机是在东部经济快速增长的刺激下，西部经济盲目开发，导致西部地区自然环境不断恶化，特别是水资源短缺，水土流失严重，生态环境越来越恶劣，荒漠化年复一年加剧，并不断向东推进的情况下启动的。开发西部不能重复东部生态环境破坏，竭泽而渔的发展道路，正如江泽民指出的："改善生态环境，是西部开发建设必须首先研究和解决的一个重大课题。如果不从现在做起，努力使生态环境有一个明显的改善，在西部地区实现可持续发展的战略就会落空，而且我们整个民族的生存和发展条件也将受到严重威胁。"（朱镕基总理指出："生态环境保护和建设是西部大开发的根本和切入点。"）因此，西部开发必须越过粗放型的增长方式和以牺牲环境为代价的发展阶段，大力发展高科技产业、生态农业和生态城镇，实现经济与环境的"双赢"。二是西部的开发主要是以对东部中部的资源优化配置，资源互补的方式进行的，而不具备东部开发中以出口为导向那样的优越条件。在国家经济总格局中，资金、人力资本和各种资

源总是流向回报率高、人才环境和市场环境优越的地区。这是西部开发中必须正视的现实问题。三是西部开发是在国家宏观经济过剩，需求饱和的情况下，在市场经济体系全面建立并不断完善的情况下实施的；东部发展战略的实施则是在国家宏观短缺经济最突出的时期启动的，其发展中既可联结世界市场，又可联结西部市场，占据天时地利。而西部对外联结的渠道有限，又面临国内市场严重需求不足的严峻形势，这就要求有较丰富的市场经济的经验和较强的把握市场经济的能力，而西部地区所缺乏的正是市场经济的历史、市场经济产生的社会环境，缺乏市场经济的精神和开放的思维方式。四是西部开发的基本目标之一是要解决几百万贫困人口的摆脱贫困和走向小康的问题。由于多年来，西部地区教育发展缓慢，这些贫困人口劳动技能缺乏，技术水平落后，文化素质较差；而东部地区在开发时已具备了良好的人力资源基础，雄厚的教育基础和庞大的企业家队伍。五是西部的开发是在社会主义市场经济体系建立的条件下实施的，正如江泽民强调的："开发西部地区，要有新思路。要适应建立社会主义市场经济体制的要求和新的对外开放环境，充分考虑国内外市场需求的新变化，按客观经济规律办事。"（所谓新思路，就是要发挥市场经济机制的作用，创造一个良好的投资环境和市场环境，促进国内外的资金、技术、人才等生产要素向西部地区流动，这是西部大开发战略能否取得预想效果的关键。）国家投资只是起引导、启动的作用，国内外社会资本才是西部开发资金的主力军。在西部开发大战略中，国家主要是宏观调控，采取的重要财政手段就是国际上通用的财政转移支付办法，一是实现基本公共服务均等化，包括基础教育，计划生育服务，基本卫生服务和设施，减少农村贫困人口率等。二是实现公共投资重点分配制度，就是有区别地规定地方配套资金比例，开辟多种资金渠道支持和帮助西部地区发展基础建设，用于改善西部的投资环境。西部地区经济的发展必须按市场规律办事，投资主体将由政府转为民间，转为企业主体。这与东部开发时，东部地区实施市场机制，而西部仍以计划体制为主体，东部可以利用东西部双轨制吸纳有利的生产要素，促进经济发展。西部开发要获得区域经济发展所需要的生产要素，必须遵循市场经济成本效益原则，创造出优良的、能够参与竞争的经济和社会环境，创造一个能够让各种资源发挥更大潜力，产生最优效率的投资环境和市场环境。六是西部开发的难度在于西部地区市场经济的历史几乎空白或是发展时间很短，长期处于自给自足经济状态下。改革开放以前，由于对社会主义的错误理解，"左"的错误政策强化了自然经济的成分，在自然经济基础上形成的不思进取，小富即安，习惯于"等、靠、要"，向国家伸手，以争当贫困县为荣等思想观念在很大一部分干部中根深蒂固。对于西部大开发战略的实施，很多西部地区的干部最感兴趣的就是国家上多少大项目，投多少资，而不是怎样解放思想，转变观念，振奋精神，加快发展。这与东部开发时，东部已具备较深厚的市场经济基础，干部在开发时强调"要政策"的观念形成鲜明的对比，观念的落后既是西部长期落后的根本原因，又是西部开发战略中的重点课题。七是由于西部地区地广人稀，在发展战略的实施途径上不可能采取东部发展中的点轴战略，即以增长极向外扩张，形成城市群落，产生溢散效应。西部的开发只可能采取串珠式发展战略，通过点、线、面的发展途径，即重点发展交通干线上的中心城镇及以交通线串联起来的城镇经济圈，使之成为贫困地区的富裕城镇，然后以点带面，发挥辐射作用，带动整个西部地区的发展。因此，从西部大开发战略与东部战略的差异中，我们可以认识到西部开发所采取的是一条与东部开发完全不同的战略途径。西部地区开发的战略途径鲜明地突出了人力资本、人力资源素质开发的特点。可以说，这 战略途径的选择就是以较高的人力资源素质基础来构想的，而且必须依靠素质比较高的人力资源才能完成。

二、以人力资源开发为先导：西部开发大战略的基本要求

从西部开发战略的基本要求和目前西部人力资源状况看，西部开发的难点就在于人力资源整体素质的落后。正如胡鞍钢所指出的，"东西部的差距主要是知识的差距"。因此，政府在西部大开发时就要强化对软件方面的投资，即对教育、科技的投资，应避免走入一个误区，即认为开发就是上大项目。采取以人力资源开发为先导的实施步骤是保证西部开发战略构想成功的关键。

（1）提高人力资源素质是实现可持续发展的基本要求。西部开发战略的核心是可持续发展，提高人力资源素质是实现这一战略目标的基本要求。一是人力资源素质的提高是变西部人口压力为人口动力的根本途径。二是人力

资源素质的提高是直辖市人口与资源关系的重要措施。人力资源素质的提高有利于促进自然资源的深度开发和有效利用，有助于用人力资源替代自然资源，缓解自然资源的短缺，有助于创造新的资源。三是人力资源素质的提高可以改善人与生态环境的关系，增强环保意识，促进环境建设。四是人力资源素质的提高有助于推动科技的进步，实现经济增长方式的根本性转变。

（2）人力资源的开发是西部地区适应市场经济开发体制的基本要求。西部地区的开发是在市场经济体制下实施的，而西部地区市场经济的历史并不深厚，在一些民族地区甚至于是空白。在市场竞争的条件下，与东部相比，西部的劣势是明显的。通过人力资源开发，在西部地区形成一批懂得市场经济的基本知识，熟悉市场经济规则，能够在激烈的市场竞争中取得成功的人才，是改变这一劣势的有力措施；通过人力资源的开发，提高西部的市场意识，提升西部资源的市场价值；通过人力资源的开发，形成吸引外部投资的有利环境；通过人力资源开发，提高西部经济在市场中的竞争力。

（3）人力资源的开发有利于形成人才的相对聚集，形成人才的规模效应，保证西部开发的串珠式战略的成功。人才功能发挥的特点是人才的相对聚集，形成规模效应。人才聚集越多，规模越大，其效应就越突出。通过人力资源开发，全面提高西部人力资源素质，建立深厚的人力资本基础，提高西部人力资本的蓄积量；通过人力资源开发，建立起劳动力市场体系，形成西部人才的相对聚集，形成人力资本的规模效应，培育出西部经济发展的增长极。

（4）人力资源开发有利于西部地区树立起新的精神状态。西部地区在整体文化素质和知识技能素质不断提高的基础上，眼界将不断开阔，观念会不断更新，思想也不断解放，并将逐步形成西部地区勇于探索、敢于创新、大胆开放的精神面貌；通过人力资源开发，在西部地区树立起艰苦奋斗、不畏艰难、努力改变西部面貌的支柱，这是西部大开发战略能否成功的关键。

三、"以人为本"：西部人力资源开发的发展目标

所谓"以人为本"，一是从广义上看指在围绕西部大开发的战略系统中，把人力资源开发放在主要的、突出的地位；二是从狭义上看，即是指围绕人的素质的提高、人的潜力的发挥来实施人力资源开发战略。具体地说，包括

五个方面：

（1）提高人力资源素质：西部地区人力资源开发的主要任务。西部要实施可持续发展战略，面临三大难题：一是人口压力过大；二是人口的增长超过了地区资源的承受力；三是人口的增长破坏生态环境。要解决这三个问题，首先，就是要控制住人口的恶性增长。按测算，人口增长率每下降一个百分点，人均 GDP 可提高 0.36～0.59 个百分点，因此，西部地区必须加强计划生育工作，力争在未来 5 年内，使人口的增长率低于或接近全国人口增长水平。其次，提高西部地区人力资源的文化素质。目前西部地区的文盲率半文盲率为 27.2%，高于全国平均水平 4 个百分点，高于东部 12.7 个百分点。教育年限低于全国平均水平 1.2 个百分点，每万人口中初中生、大学生人数的比例均低于全国水平，与东部地区差距过大。在西部开发中，加大教育投资的力度，加快教育的发展，迅速改变目前的落后状况，是西部地区实现人力资源开发的重要目标。再次，提高科技人才在西部地区人口中的比例。据 1992 年统计，全国每万人口中拥有的科学家和工程师人数为 4.16 人，其中贵州为 1.44 人，云南为 1.75 人，低于全国平均水平。1994 年，西部城市共拥有技术人员 361.4 万人，占全国的 15.8%，而东部地区则有 1204.3 万人，是西部的 3 倍多。西部大开发不可能建立在这样低水平的人才结构基础上。最后，调整人才专业结构。人才专业结构是人力资源素质的重要内容，不合理的人才专业结构导致了人力资源素质的整体偏低，阻碍了人才整体功能的发挥。目前西部人力资源素质偏低的突出表现就是人才专业结构不合理，党政行政在人才中比例过大，科技、经济、企业管理人才比例过小。调整这一结构，扩大经济、管理、科技人才的总量，培养一大批企业家，是西部地区人力资源开发的中心任务。

（2）建立机制：西部地区人力资源开发的制度保证。人力资源开发有两个重要的内容：一是提高劳动力的内在质量；二是提高现有劳动力利用效率，发挥其功能，挖掘其潜力。西部地区的人才资源中存在着三个矛盾：一方面存在着总量的不足，另一方面又存在着大量人才学非所用、用非所学的状况；一方面县以上单位人才大量积压，另一方面县以下单位人才严重不足；一方面国有单位人才大量积压，另一方面乡镇企业、私营企业这些未来经济的主

要成分中又大量缺乏人才。挖掘现有人才的潜力，充分发挥现有人才的功能可以取得事半功倍的效果。发挥人才功能的根本途径之一就是尽快建立劳动力市场体系，确立劳动者和用人单位的主体地位。通过竞争机制形成合理的劳动力价格，制定劳动法则，引导劳动力的合理流动，使劳动力资源能够在流动中实现优化配置，改变目前学非所用、用非所学、有才不用的状况。同时，采取优惠倾斜政策引导人才向县级以下单位和非公有制单位流动，改变人才分布不平衡的状况。发挥人才功能的根本途径之二是加快制度创新，大胆改革，逐步改革、清除不利于人才流动的各种人为障碍。西部地区地广人稀，城市化水平很低，再加上人为障碍设置过多，过分分散的人才，不容易形成聚积效应，形成经济的增长极。加快这方面的改革力度，不仅可以吸引到西部急需的人才，而且能够调动现有存量人才的积极性，充分发挥人才功能。发挥人才功能的根本途径之三是西部地区建立劳动力市场经济机制要转变四个观念：第一，从强调人才政治要求的观念转到重视人才的经济利益的观念，既要从人才的社会价值方面，也要从人才的个人价值方面对人才给予肯定。要重视用经济利益调动引导人才的积极性，释放其潜能。第二，突破"求全责备"、"论资排辈"的观念，大胆选拔有才能、年轻、敢干、敢闯、勇于创新的人才，而不要太苛求人才的完美，更没有必要指责年轻人的闯劲。第三，要突破体制、观念、所有制、行业等各种人为的束缚，"不拘一格选人才"，把那些具备市场经济经验和理论，懂得科学技术、企业管理、经济管理，具备专门技能和知识的人才选择出来，委以重任，充分发挥其特长和功效。第四，突破传统的狭隘的人才观，把人才的视角从行政领域转到科技、经济、文化等各个领域，重视发挥各方面人才的功能和作用。

（3）改善人才环境：西部地区人力资源开发的重要内容。西部地区实现人力资源开发面临两个难题：一是辛辛苦苦培养出来的人才为东部沿海地区的高待遇所吸引，产生了"孔雀东南飞"的现象；二是西部自己所需要的人才引不进来。两个难题的根源就是西部的人才环境条件太差。所谓人才环境，主要包括四个方面：一是社会对知识、对人才尊重的社会氛围。这种尊重包括对人才的效益给予的经济肯定，对人才价值的社会承认；社会中知识教育、科技的实际地位。二是指改善人才的工作环境，让人才有充分展示能力的机

会。如对科研人员提供项目经费，改善研究条件等。三是创造人才的生活环境，包括人才及其家属的生活学习条件，对外交往的条件等。四是满足人才其他需要的相应条件。西部地区要解决"孔雀东南飞"，扩大引进人才步伐问题，就必须从根本上改善人才环境。西部改善人才环境的困难，体现于人才功能与社会经济发展的平衡规律上。一般地看，科学基础越深厚，科技进步就越快，科技对经济的推动就越强，人才的功能就越突出，人力资源投资环境就十分优越。经济发展水平低，科技进步速度慢，科技对经济的推动规模小，效果并不显著，人才的功能就不突出。长期以来，在资源开发为主导的发展战略条件下，西部地区总体经济水平很低，绝大部分地区还处于自给自足的农耕经济，科技对经济增长的推动有限，对人才的作用，社会的总体认识是不足的，认识的力度是不够的，人力资源的投资也就不足。因此，西部要改善人才环境，从本质上讲，就是如何打破这样一个循环圈。从系统论的角度看，改变系统中某个要素的性质，使要素产生强烈变化，可以引起系统结构的变化，西部地区人力资源开发必须具有战略眼光，通过超前开发，改善和优化人才环境，创造出能够扭转"孔雀东南飞"的流向、扩大人才引进的良好社会环境，增加西部地区人才储量，改变人才结构，提高人力资源素质。

（4）转变观念：西部人力资源开发的关键。西部人力资源素质偏低，从硬指标上反映出的是文化程度层次比例上的总体指标的落后，而在软指标上却表现为观念落后。改革开放中，东部经济的发展从根本上取决于东部人观念的转变，东部人从吃"大锅饭"到重视人的经济利益；从一切依赖国家到一切依赖市场；从闭关自守到对外开放；从唯书、唯上转到唯实、务实、勇于创新、勇于探索、勇于思考，用足用活了中央所给予的政策。而西部地区干部群众中总体思想观念比较保守落后，主要表现为四个方面：一是思维方式上，唯上唯书，墨守成规，不动脑筋，喜欢赶"风"、追"风"。二是观念形态上，求稳怕乱，不思进取，小富即安。三是精神状态上，缺乏市场经济下的竞争意识和开放观念，对改变西部地区现实状况存在着畏难情绪，不敢大胆去试，去闯，不敢创新。四是心理状态上，对国家存在着强烈的"等、靠、要"的依赖心理，这是西部地区发展长期滞后的一个重要根源。西部地

区要转变观念，一是要加大东西部干部交流的力度，通过易地挂职锻炼、对口支援等形式，熟悉市场经济知识，学会用市场经济的办法处理经济问题。二是通过对干部的教育培养，提高干部素质，解放思想，更新观念。三是加强省校合作、省地合作项目的力度，系统接受新信息，更新知识，开阔眼界。四是加大对内对外开放的力度。观念的转变从根本上取决于西部地区对内对外开放的程度。新信息的交流，新思想的引进，以及观念间的相互碰撞，是观念转变的社会基本条件。观念的转变是人力资源开发的关键，人力资源开发工程的成败，从根本上就取决于观念的转变能否成功。观念转变的最大难度在于观念形态作为上层建筑的部分，它的形成离不开特定的基础，也离不开传统的影响。西部地区落后的经济状态，自然经济的历史传统是西部观念落后的深厚基础，历史不易改变，观念转变也绝非易事，而是贯穿整个西部开发过程最为艰巨、最为困难的一环。

（5）强化教育：奠定人力资源开发的基础。西部地区的落后从根本上看就是教育的落后，在人力资源开发系统中，教育是提高人力资源素质的重要途径。在西部地区人力资源开发过程中，不能从一般意义上谈教育的发展，而必须谈强化教育。所谓强化教育，一是指西部地区教育投资在 GDP 中的比例必须高于东部地区教育投资在 GDP 中的比例。要发挥教育在西部开发中的先导作用，西部地区教育的投资比例必须高于东部。二是教育应该在西部各级政府工作中占有最重要的地位，要保证教育经费的按时到位，解决好教师队伍的稳定和素质的提高问题。三是制定优惠倾斜政策，鼓励社会各界广泛参与办学。四是要实施分类指导，采取各种形式，加快"扫盲"、"普六"、"普九"的进度。五是加快西部地区实用技术、职业教育、基础教育三条网络的建设，以科技促进教育的发展，以教育的发展促进科技的进步；以实用技术培训、职业教育为基础教育的发展创造社会环境，以基础教育为实用技术、职业教育提供动力，推动西部地区教育的加速发展。六是国家在对西部地区的投资中，应该把教育的投资放在首位。据测算，学龄前儿童入学率每提高一个百分点，人均 GDP 增长率可提高 0.35～0.59 个百分点。据世界银行研究显示，劳动力受教育的平均时间每增加一年，GDP 就会增加 9%。在西部地区开发的市场体制下，国家必须充分发挥宏观调节的功能，推动西部地区教育的发展。

第三节　人力资源开发：云南民族地区经济增长战略途径的必然要求

云南是西部地区一个多民族的省份，云南民族地区经济社会的发展，既有西部地区的特征，又具有自己地区发展的特点。云南利用国家西部大开发战略实施的有利时机，抓住这一发展机遇，加快民族地区的发展，是缩小民族地区与其他地区发展差距的战略要求。一个地区经济的启动，必须具备自然资源、资金和人力资本三个主要的要素。以人力资源开发为主导的战略是云南民族地区经济发展的必然选择。

一、从云南的自然资源来看

云南资源总量居全国第六位。矿产资源已探明的储量达 96 种，其中 53 种矿产居全国前 10 位，铅、锌、锗储量居全国第一位。森林覆盖率为 25%，木材蓄积量为 10 多亿平方米，居全国第三位。水能资源蕴藏量 10364 万千瓦，居全国第三位，可利用的达 7116 万千瓦，居全国第二位。褐煤的储量居全国第一位。旅游资源具有自然、人文、民族风情"三位一体"的特点，开发潜力很大。这些资源绝大部分处于民族地区。云南自然资源的开发利用上存在着几个问题：一是自然资源总体储量丰富，但分布极不均衡。如水资源多集中在滇西崇山峻岭间，而滇中、滇东南则严重缺水。在文山壮族苗族自治州，很多民族村、寨连人畜饮水都很困难。二是云南自然资源主要集中在边远山区，由于基础设施差，交通通信设施严重落后，开发硬件条件不好，开发成本很高，至今很多资源仍处于"待字闺中"的状况。三是目前自然资源开发利用率很低，其未来的资源开发将受到环境因素制约，很难进入可持续发展状态。可见，自然资源在未来经济社会发展中的地位和作用将受到很大的制约。

二、从资金来看

云南民族地区的发展资金来源于两个方面：一是内部积累；二是外部投入。民族地区在吸引外资的硬件及软件方面受到很大的制约。这表现为两个

方面：一方面，由于缺乏工业基础及城市化进程的落后，投资效益不甚突出；另一方面，由于地理环境的因素，云南所毗邻的东南亚各国属发展中的贫困国家，经济水平比我们还低，缺乏资金，只能提供有限的市场。而东南亚几个发展较快的国家则由于金融危机和经济发展水平与我省在国际上几乎处于同一梯度的发展水平，故极少能够对我们进行大量投资、提供先进技术和管理经验。截至1997年底，全省共引进内资180亿元，其中广东35亿元，上海80亿元。引进外国资本41亿元，实际利用外资8.5亿美元，建立外资企业1557个。1980～1997年，进出口总额为106.92亿元，为全国最低水平，甚至不如江苏、广东一个县的进出口总额。从内部积累情况来看，1980～1997年，云南财政收入以高于经济发展的速度增长，连续登上五个台阶。1978年，云南财政收入为11.76亿元；1985年达27.43亿元，几乎翻了一番，上了一个台阶；到1988年为50.53亿元，三年又翻了一番，上了第二个台阶；到1991年为93.27亿元，几乎翻了一番，上了第三个台阶；1993年突破200亿元，达204.94亿元，翻一番，上了第四个台阶；1998年达400多亿元，又翻了一番，上了第五个台阶。财政的迅速增长为民族地区经济的发展提供了有力的支持，1998年全省财政支出已达320个亿。云南财政也存在几个问题：其一，财政的状况极不均衡，全省127个省市，吃财政补贴的县有97个，占76.4%。年财政收入3000万元以下的县74个，占58.3%。年财政收在1000万元以下的县有14个。其二，云南财政70%以上来自于"两烟"，形成畸形。烟草工业作为夕阳工业，正出现颓势，1999年，云南烟草少收税利40亿元。面对激烈的市场竞争，云南财政所能提供的发展资金是有限的。其三，云南资金的利用效益十分低下。"七五"期间，云南累计投入扶贫资金4.7亿元，"八五"期间，全省累计投资15亿元，但全省73个贫困县无一脱贫。"八五"期间，省财政投资边疆民族地区建立的五个现代化造纸厂，总计约10亿元，至今除一个勉强维持外，其余已全部破产。其四，在市场经济条件下，经济资源、生产要素总是向着投资回报率高的地区，总是向着投资环境较为优越的地区流动。据不完全统计，80年代，云南流入沿海发达地区的资金高达30亿～50亿元。可以预测，未来云南民族地区的经济社会发展将面临自然资源的严重短缺、资金要素的硬约束。

三、人力资源开发：民族地区地区经济增长的必然要求

经济的增长主要是通过各种生产要素的投入和消耗实现产出的增加。在经济增长中，在一种或几种主要生产要素短缺的情况下，要素的配置只可能通过几种方式来完成：一是以短缺要素的节约，有效利用为前提；二是对丰富要素的大规模开发以弥补短缺要素的硬约束；三是通过技术手段，放大短缺要素的有效利用；四是引入新的生产要素，替代、弥补原有要素的不足。所谓经济增长方式的转变，就是在资源供给一定的前提下，改变资源组合的方式，通过对丰富要素的大规模投入和对稀缺要素的节约和利用，实现经济的持续增长。民族地区未来经济的发展，既面临着自然资源开发困难，又受环境生态保护、资本短缺等多种因素的制约，只能够依靠提高人力资源素质来实现。民族地区经济的发展对人力资源的开发提出了较高的要求，而民族地区人力资源的现状与这一要求间存在着较大的差别。

第一，民族地区人口自然增长率高，人口总量得不到有效控制。据1990年统计，全省年均人口自然增长率为12.91‰，省内8个民族自治州，有5个高于这一指标，其中德宏州达到14‰，怒江州为13.9‰。在一些民族中，实际增长率远高于这一指标，据资料统计，佤族出生率为39.74‰，基诺族为23.11‰；一胎出生育率，佤族为161.39‰，基诺族为91.74‰。多胎率，佤族为59.52‰，基诺族为37.31‰。滇西南贫困地区，仅1978~1987年间人口就增长了33万，年均增长率为15.8‰。人口的不断膨胀迫使人为了生存不得不扩大平面垦殖，这反过来又刺激了社会对劳动力的需求，影响着人口的再生产，这就出现了"马尔萨斯人口陷阱"理论中的农业报酬递减现象。民族地区陷入了"人口膨胀—扩大垦殖—生态恶化—资源短缺"的恶性循环，由"资源富饶型"贫困逐步蜕变为"生态恶化型"贫困。人口的急剧增长，给人力资源的开发与利用带来了极大的压力。一是尽管教育投入在不断增加，但对迅速增长的人口总是杯水车薪。如澜沧拉祜族自治县1988年财政收入为714.5万元，教育支出达720万元，怒江州1985年财政经费1156.8万元为同年财政收入580万元的两倍。贡山独龙族怒族自治县的教育经费一年只够两三个月的开支。全省53个县是补贴办教育。二是民族地区人力资源大量过

剩，到 2000 年，全省劳动适龄人口将达到 2560.7 万人，比 1995 年的 2375.2 万人增加 185.5 万人，每年平均增加 37 万个劳动力，年均增长 1.52%，劳动人口的增长快于总人口的增长。这其中最大量的是农业剩余劳动力。按农业劳动力占总人口的比例，云南农业剩余劳动力为 680 万；按全国每个农业劳动力所占耕地数量，云南农业剩余劳动力为 780 万；按全国人均产粮数，云南农业剩余劳动力为 980 万。到 2000 年，云南省至少转移 700 万的农业剩余劳动力。人口急剧增加给社会就业带来了极大的压力。如果民族地区人力资源得不到合理的开发，经济得不到迅速发展，就有可能造成各种社会问题。

第二，劳动力素质总体偏低。（1）文化素质。据 1990 年统计，在全国每万人口中初中以上文化的人数为 3280 人，云南省少数民族中仅为 1286 人。其中低于 1000 人以下的共有 8 个民族，最低的为拉祜族，仅为 422 人，不足全国的八分之一。全国文盲率为 22.21%，而云南少数民族平均为 45.50%，高于全国一倍以上。其中超过 40% 的共有 17 个民族。在这 17 个民族中，共有 6 个民族超过 60%。最为突出的为拉祜族，高达 72.06%。全省小学适龄儿童入学率为 94.6%，比全国低 1.8 个百分点，其中少数民族儿童入学率仅为 91.5%，低于全省水平，也低于内蒙、广西、新疆。每年有 8 万多人升不了高小，小学升入初中的升学率为 60.5%，大大低于全国 76.4% 的水平。全省一师一校的小学共有 26677 所，占全省小学总数的 46.89%。尚有 326 个乡尚未独立设置初级中学，有 25 万高小毕业生升不了初中，这大部分人分布在边疆少数民族地区。（2）身体素质，少数民族中很大部分由于生活贫困，不良习俗及卫生医疗落后等原因，身体素质总体较差。一是婴儿死亡率高，据 1984 年对西盟佤族自治县岳宋乡的调查，出生 67 人，死亡 59 人，其中 10 岁以下的 23 人，1 岁以下的 15 人；死亡者中 31 人死于流行性疾病。1987 年对该乡 17 个家庭调查表明，17 个家庭共生婴儿 68 个，平均每个家庭 4 个孩子，共有 19 人死亡。死亡者中除 1 人属意外，其余 18 个人皆死于疾病和病毒性痢疾。二是少年儿童体质差。据有关部门调查，全省 0～4 岁儿童中分别有 1.07%、0.62% 的弱智和先天畸形儿童，少数民族中共有 6.7 万以上这类儿童。据对哈尼族学生的典型抽样调查，学生中 98% 患沙眼。在民族地区，嗜酒是一种普遍习俗，据省医疗队对澜沧县木戛区拉祜族的健康状况普查显示，

拉祜族身体素质相当差，成年男子患病率达 51.5%，成年女子患病率为
50.6%。其中胃病，男性为 19.29%，女性为 14.8%；重度贫血，男性为
2%，女性为 24%；中度贫血，男性为 5.9%，女性为 11.2%；贫血性心脏
病，男性为 1.2%，女性为 0.8%；心动过速，男性为 3.3%，女性为 5.1%；
高血压，男性为 2%，女性为 1.9%。三是身体的适应性差，即身体的力量，
适应性，协调性，反应性等方面。民族由于体力素质很差，对劳动形式的转
换表现出极度的不适应。德宏洲盈江县卡场乡是个景颇族聚居的山区，有一
次粮管所在粮食进库时，需要几名卸车运粮的搬运工，便找来几名景颇族劳
动力，卸了几车后，他们便不干了，他们解释说"干不了"。劳动形式的转变
对汉族和发达民族来讲是件非常简单的、经常性的事。而对身体素质差，习
惯于简单技能，劳动持久度不长，劳动强度不大，劳动纪律不严密的山区民
族来讲，却表现出非常的不适应，"干不来"、"苦不动"就是他们身体素质
差的劳动验证。

第三，从干部队伍看，人才总量不足，结构失衡，素质偏低，功能未能
全部发挥。全省干部队伍中大专文化以上的干部约为 28 万人，占干部总人数
的 29.13%。少数民族干部约为 23.7 万人，占全省干部总数的 24.7%，低于
民族人口占全省人口的比例。民族干部中相当一部分干部的学历是通过党校、
干校和在职自学取得的。从干部的结构看，专业结构不合理，存在着"三多
三少"的现象，即学文史、农林、管理的多，学经济管理、外经外贸、法律
专业的少。高级人才和复合型人才匮乏，企业管理人才和科技人员严重匮乏。
1997 年全省 8 个民族自治州共有科技人员 1841 人，仅占全省科技人员总人数
的 22.9%，其中有 3 人个州科技人员不到 100 人，最低的怒江州和迪庆州分别
为 25 人和 45 人。8 个民族自治州共有高级技术人员 166 人，占全省的 13%。最
少的怒江州 1 人，迪庆州则为零。由于管理使用不当，人才发挥作用差，存在
高才低用、低才高用、有才不用的现象。根据抽样调查显示，在目前科技人员
中作用发挥好的占 25% 左右，基本发挥作用的占 56%，发挥作用较差的占
15%。同时在发展市场经济的过程中存在着三个矛盾：金融业、保险、营销、
企业管理等门类人才奇缺，而某些门类人才大量积压；人才主要分布在大中城
市，经济发达地区，集中在机关和事业单位，而贫困地区工农业生产一线人才

严重不足；高素质人才绝对需求不足而低素质人才则相对过剩的矛盾。

第四，观念上的落后。民族地区由于历史发展中的脱胎差异，大部分地区尚处于自然经济、原始农业以及农业时代。由此产生的观念意识是阻碍民族地区经济社会发展的"软约束"。这主要表现为：一是在自然经济条件下形成的旧的传统观念，如"有肉同吃，有酒同喝"，"一家杀猪，家家来吃"的原始共产主义遗风；崇信传统精神的力量，追求对传统模式的简单模仿；经济发展上只讲勤劳苦干，不讲时间效率；在对外开放上，存在对外交流的不信任感，处于自我封闭的心理状态；在对待科技进步上，存在"不上学照样种田"，抱残守旧，墨守成规，不思进取，求稳怕变的保守观念。正如胡耀邦同志说的，"中国几千年来，大多数人习惯于日出而作，日入而息的传统，缺少争分夺秒和变革精神，这是落后的自然经济和封闭停滞状态的一种反映，这对我们今天的社会主义事业建设，仍然是一个历史的沉重负担"。二是在计划体制下，国家对民族地区的发展通过生活救济、生产扶持投入了大量的资金，由于扶贫方式主要采取输血式，而不是造血式，形成了民族地区的两种心态：一是等、靠、要，依赖于国家的帮助，没有民族自我发展的意识和愿望；另一种是希望民族发达，但看到民族地区发展现状与内地发达地区间的差距以后，形成了自卑的精神状态，认为赶不上，追不着，不如就这样靠着国家过就行了的消极观念。

第五，人力资源开发机制的滞后。人力资源的现状，一方面是由社会发展的自然状态所决定，另一方面就取决于社会的开发机制。民族地区开发机制中存在的问题，一是认识不足，民族地区没有从整体上把人力看做一种重要的经济资源；更没有把人力作为一种投资来看待。因而在民族地区经济发展中，注重生产经营投资，而忽视人力资源的投资；注意资金，项目的引进，而忽视智力的引进；强调资源的开发而忽视人才的开发。二是在人力资源开发利用中，缺乏整体性战略观念，存在着"点，窄，静"的问题。"点"指的是各部门，各学科从自己实际要求对人力资源进行研究，点与点之间缺乏有机的联系，形不成系统。由于缺乏宏观战略的支撑，研究显得散，集中在局部性措施，既缺乏平面的宏伟，又缺乏纵深的发展，形不成规模效应。"窄"，指的是不能全方位认识人力资源开发工程的系统性，在教育上集中于发展高等教育，忽视了基础教育，尤其是与民族地区相适应的中、小学教育；在教育发展上又多集中于要求经费的投入，而不能从教育体制、教师队伍、教育目标等全面认识教育在人力资源开发中的作用；开发集中于人的文化素质，技能方面，很少研究人的创造力，合作协作精神，凝聚力，民族自我意识等精神素质方面。"静"，指的是不能从民族地区经济社会发展的动态上来研究人力资源开发的战略地位和发展趋势。全面规划人力资源开发工作。三是人力资源配置机制严重滞后。劳动力市场尚未建立和完善，全省 1998 年仅有 27 个劳动力交易市场，且多集中于大中城市，不仅不能相互连网，更不能与其他省市相连接。信息封闭，局限于本地区，不能发挥市场对人力资源的基础性调节功能。计划体制下的户籍制、单位所有制、干部身份制等人为壁垒仍在有效地发挥作用。全省劳动力培训工作刚起步，机制尚不适应市场经济的需要，培训缺乏整体规划，目标不明确，内容脱离民族地区经济社会发展实际，投资经费缺乏。

　　与其他生产要素所不同的是，劳动力资源作为生产要素具有双重性，一方面，能够对民族地区人力资源加以科学地规划，积极地开发，合理地利用，全面提高劳动者的素质，将有利于实现民族地区经济增长方式的根本转变，提高科技对其他生产要素的放大效应，弥补自然资源、资金等要素的短缺，消除民族地区经济增长中的硬约束；同时，劳动者素质的全面提高，也有利于改善民族地区扩大开放、引进外资的软环境，从而将人口负担转变为人力资源优势。另一方面，人力资源得不到合理开发利用，人口的增多，劳动者素质的低下，不仅增加了社会消费，强化了资源短缺的趋势，增加了就业的压力，而且直接制约了民族地区其他经济要素的开发与利用，制约了民族地区经济结构的调整。云南民族地区经济增长的视角应该从依靠资源和资本的投入的传统方式，转到以人力资源的开发利用来推动经济增长的新模式，通过人力资源开发，全面提高民族地区人力资源素质，变人口压力为人口动力，提高有限资源的利用率，克服资源和资本的硬约束，实现经济增长方式由粗放式向集约式的转变，推动经济健康、持续地发展。选择以人力资源开发为先导的战略，既是国家西部大开发战略在民族地区实施的重要内容，也是民族地区现实经济发展的必然要求。

第四章　有效投入：人力资源开发的基本原则

在经济的运行过程中，制度安排决定着经济行为主体的价值选择及经济运行的方式，市场经济体制构成了与计划体制完全不同的人力资源开发机制。市场经济从本质上讲就是效率经济，实现有效投入是市场经济条件下人力资源开发的基本要求，有效投入决定着人力资源开发的质量和规模。在市场经济条件下，有效投入是通过供求均衡规律、价值规律和竞争规律实现的。超前规律则是人力资源开发的特殊规律。只有遵循市场经济的基本规律和人力资源开发的特殊规律，才能实现人力资源开发的有效投入。

第一节　有效投入：市场经济条件下人力资源
开发的基本要求

人力资源作为一种经济要素，其开发与利用要受到两个方面的约束：一是生产力系统结构的约束，人力资源作为一种经济资源，只有在融入特定的生产力系统之后，与系统中的其他资源要素，如资金、技术、管理等相互结合，才能发挥其经济增长之功效。不同的生产力发展水平需要不同的人力资源，对人力资源的数量、质量、结构提出了不同的要求。二是制度安排决定着人力资源开发政策的选择及运作的方式。我们国家经济的发展正在实现从计划经济体制向市场经济体制和经济增长方式从粗放式向集约式的两个根本性转变。市场经济体制构成了与计划经济体制完全不同的人力资源开发机制，对人力资源开发，尤其是民族地区的人力资源开发产生了极为深刻的影响。市场经济的显著特点就是资源的配置与利用是通过市场这只无形的手进行的。在市场经济条件下，经济行为主体的目标就是追求利润的最大化，对经济过程中资源的配置要讲求成本与效益原则，尽可能避免浪费。因此，在市场经

济条件下，人力资源的开发利用也必须遵守成本效益原则，讲求投入的有效性。

所谓人力资源的有效投入可以从多种角度来认识，一是从投资的角度看，人力资源经过投资成为人力资本。作为资本必然要讲求投资的效益，即投入必须取得预期的收益，否则，就没有必要进行这项投资。二是从经济运行的角度看，实现资源的有效投入，即指人力资源的投资所形成的人力资本，更能够有效地实现与其他要素间的优化配置，从而产生最高的预期效率。不能与其他生产要素优化配置的人力资本，在实际的经济运行过程中，其效率的发挥就不充分，或达不到经济发展的要求，从而成为低效或无效的。三是从资源利用的角度看，经济资源既是有限的，但又是可以相互替代使用的，产出一定数量的产品，通常可以采用多种生产方法。如何合理选择生产方法，做到省时尽力，物尽其利把经济资源最大地投入生产，这是合理地配置经济资源必须解决的另一个基本问题。人力资本素质越高，其所推动的生产资料数量越多，越能够起到节约稀缺要素，实现替代稀缺要素的作用。提高人力资本投资，改善人力资本利用的社会环境，充分发挥人力资本的功效是实现人力资源有效投入的基本要求。对民族地区的经济社会发展来说，在经济不发达，经济实力有限的情况下，注意提高人力资源开发利用的有效性，可以以较小的投入获得较大的人力资本，利用人力资本素质的提高，解决经济运行过程中的资金短缺、资源匮乏的硬约束，实现民族地区经济的超常规发展。

人力资源有效投入从本质上讲，就是要求人力资源开发与经济社会发展的实际需要相吻合。这种吻合必须考虑到现实经济社会需求的针对性，市场需求的现实性和市场需求的动态性，从社会运动变化的状态中实施人力资源开发。云南民族地区社会经济的发展是在特殊的社会历史条件下进行的，这种发展以历史进程浓缩的形式来完成，从而表现为历史发展的异变形式，注意到这种异变性对人力资源开发的影响，是实现民族地区人力资源开发有效投入的重要内容。同时，在民族地区，社会主体是民族，人力资源开发的主体应该是少数民族人才，应该是民族在本地区的人力资源，因此，实施人力资源开发有效投入的目标就必须表现在形成一支以少数民族人才为主体的高素质的人力资源队伍。

有效投入不足必然导致人力资源的低效率或无效率，人力资源素质成为社会经济发展的瓶颈现象，成为制约经济社会发展的根本障碍。第一，有效投入不足表现为人力资源投资的针对性不强，人力资源开发所提供的人力资源技术类型、技能知识、文化素养、精神素质与社会经济发展的需要不相吻合，社会经济发展所需要的人力资源供给不足，而不需要的人力资源严重过剩，形成社会就业压力。第二，人力资源开发的重点性不突出，不能围绕支柱产业形成人才队伍，形成雄厚的人力资源基础，产生规模性、累积性人力资本效果。第三，只注重人力资源的开发，忽视人力资源的有效利用，同样会由于人力资源配置不当而造成人力资源开发的低效率，表现为人力资源结构的失调、人才功能不能充分发挥作用，甚至于人才完全流失。第四，有效投入不足容易导致人力资源素质长期落后于经济社会发展的需要，由于人力资源开发不能提供经济社会发展所需要的人力资源，经济发展只能依靠其他资源的大量投入来推动；由于缺乏继续教育、终身教育的投入，劳动者知识更新太慢，技术增长没有后劲，民族地区经济社会发展速度缓慢。在资本有限、资源短缺、经济发展硬约束因素太多的不利情况下，民族地区人力资源的有效投入就显得更为突出。

第二节　市场经济规律：有效投入实现的基本原则

在市场经济条件下，有效投入的基本原则是以供求均衡规律、价值规律、竞争规律的形式表现出来的。

一、供求均衡规律：人力资源开发的一般规律

在经济过程中，各种生产要素之间存在着一定的比例关系，客观上存在着社会经济运行与生产要素之间的供给与需求的均衡要求。供求均衡规律是市场经济最基本的规律，作为一种生产要素，人力资源也必然服从于供求均衡的规律。

（1）人力资源供求规律的基本内容。所谓人力资源供求均衡，就是指在一定时间内，一个国家或地区人力资源供给与需求相一致。"供给"，指一定

时期内，特定社会人力资源向社会所能提供的数量、质量和种类，即"人"的供给；所谓"需求"，则是指特定社会生产活动对人力资源的总体需求，即"物"的供给。人力资源的供求均衡规律包含三个方面的基本内容：一是要保证社会生产的顺利进行，必须存在与其相适应的社会劳动力供给；二是劳动力再生产与物质资料再生产之间，要保持一定的比例，实现一种动态的平衡；三是社会人力资源的总量，质量和种类必须与社会的分化、社会的发展保持一定的协调关系。人力资源供求均衡存在两点基本的要求：

第一，社会对人力资源的需求必须得到全部满足。首先，不同的生产力发展水平，规定了对劳动者质的要求是不同的。人力资源的供求关系所反映的是生产力中人的因素——劳动者因素与物的因素——劳动资料间的相互适应。为保证生产得以正常进行，必须实现生产力中人与物的因素的统一，即劳动者的智力和体力与劳动资料的物质技术属性相一致。一般意义上看，技术构成越高，经济发展的水平越高，劳动者的素质要求越高。一个只有小学文化程度的劳动者，只能适应于简单的农业、手工劳动；中等教育程度的劳动者能够适应机械化的生产；而现代化大生产、电子计算机控制的自动化生产则需要大专以上水平的专业人员才能适应。其次，不同的生产力发展水平，对人力资源的量的要求是不同的。在农业经济时代，经济增长的主要源泉就是依靠劳动力数量的投入，对劳动力数量的需求是巨大的。由于生产工具的简陋，劳动力进入劳动过程所需的劳动资料要求不高，同时，在一家一户的自给自足的经济中，劳动力的生成是自然的。工业化的发展，技术构成的提高突出了劳动者从总体数量上与生产资料总体数量相均衡的规则。一旦劳动者数量超过生产资料所需的量，就会形成劳动人口的供给过剩，造成社会失业。人口压力又容易造成对技术改造和经济社会发展的严重阻碍。青年学者王义祥认为："中国清代人口大量过生，劳动力价值极其低廉，对节省劳动力的技术发明缺乏迫切的需要。从而使科技长期处于停滞状态，农村家庭手工业依靠极低的价格顽强地对抗近代工业的入侵，严重地阻碍了经济的发展。"再次，生产力发展水平越高，社会分工就越专业化，越多样化，人力资源的结构也必然呈现多样化。在现代工业条件下，正如马克思所说的："有的人多用手工作，有的人多用脑工作，有的人做管理工作者，工程师，工艺师的工

作,有的人做监督者的工作,有的人做直接的手工业劳动者的工作,或十分简单的粗工,于是劳动能力被列在生产劳动的直接概念下。"由农业时代简单的分工协作,发展到工业化时代,劳动就业结构上就产生了各种复杂的比例关系,如城乡之间、体力与脑力劳动之间、三个产业之间,经济人才与社会人才之间等。人力资源的开发不仅要从总量上控制,在质量上与技术结构要求相适合,实现均衡开发,而且必须重视各种形式劳动力的适度开发,注意劳动力结构与经济结构和社会结构间的均衡。否则劳动力内部比例关系的破坏将直接影响到经济运行的速度与质量。最后,不同的生产力发展水平对人力资源的功能的发挥提出不同的需求,在生产力结构中"物"与"人"这两种不同的生产要素间存在着辩证统一的关系。"物"是"人"发挥作用的社会条件,人的作用则是通过相应的物来实现,物的利用效率从根本上取决于人,取决于人作用于物的功能。在这里,物是死的被动的因素,人则是活的主动的因素。人的因素在经济活动中功能的发挥从根本上取决人的积极性、主动性、创造性等多方面的因素。生产力发展水平越低,人的劳动能力层次越低,对人的功能发挥的要求越低;生产力水平越高,技术装备程度越高,经济上发展越依赖于科技和现代管理,对人的素质的要求越高,对人的潜在的积极性、主动性、创造性的依赖越重。科技代表人类征服自然的水平,而管理则是充分调动人运用科技,充分发挥功能的手段。激活"人"的因素,创造合适的社会环境,让人充分发挥其功能,是人力资源开发的重要内容。

第二,人力资源的供给必须能够为社会全部吸收。因此,在社会对人力资源的基本需求确定的条件下,要保证人力资源的供给为社会经济过程所吸收,就必须注意几个方面:一是适当控制人口总量,特别是劳动人口的总量。人口是劳动力存在的自然基础,人口状况决定着人力资源的面貌,人口的数量与质量基本上规定了劳动力资源的数量和质量,直接或间接地决定着劳动力资源的结构。从社会的发展看,随着科技的进步,资本有机构成的不断提高,对劳动力数量的需求相对地降低。近期控制住人口的数量,从而控制住远期人力资源的数量,是实现人力资源开发与经济发展相均衡的首要关口。否则,人口的增长将把经济增长和资源再分配的作用完全抵消。二是通过教育,提高劳动者的素质,改变劳动者结构以适应社会经济发展的需求。没有经过开发的劳动力，只是一种自然存在，只是一种潜在的劳动能力，不能成为现实的生产要素。只有经过教育培训，让劳动者掌握与经济发展要求相适应的技能、智能、知识，才能使劳动力由潜在的状态变为现实的劳动者。在知识经济时代，科学技术已成为经济发展的主导因素，对劳动者的技能素质的全面提高提出了新的要求，人力资源开发成为将劳动力转化为现实生产力的最重要的途径。通过人力资源开发，使劳动者具备了从事社会劳动所必需的智力、知识和技能，从而具备了劳动能力，并转化为现实的生产力。通过人力资源开发，为社会经济的发展提供所必需的高质量的人才，从而实现人力资源供求的均衡。

（2）经济社会的发展是一个动态的过程，社会对人力资源的需求也是一个动态的过程。人力资源的供求均衡只能在动态中实现。

第一，产业结构的变化和发展直接影响到就业结构的改变，从而改变着对劳动者种类的需求。根据配第—克拉克定理，随着经济的发展，人均国民收入水平的提高，劳动力首先由第一产业向第二产业移动；当人均收入水平进一步提高时，劳动力便由第二产业向第三产业移动。劳动力在产业间的分布状况为：第一产业将减少，第二、第三产业将增加。随着产业结构的变化，对劳动力的需求也出现了相应的几个变化趋势：从体力劳动者为主体到脑力劳动者为主体；从对劳动者的经验技艺要求发展到对劳动者的技能、知识要求；从以劳动者数量的投入为主导发展到对劳动力的质量投入为主导。

第二，经济增长方式的转变对劳动者素质和劳动力结构提出了不同的要求。传统经济的发展主要是通过粗放式的经济增长方式实现的，即通过各种要素的大量投入和消耗，实现产出的增加和经济的增长。在这种经济增长方式下，资源要素的利用效率较低，只有在一个国家或地区生产要素充裕的条件下，经济才能实现持续地增长。在资源有限的条件下，当代社会经济的增长正转向集约式的经济增长方式，即在经济的发展中，要以对短缺生产要素的节约、有限利用为前提，注意规模效益、技术效益以及丰富要素利用，克服经济增长过程中的"瓶颈"要素对经济增长的约束，实现经济的持续增长。国家或地区的资源状态决定了经济增长方式的特殊性，从总体上看，民族地区经济资源有限，资本稀缺，而人力资源丰富，经济增长的源泉就在于人力

资源的开发上，提高人力资源素质是实现短缺资源替代战略的唯一选择。而民族地区在开发人力资源上面临的却是两个极端，即技术进步对劳动力的质量要求更高，高素质人才严重不足；而在现实经济结构下，低素质劳动力严重过剩；民族地区经济社会发展需要大量高素质的人才，而在市场经济条件下，人才大量流向了人才环境优越的发达地区，民族地区人力资源出现了供给不足与供给过剩并存的状态。加快民族地区人力资源的开发，提高民族地区人力资源素质，培养民族地区高素质的人才队伍是改变民族地区人力资源供给与需求间不平衡状态的主要任务。

第三，社会分工体系的发展。随着生产规模的不断扩大，社会分工体系的发达，社会事务在不断分化，日趋复杂化，社会管理的职能不断增加。其主要表现为：一是"职业"的分化，不同的职业不仅包含着劳动内容和形式的差别，而且对劳动者的素质提出了不同的要求。二是社会组织的分化，传统社会的功能由多元化的单一组织分离为高度专门化、功能单一的社会组织，社会分化不断对劳动者提出专门技能化和专业知识化的要求。因此，人力资源开发向社会提供的不仅仅是人力资源的数量、质量，而且还包括人力资源的类型，根据经济的发展，经济结构的调整以及社会的分化来及时地调整人力资源的结构是实现供求均衡的重要手段。民族地区从不同的社会发展阶段进入社会主义，经济结构的低水平决定了人力资源的单一性、人才结构的单一性。随着改革开放的深入、市场经济的发展，人力资源的需求发生了急剧的变化，尽快调整民族地区的人力资源结构，适应民族地区经济社会发展的需要，是民族地区人力资源开发的重要内容。

从社会经济发展的实际需要出发，提供社会经济发展所需要的人力资源，使人力资源的供给与社会经济的发展需要相吻合，这是人力资源供求均衡规律的基本要求，也是人力资源开发有效投入的本质要求。

二、价值规律：市场经济条件下人力资源开发的基本规律

（一）劳动力商品的价值属性

在市场经济条件下，劳动力和其他生产要素一样，同样具有商品的属性。

劳动力商品价值的形成，是由生产和再生产劳动力商品的社会必要劳动时间决定的。由于劳动力存在于人体中，所以它的价值实际上是由维持劳动力生存所必需的生活资料的价值决定的。其内容包括：第一，维持劳动者自身生存所必需的生活资料价值。第二，劳动者养活家属子女所必需的生活资料价值。第三，劳动者接受教育训练以适应生产需要所支出的费用等等。从直接的经济过程来看，形成劳动者实际生产能力，并能实现使用价值的主体部分，主要取决于劳动者接受教育训练以适应生产需要所支出的费用。从这个层面上讲，我们可以把劳动者的价值分为直接价值和间接价值。所谓直接价值，就是指劳动者接受教育训练，适应生产和社会发展所花费的社会必要劳动时间。所谓间接价值，即生产维持劳动者自身生存所必需的生活资料价值及生产维持劳动者家属生存的生活资料的社会必要劳动时间。生产商品的劳动有简单劳动和复杂劳动的区分。简单劳动是不需要经过专门训练和培养的劳动；复杂劳动是需要经过专门训练和培养的劳动，具有一定文化知识和技能的劳动者才能胜任。复杂劳动是多倍的简单劳动；少量复杂劳动创造的价值可以等于倍加的简单劳动创造的价值。一般说来，劳动者在教育训练上的投入越多，劳动者的专业知识、专业技能越高，其直接价值就越大，这是一个成正相关的关系。

劳动力商品是使用价值与价值的对立统一。作为劳动力的使用价值，指劳动力能够作为生产要素进入生产过程，推动其他物质要素，形成实际生产能力的属性。与其他商品所不同的是，劳动力商品的使用价值具有更为显著的特点：一是一般商品的使用价值在消费后便消失了，它的价值随之消失或转移到新的产品中去，而劳动力的使用价值就是劳动，它的使用或消费就是劳动的过程。劳动力的使用不仅能制造新产品，创造出价值，而且能够创造出比劳动力本身价值更大的价值。这种高于劳动者本身价值的价值，在社会主义条件下，我们可以把它称为创造价值。二是在科技进步的历史条件下，一般地说，劳动力直接价值越高，其创造的价值就越高。人们投资劳动力的直接价值，目的就在于其产生的创造价值。三是劳动力的使用价值不仅表现为有形资产的特性，而且能够创造无形资产。劳动力在使用过程中，其杰出人物及其家属往往可以获得难以准确度量的"无形资产"，形成为其带来数倍

甚至几十倍、上百倍的收益。换句话说，劳动力在使用过程中不仅能够创造有形的价值，而且能创造出无形的创造价值。这种无形的创造价值又会转化为更大的有形价值。

劳动者经过教育训练，形成了直接价值，这种价值只有实现了与其他商品的交换，也就是进入了实际的经济过程，才能转化为使用价值，从而产生创造价值。因此，劳动与其他商品相交换，具有交换价值。交换价值首先表现为一种价值同另一种价值间相交换的量的关系或比例。任何一种投资，任何一种生产要素的增加，并不能以破坏生产力结构中各个要素的耦合为前提，不能违反生产要素供求的均衡关系。价值规律在本质上受供求规律的制约。如果人力资源开发从总量上超出了经济社会发展的实际需要，就会破坏经济结构中存在的客观比例关系，形成人力资源的总体价值的过剩，人力资源中的很多部分的直接价值不仅无法转变为使用价值，实现劳动力的创造价值，反而造成人力资源开发中的浪费，造成社会失业，形成社会发展中的巨大压力。

（二）劳动力商品在价值规律中的特殊表现

第一，作为劳动力商品交换的双方，劳动者作为劳动力的所有者，在交换中所让渡的是劳动权，所期望的是实现其价值，获得更大的收益；而使用劳动力的单位则在交换中购买劳动权，所期望的是劳动力能够创造出比劳动力更高的创造价值。这就形成一对矛盾。如果社会在所提供的人力资源的结构上失衡，形成某种专业、某种知识结构人才的过分集中，就会导致一部分劳动力的贬值，其直接价值无法实现，或不能全部实现。反之，社会经济发展中形成某种知识结构、某种专业方面人才的稀缺，又容易导致劳动力的升值。劳动力在稀缺的条件下，其价值超过实际价值及其使用价值，从而制约了经济行为主体对专业人才的利用，直接影响了技术的进步，形成了不利于人力资源开发的社会环境。因此，要实现民族地区人力资源开发的有效投入，就必须注意人力资源投资的结构分布，人力资源结构的不合理，直接影响到人力资源功能的发挥，影响到人力资源开发的有效性，因为即使在某些部门、某些环节上，劳动力的直接价值完全实现了，但在总体价值上仍然存在浪费。

在整体人力资源素质偏低的情况下，有重点地投资于民族地区目前最为短缺的懂得经济技术、懂得经济管理、懂得现代社会管理的专业人才，是运用价值规律实现有效投入的基本保证。

第二，只有在劳动力供求均衡的条件下，价值规律才能得到完全的实现，即劳动力能够按实际价值让渡出去，用人单位能够以自己所能承担的劳动力价格购买到自己所需要的使用权。也只有在这样一种理想状态下，直接价值、使用价值、创造价值和交换价值才能有机地统一起来。

第三，从价值规律的基本要求来看，社会有计划地对人力资源进行开发，适时调整人才资源结构，是实现有效投入的保证。首先，劳动力商品直接价值投资的动机是人们对未来的预期，而这种预期又是从现实的价值判断产生的。在现代生产条件下，劳动力直接价值越高，其交换价值就越高，其创造的有形价值越高，表现为劳动者的报酬也就越高。在这组关系中，劳动者为了追求预期的就业和收益，希望直接价值越高越好，从而会不断增加自身的投资；社会为了尽快挖掘人力资源的增效作用，也会无限制地增长人力资源的投资，从而形成劳动力的总体价值的不断增高，一旦这种投资超过人力资本需求的边际临界点，即劳动力总体价值超过劳动力的使用价值，劳动工资超过了产品的预期成本，劳动力价值的实现就会碰到严重的障碍，很大部分劳动力的直接价值就无法转变为使用价值实现，成为无效投资或投资失败。在计划体制下，大学生主要由国家分配工作，或者进入机关，或者进入学校，由于收入比较稳定，因而形成了一部分民族地区的教育预期。在市场经济条件下，当劳动就业中的行政强制约束放松后，大学生毕业后不再由国家统一分配，在很多长期供过于求的专业中，人力资源中的供求矛盾开始突出，相当数量的大学生找不到工作，教育开始出现下滑的趋势。在基诺山的教育发展中，"跳龙门"的功利倾向十分明显。上大学不分配工作直接影响到了教育的发展，从1998年开始，教育出现了严重滑坡，学生上学的积极性不高，家长也不支持孩子上学，教学工作难以开展，学生流失严重。由于人们对未来的预期是受到劳动工资、社会价值的评价、道德等因素的影响，而这些因素又是变动的、发展的，人力资源投资从个人来说带有极大的盲目性、主观性，从企业和用人单位对人力资源的投资来看，也往往无法估测直接收益。因此，

价值转化不可能实现等价转化，很容易形成劳动力结构上的失衡现象。其次，劳动力商品具有显著的时效性。知识具有严格的发挥效益和功能的时间限制。在一段时间内，劳动力让渡不出去，知识就成为无效的，直接价值就转化不成使用价值，创造不出新的价值，个人也得不到交换价值。从社会角度看就意味着人力资本会严重贬值，人力资源投资失败。在知识经济时代，知识更新的速度非常快，市场竞争加剧了知识更新的节奏，民族地区的人力资源开发必须注重继续教育的投入，把基础教育同职业技术教育有机地结合起来，把学历教育与终身教育有机地结合起来，同时，改善人才环境，建立劳动力市场，允许人才的社会流动，解决好民族地区目前存在的人才学非所用、用非所学的状况，是实现人力资源投入的重要内容。

（三）发挥价值规律的调节作用，实现人力资源投资的有效性

在市场经济条件下，民族地区利用价值规律，实施人力资源开发的有效投入，就应该做到几点：

第一，民族地区人力资源开发的机制必须从计划体制向市场体制全面转变。一是开发的主体由政府为主体向用人单位为主体、人才为主体和市场为主体的格局转变，用人单位和人才应成为择业的决策主体、执行主体和利益主体，确立了主体，价值规律才可能发生作用。二是劳动力的权属由国家单位占有向劳动者个人所有、社会化使用的方向转变。三是政府从过去的人事管理，管人头转到以人力资源开发为主导，转到从民族地区的经济社会发展需求对人力资源作整体的战略规划，实施包括数量控制、质量提高、功能发挥、结构调整和远景规划等在内的全方位开发。四是要从制度创新的方面，逐步消除各种阻碍人力资源流动的樊篱，打破民族地区的封闭状况，实现人力资源在全社会范围的优化配置。总之，让价值规律充分发挥作用，可以有效地解决民族地区教育培养与人力资源利用、人力资源配置与人力资源素质、人力资源开发与经济发展需要相脱节的矛盾，培养出大批适合民族地区经济社会发展需要的留得住、用得上、养得起的人才。

第二，在市场经济条件下，价值规律是通过劳动工资的变化反映劳动力资源供求状况和劳动力资源的相对稀缺程度。社会资源使用的最优效率存在

于供给与需求的一般均衡中，表现为客观均衡价格。由于不同劳动者的劳动能力不仅在量上存在着差异，而且在质上也不尽相同，劳动能力的评价无法用时间这个尺度去衡量，而且只能通过劳动力市场的"双向选择"和个人劳动工资的多寡得到间接的、相对的实现。也就是从劳动力交换的过程中，通过劳动力工资作为评价劳动力质量的尺度，这既是劳动平等原则的要求，也反映了资源的相对稀缺程度，从而引导着劳动力资源的流动和配置。在人才严重短缺的民族地区灵活运用价值规律，以较高的劳动价格和优厚的待遇来吸引民族地区经济发展所需要的人才，可以采取"借贷战略"，通过短期聘用、课题承包、专家论证、技术攻关等形式，克服人才资源短缺的障碍，实现经济的快速增长。同时，也可以利用价值规律，向发达地区输送自己存量过多的、不适合自己发展需要的人力资源。

第三，失业是价值规律调节供求关系的结果，也是市场机制得以发挥的必要条件。劳动者不能让渡自身的劳动权利，就表现为劳动力资源的闲置和浪费，这就是失业。从根本上讲，失业是人力资源供求关系上的失衡。从价值规律来看，失业就意味着一部分对劳动力投资的价值不能转变为使用价值，并创造价值，意味着人力资本的投资失败。加快民族地区经济发展，创造更多的就业机会是提高人力资源利用率的途径。

三、竞争规律：人力资源有效利用的基本规律

（一）在市场经济条件下，竞争机制是实现人力资源有效利用的必然要求

人力资源开发投入的有效性必须体现在人力资源的利用效率上。正如舒尔茨所说的，人力资源在开发中提高，又在利用中增值。人力资源只有通过配置机制，实现向不同地区、部门、职业投向，促使劳动者对自己的劳动能力充分发挥和各个经济活动主体对自己所得到的劳动能力加以发挥、运用，实现更高的创造价值，才能完成人力资源开发的全过程。人力资源配置的有效性，直接影响和制约着开发投入的有效性，对开发的导向产生着影响。人力资源配置机制从根本上取决于特定社会的经济制度。在市场经济条件下，任何资源的分配都是通过竞争而取得的。劳动力作为一种资源，同样受到这

一法则的制约。

首先，竞争有利于提供准确的、变化的人力资源的供需信息，为劳动力要素的合理优化配置创造社会条件。米塞斯认为，为了经济的运转，一种经济必须有一个经济计算的工具，经济计算提供了一种估价。这种估价以现在与未来预期为条件，使生产者产生选择。当经济估算失败时，资源使用是无效的。因此，经济估算问题即等价于经济效率的问题。在一个不断变动的经济中，经济活动超出人类控制的能力，人们的经济计量往往建立在对未来的预期上。而判断这种决策准确性的唯一途径是市场。市场具有这种判断能力，并报之以利用。市场决定是供求均衡和价格出清的过程，是合理的计算过程，它能达到资源的最优配置。社会资源使用的最优效率存在于供给与需求的一般均衡中，作为客观均衡价格。一般说在市场机制下，价格由竞争决定，当劳动力商品的需求量超过供给量时，价格就会上升。反之，当劳动力供给量超过需求量时，价格就会下降。劳动力在市场经济条件下的配置，是通过价格竞争而实现的。劳动力价格为实现人力资源供需均衡提供准确客观的信息。劳动者的流动、人力投资的比例都是以市场价格信号为依据。而市场价格的客观均衡是在竞争中实现的，是服从于价值规律的。劳动力的均衡价格既是竞争的必然结果，又为实现劳动力资源供需均衡提供客观准确的信息。

其次，通过价格竞争引导人力资源开发的方向，引导人力资源的流向，实现人力资源的合理优化配置。因此，劳动力的社会流动是社会存在和发展的重要条件。没有社会系统之间的物质、信息、能量的相互流动，资源的合理化配置，整个社会就没有生机和活力。生产要素间的组合关系，必须根据经济发展的客观需要及时调整，人力资源对这种调整的适应就表现为人才的流动，同时，人力资源的流动不仅是工作和生活的变动，更重要的是一种广泛的社会流动和信息传递。劳动力的流动有利于经济社会系统之间的相互沟通，相互促进。劳动者通过竞争，找到适合自己的岗位，才能充分发挥效率，从而创造最大的使用价值。对经济活动主体来说，只有通过竞争，才能选择到最适合自身经济结构的劳动者，才能实现最佳的效益。竞争越激烈，流动率就越高，人力资源的配置就越趋近于合理。

再次，竞争机制有利于人力资源结构的自觉调整。某些专业、某种知识结构的劳动者一旦成为社会需要的热门，人力投资的方向便会向此倾斜，智力引进的重点也会向这些专业、方向调整，使稀缺的人力资源迅速得到补充，从而适应经济发展的要求。反之，某种专业、某种知识结构的劳动力一旦超过需求，便会出现失业，出现劳动力资源的闲置与浪费。

再其次，竞争有利于激发劳动者努力学习，勤奋工作，激发劳动者在工作中的主动性、积极性、创造性，实现自我价值。劳动者为了在竞争中处于有利的地位，总是要努力勤奋工作，充分发挥自己的功能，这从客观上有利于人的潜力的充分发掘和经济活动主体效益的提高。而在竞争中处于劣势的劳动者，要超过在自己之上者，就必须不断提高自身素质。在竞争条件下，失业者、低位者构成了对就业者、高位者的潜在威胁，就业与失业交替，促进社会不断发展。

最后，竞争有利于创造加强人力资源投资，尊重知识，尊重人才的良好社会环境。我国总体上资源贫乏，经济增长不可能长期依靠资金和资源的投入支撑，必须转到以人力投资为主体的经济增长模式上来。经济增长模式的转换，对人才的呼唤就必然突出，正如邓小平指出的："没有大批的人才，我们的事业就不能成功。"从国际环境看，国家间的竞争关系是在科技的竞争，科技竞争的焦点就在于人才，我们竞争没有大批高质量的合格人才，国家的强盛没有保证；从国内环境看，在合理公平的竞争中，人才的价值才能充分显现，人才对经济社会发展的动力才能日渐明显，对人才开发投资的紧迫性才能充分显露，从而形成社会对人力资源开发的重视，形成全社会尊重人才、尊重知识的良好的社会风气。可以说，竞争是合理优化配置人力资源，充分发挥人力资源有效性的重要机制，没有竞争机制，便没有人力资源"有效投入"的概念，便没有对人力投资的社会环境。

（二）社会流动：竞争规律的表现形式

劳动力的社会流动是社会存在和发展条件。没有社会系统之间物质、信息、能量的相互流动，资源就得不到合理化配置，整个社会就没有生机和活力。生产要素间的组合关系，必须根据经济发展的客观需要，及时调整，人力资源对这种调整的适应就表现为人才的流动。人才的流动有利于经济社会

系统之间的相互沟通，相互促进。通过竞争，劳动者找到适合自己的岗位，才能实现劳动力的直接价值，从而创造最大的使用价值。对经济活动主体来说，通过竞争机制，选择到最适合的劳动者，实现最佳的效益。竞争越激烈，人才流动率就越高，人力资源的配置就越趋近于合理。在市场经济条件下，只要人力资源的供给与需求之间存在着差异，劳动者有择业自主权，经济活动主体有选择劳动者的自主权，在竞争规律的作用下，就必然出现人才的社会流动。第一，追求自我价值的实现是人才流动的深层原因和内在动机。任何要求流动的人才，都不外乎是从不同的角度以不同的方式来寻求实现自我价值的合适的位置和理想环境。人才的价值和他所释放的能量有着紧密的联系。只有当人才充分发挥才智的时候，在竞争中占据有利位置时，才能创造财富，实现"保值"，满足社会、集体、个人发展的需要。第二，从经济活动主体的需求来看，只有在人才流动的过程中，才能寻求到自身发展所真正需求的人才，实现其所追求的目标。第三，从社会系统的角度看，随着经济的发展，劳动分工和社会分工的不断增强，人才与其他生产要素的组合关系都必须不断调整，这就表现为人才的流动。第四，在竞争规律的作用下，人才社会流动的总趋向表现为由收益小、条件差的地方和部门向收益大、条件好的地方和部门的流动。因此，在市场竞争条件下，民族地区处于非常不利的地位。

产生人才流动的社会动因是人才价值的双重失衡。从个体的角度看，人才所要追求的是自我价值的实现，这是人才社会流动的动机；从社会的角度看，经济行为主体和社会所追求的则是人才效用的最大化，两者间的冲突与矛盾只有在相对平衡的条件下，这种双重功能才能实现平衡。如果失衡，就会引起人才流动。从社会发展看，平衡是相对的、有条件的，不平衡才是绝对的、无条件的。人才竞争必然引起人才流动，人才只有在流动中才能实现价值的最大化，实现优化配置，产生最佳的效益。因此，在一般情况下，竞争越是激烈，人才流动率越高；人才流动率越高，经济发展的生机和活力就越强，经济增长的速度就越快。在市场经济条件下，没有竞争，便没有优化，便没有效率。

第三节　超前开发规律：实现人力资源有效投入的特殊规律

人力资源作为一种活动的生产要素，有其存在及发展的特殊规律，要实现人力资源开发投入的有效性，就必须遵循人力资源开发的特殊规律，实施人力资源超前开发的战略。

一、人力资源开发的特殊性决定了人力资源开发必须采取超前开发战略

与其他生产要素进入劳动过程所不同的是，人力资源要素通过消费生活资料和接受教育形成劳动能力，需要经历一个过程，花费一定的时间，从而表现为一种特殊性，即人力资源开发的滞后性。第一，人力资本的形成具有一个较长的时间过程。一个生命从出生到接受教育成为具有一定体质、智力、知识、技能的劳动者，即具备了各种劳动能力的人，需要一个时间过程。这包括人从出生到具备从事社会劳动所必需的人体自然生长期；人从儿童期到具备社会劳动能力所必需的受教育期。从教育来看，主要是由学制所决定的第一迟效应。劳动人口只有经过一段时间的学习、培训和提高，才能形成实际的劳动力，才能具备直接价值，从而为实现使用价值创造条件。第二，是人才价值实现的周期性。劳动力在经过教育培训后，要适应特定的劳动环境，才可能把自己的价值在实际中逐步转移出来，能够对口独立地进行专业活动。这一适应期又称教育的第二迟效应。美国学者库克曾通过对研究生的创造力进行统计研究，发现了创造力发挥的曲线。库克以 X 为时间轴，Y 为创造力发挥的曲线，研究生经过 OA 时期（3～4 个月）的学习后进入 AB 期，这是创造力增长的最快时期，6～8 个月。B 点为创造力的稳定期，9～12 个月。此后进入 BC 期，创造力下降，到 CD 期下降更严重。从这一曲线显示出创造力发挥较好的时期只有 4 年左右，被称为"库克曲线"。喀兹则进一步描述了关于特定群体组织老化的曲线，认为项目组织成员一起工作，在 1～5 年内信息交流水平较高，计划执行情况较好，成果较多，集体研究的效果更佳。第三，从发展中国家的经济现代化过程来看，人力资源价值的实现

有一个慢加速效应，即在经济起飞时，人力资源价值表现得并不突出，经济发展速度越快，人力资源价值表现得就越为突出，对人力资源的开发就越感迫切。总之，由潜在的人力资源向现实人力资源的转化，即人力资源的开发过程需要一段较长的时间，人力资源开发的这一特点决定了人力资源开发的迟效应，从而规定了人力资源必须实施超前开发战略。

二、人力资本配置中的规模效应，以及由此产生的累积效应，规定了人力资源必须采取超前开发战略

知识的传播、交流、收集和加工需要一定的分工和协作。知识信息只有在一定的范围得到充分的利用，才能实现其最大的价值。人才聚集在特定的群体中，聚集于特定的领域里，从而造成了知识信息和各种创新与管理才能和应用性技能的集中交流，有利于知识和信息的运用、传播和加工，从而产生知识信息的规模效应。人才的聚集有利于形成竞争的社会环境，便于知识、信息充分发挥其价值，有利于人才提高，挖掘个人的潜能。因此，人力资本投资的一个普遍规律，就是人力资本集中的地方总是比人力资本稀缺的地方收益更高。分散的或少量的人力资本投资难以取得明显的收效。这种"规模效应"产生于人力资本的累计投资。人力资本的累积需要一个较长的时间发展过程。从个体到群体的形成，从单个项目到多个项目，从一个领域到多个领域的发展，没有较长的时间的人力资本投资的累积，不可能形成人力资本聚集所产生的规模效应。人力资源开发利用的特点规定了人力资源开发利用战略的选择，要使人力资源开发成为民族地区经济发展的先导，就必须采取超前开发战略，增加民族地区人力资源的储备量，创造民族地区经济社会发展的软环境。超前开发战略保证了人力资源的供给与民族地区经济社会的发展需要相吻合，克服了人力资源开发利用的迟效应，能够避免人力资源在民族地区经济社会发展中成为"瓶颈"的可能。仅仅强调人力资源现实的供求平衡，人力投资中的价值规律，看到现实的投入产出比，看不到人力资源配置特点所决定的动态变化要求，实行超前开发战略。就容易造成人力资源开发投资上的短视性。其结果，一是个别的、少量的人才的产生，由于缺乏支撑的群体基础，不能完全发挥其作用，实现其价值。并且在一种信息交流不畅通、分工协作不明的环境中，人才价值也就自然衰退。二是在市场竞争条件下，没有合适的人才环境、人才效用发挥的氛围，形不成人力资本聚集的群体，人才价值得不到发挥，人力资本收益较低，"智力外流"就成为一个挡不住的趋势。反之，在有利于人才聚集的地方，人力资本集中的地方人才价值就能得到更充分的发挥。收益总是高于人力资本稀缺的地方，因而，促使人力资本向收益较高的地方流动，形成"智力吸引"的优势。这就是人力资本配置中的"马太效应"，由此，造成了人力资源配置的非均衡状态。因此，落后国家赶超发达国家，民族落后地区赶超发达地区，具有一种超前开发的战略眼光，注意人才资本的累积，注意创设形成人才聚集的社会环境，既是实现人力资本投资的有效性，防止"智力外流"的客观要求，又是实现人力投资的规模效应、长远效应，形成"智力吸引"的必然要求。

三、人力资源实行超前开发，是实现有效投入的必然要求

人力资源开发的延迟效应决定了对人力资源必须采取超前开发的战略。第一，加强教育投资，发展教育事业。邓小平指出："科学技术人才的培养，基础在教育。"从国家发展的角度来看，是否能够培养出劳动者的技术创新能力，是否拥有掌握现代科学知识的高素质的人才资源，是否形成崇尚知识，尊重人才的社会氛围，决定着今后一个国家和民族能否在以知识经济为主导的 21 世纪中立于不败之地的重大战略问题。教育必须从娃娃抓起。为了使未来的劳动者具有较高的素质，要重视抓好幼儿园、小学和中学的基础教育，实施教育为先、教育为本的原则，把教育放在优先发展的战略地位。从个体发展角度看，开发人力资源，最直接的要求就是转变观念，努力学习，提高人的综合素质，积蓄知识能量，以便更好地适合经济社会发展的需求。由于对教育的投资是期以未来的经济收益，教育投入的经济收益是间接的，并具有明显的滞后性，发展中国家往往容易忽视人力资源的开发，直到人力资源已成为经济社会发展的"瓶颈"时，即人的素质赶不上资本的增长，成为经济发展的制约因素时才来开发，形成了教育发展滞后于经济发展，社会经济发展缺乏高素质的人才，导致投资环境的恶化和物质资本的利用效率偏低。舒尔茨认为，在发展中国家，人力资本往往不受重视，这些国家的领袖和主

管人员都认为，物质投资才是最重要的因素。发展中国家在现代化过程中的主要障碍并不是储蓄和投资不足，而是工业资本的低生产率，投资效益的低下，其原因是劳动者的技术和知识水平的低下，缺乏足够的训练，不能有效地采用现代化技术，也就是人力资本的不足。因此，民族地区实现人力资源的超前开发战略，必须首先加强对教育的投资，提高对教育在经济社会发展中战略地位的认识，要坚持以"教育为本"，把培养人放在各项工作的前列。

第二，加快教育的改革，实现教育发展中的战略转变，以经济发展的趋势来规划教育的发展，克服发展中国家教育及人力资源开发的短视性、盲目性。发展中国家教育发展战略的失误在于：一是只注重高等教育，而忽视了发展中国家最需要的基础教育。高等教育缺乏广泛的基础教育的支撑，从而成为改变身份的手段，而不是增进知识、学习技能、提高素质的途径。二是只注重文凭教育，忽视发展中国家最适用的职业教育和实用技术教育，导致教育与经济社会发展实际相脱节。三是教育的培养目标集中在与农业经济时代社会发展所需要的政治、文化、艺术人才，而现代经济社会发展最需要的企业、管理、营销、技术等方面人才的培养数量比例较少。经济要发展，社会要进步，教育要改革。今天的教育，主要是培养明天的人才。教育的发展缺乏战略性的眼光，过分的功利化，并不利于人力资源的开发，不利于从整体上提高人力资源的素质，也不适应经济社会发展的趋势。因此，民族地区在教育的开发投资上必须坚持分类指导的原则，分阶段实施，重点投入，突出教育对经济的针对性、重点性。

第三，从经济学的角度看，在考虑物质资本的投资方向时，投资者经常考虑的重要因素是有利的投资和未来的发展潜力。民族地区要从未来发展出发，创设吸引人才的社会环境，制定科学的人力资本政策和人才激励机制，提供相对优厚的物质条件，逐步改变不尊重知识、不尊重人才的社会环境，吸纳各方人士，形成人力资本的相对聚集，产生长期的规模效应。这是实现人力资源超前发展的重要内容。

第四，从知识和人力资本的特性看，知识和人力资本具有一定的时效性。知识的内容、基础、体系、工具和知识方法，都将随社会的发展而发生变化。超过一定时效的知识会贬值，甚至一钱不值。因此，对原有知识体系或陈旧的知识进行追加投资显然是一种非理性的选择和经济资源的浪费。从新的社会发展要求，采用最新知识，跳过漫长、曲折的中间阶段，直接进入知识的较高层次和较新阶段，实现人力资本的"超前开发"，将有利于利用知识的最大价值。因此，从民族地区经济发展的实际出发，选择产业发展的战略，围绕产业发展，集中人力资本的投资，形成规模的人力资本，采取跳跃式超常规开发的道路是实现有效投入的最佳选择。

四、实施超前开发是促进经济快速增长的主要途径

在知识经济时代，世界各国在实施人力资源开发战略上为我们提供了很好的借鉴，其中以美国最为典型。20世纪80年代，美国经济开始进行全面调整，克林顿在竞选中提出的口号是"建造通向21世纪的桥梁"，戈尔提出了"建造信息高速公路"的口号，把信息产业作为经济发展的增长点。为实现这一战略目标，美国把教育放在了最优先的地位，1994年美国颁布了教育改革法，以提高美国的整体教育水平。为了适应知识经济时代的要求，美国总统克林顿1997年提出：今后几年美国在教育发展所要达到的3项目标：使每一个8岁的儿童具有阅读能力；12岁的少年能够操作电脑；18岁的青年能够上大学及成人能够继续学习。之后他又宣布，到2000年时，美国所有的教室和图书馆都将与因特网联网。超前开发战略的实施使美国拥有了一支雄厚的人才队伍，从而保持了经济的持续强势的增长。90年代以来，美国经济已实现了持续8年的增长，道·琼斯股票从7000点一直到10000点左右，年经济增长率保持在3.7%左右。面对21世纪的挑战，1998年2月，克林顿在美国科学年会上提出，应加强教育工作，让美国的教育质量成为世界上最高的。1998年美国政府财政预算中，教育和职工培训费为510亿美元，比1997年增加了20%，到2000年将增加到600亿美元。

他山之石，可以攻玉。民族地区要实施人力资源开发战略，就必须把教育放在最优先的战略地位，实施人力资源的超前开发，这是人力资源有效投入的实施途径。人力资本投资是一种影响未来货币收入和消费的预支性投资，从总体上看，在不同的经济体制下，人力资源的开发、利用、分配具有不同的性质。在市场经济条件下，人力资源具有资本的属性，其形成、开发、利

用、分配均需通过市场机制来实现，其运行的过程就必须严格遵循投入产出比，追求利润的最大化。同样，人力资源的开发，也必然追求最佳的经济效益，讲求投入的有效性。从微观上看，实现人力投资的有效性，能够实现劳动力价值的最大化，满足劳动者的劳动预期。从企业的角度，能够实现企业各种资源的优化配置，形成现实的生产力，创造出高效率。从宏观上看，能够实现劳动力资源的供求均衡，满足特定经济社会发展的需要。邓小平指出："靠空讲不能实现现代化，必须有知识、有人才。没有知识、没有人才，怎么上得去。"人才是推动一个国家、一个民族经济快速增长的决定因素，经济活动是以人为主体的最基本的实践活动，经济发展水平的高低，是与人才数量的多少和素质、文化成正比的。人才开发将成为经济社会发展的主要战略，而实施"有效投入"，则是保证这一战略抉择有效实施的基本原则。对发展基础较为薄弱，人力资源素质偏低，教育投入经费有限的民族地区来说，遵循有效投入的基本原则，按市场经济机制的要求实施人力资源开发战略就更为重要了。

第五章 梯度结构：民族地区人力资源 开发的现实依据

马克思认为："历史的每一阶段都遇到有一定的物质结果、一定数量的生产力总和，人和自然以及人与人之间在历史上形成的关系，都遇到有前一代传给后一代的大量生产力、资金和环境，尽管一方面这些生产力、资金和环境为新的一代所改变，但另一方面，它们预先规定新的一代的条件，使它得到一定的发展和具有特殊的性质。"人们发展生产力，只能从现实的生产力条件出发，依据前人所留的现实生产力水平。这是马克思主义历史唯物主义的一个基本的要求。民族地区从不同的社会发展阶段进入社会主义，社会经济发展中存在的不平衡状况，构成了民族地区事实上的梯度结构。梯度结构是我们制定民族地区人力资源开发利用战略的基本出发点和客观依据。

第一节 梯度结构：民族地区经济社会发展 不平衡性的实际状况

在区域经济发展理论中，我们国家理论界提出的"梯度发展战略"、"T字型发展战略"，对研究民族地区经济的发展具有强烈的借鉴意义。"梯度发展战略"把全国划分为东、中、西三个经济区，开发与开放的战略重点由东向西梯度推移。"T型发展战略"被形象地称为弓箭型发展战略，以沿海地区为弓，以长江流域为箭，通过长江流域的经济协作带动全国经济的发展。

云南各少数民族是从不同的社会历史发展起点上进入社会主义的。云南少数民族的社会发展在宏观上展现出横向发展上的梯度性，即由原始社

会末期、奴隶社会、封建社会到半封建半殖民地社会的梯度系列性；这种梯度结构从微观上所展现的则是同一民族在不同的地区，社会发展阶段上表现出的复杂性、多样性。如居住在文山富宁右江上游一带的瑶族，新中国成立前就进入了较为成熟的封建地主经济，手工业较发达，商品经济也有一定发展。而居住在思茅地区江城和西双版纳州勐腊县的瑶族，新中国成立初期还处于原始社会末期。这种沉重的历史脱胎差异，形成云南各少数民族进入社会主义后事实上存在的不平等。从社会发展的历史进程看，在特定的历史条件下，少数民族社会制度可以通过社会革命的形式实现历史的跨越，但社会经济的发展状态不可能超越，社会生产力的发展水平不可能在短期内得到根本的改变。云南少数民族向社会主义的宏观跨越，不可能在短时期内完全改变民族地区社会发展中微观的经济形态、生产力发展水平、文化观念及社会传统等方面存在着的事实上的差异。民族地区经济社会发展的不平衡性，也规定了民族地区人力资源实际存在的层次性，表现为民族地区经济社会发展中的梯度结构。

所谓梯度结构，包括几个方面：第一，民族地区经济发展形态上所表现出的纵向序列性，即民族地区经济社会发展中目前存在的不平衡性，及这种不平衡性形态上呈现出的由低到高的层次性、系列化形态。第二，划分梯度结构的主要依据是民族地区的生产力的发展水平。在地区经济结构中，存在着许多的部门，每个成长阶段都有与之相适应的、起主导作用的部门，主导产业是划分民族地区经济形态梯度结构的主要依据。第三，在民族地区经济的运行过程中，关键的是人们怎样生产，用什么样的方式生产，产品以什么样的方式进行交换，而不仅仅是人们的经济收入。在社会主义条件下，着重从民族地区的生产及交换两个环节来划分梯度结构，有利于更准确地把握民族地区生产力的实际发展水平，从而有利于从这种实际状况出发实施人力资源的有效开发。第四，现实的经济社会发展水平决定了人力资源的基本现状，决定了人力资源的基本素质，民族地区经济社会存在着的梯度结构也形成了民族地区人力资源的梯度结构状态。毛泽东指出，科学研究的区分，就是根据科学对象所具有的特殊矛盾性。

因此，对某一现象所特有的某一种矛盾，就构成某一门科学的对象。作为一种经济资源，人力资源的状况是由社会的经济形态所规定，又要服务社会经济发展的需要。因此，决定劳动人力资源开发的直接原因是社会存在的经济形态，而不是社会形态。从人力资源开发的角度划分社会的梯度结构，主要是根据民族地区经济发展的形态，从民族地区产业结构的分布、产业结构的调整来研究人力资源的开发与利用，这是实施民族地区人力资源开发的基本出发点。

民族地区经济社会发展的梯度结构与区域经济发展理论中的梯度理论所不相同的是：第一，梯度结构并不简单地等同于东西部之间由于地理环境的梯度分布上所呈现的东西部经济发展水平差异上的梯度状态，而是指由于历史及现实，自然和社会等多种因素所形成的各民族间、各民族聚集地区经济发展所呈现的横向系列上的由低到高的结构状态。这种梯度结构由于民族间的杂居而表现为地理分布上错落交致的状况。第二，民族地区梯度的划分并不完全以经济收入为标准，主要根据产业结构的发展状况，以及由产业结构分布所决定的人力资源状况上所表现出来的不平衡状况。第三，从云南民族社会发展的历史看，没有一个民族经济形态的发展都得到充分展现的实例。因此，各民族间、各民族聚集地区间的经济形态、生产力发展水平，以及由此决定的人力资源状况，并非表现为一种清晰、简洁的由低到高的发展序列，相反，由于社会各种因素的影响，不同民族的发展往往表现为微观上的丰富多样性，表现为异变性与复杂性的统一。梯度结构的划分主要依据民族较为集中的地区，参照民族发展的特点来划分，而并不是完全按民族的发展来划分。

第二节 民族地区社会经济发展的梯度结构

根据目前民族地区经济结构中主导部门，生产过程中所使用的生产工具，生产的组成方式及交换关系及由此形成的产业结构的分布状况，我们可以把民族及民族地区的经济发展大致划分为四个梯度：

第一梯度，处于从原始经济发展阶段的民族和民族地区。这一地区是以"刀耕火种"的原始农业为经济的主要成分，主要分布在从新中国成立前由原始社会末期脱胎而来的独龙、怒、傈僳、佤、景颇、拉祜、布朗、德昂等民族聚居的地区。这些地区的民族虽然已定居并从事农业耕作，但技术极其粗放，无固定管理程序；对产品不作精确计量，产多少吃多少，不进行积累。不够吃时，就上山打猎和采集野生食物或者靠国家救济。这些地区耕作方式极其落后，轮歇地多。据1995年统计，基诺山轮歇地为224316亩，约占全区总面积的24.7%，全区水田面积仅为4244亩。在怒江河谷两岸，土地像羊皮一样挂在半山坡，坡度大，有的土地坡度高达60度以上。"四个丫叉一面坡，三块石头一口锅，要是生病死了人，搬迁异地另筑窝"的顺口溜，就是这部分人的真实生活写照。在这部分民族居住的地区，人们不会经营，甚至认为出卖产品是"羞耻之事"；人们偶尔出售一点产品，总是按一元一角整数论价，不会讨价还价。产品中的商品率非常低。在西盟佤族自治县，很多家庭养猪的目的不是为了出售，而是为了显示自家的财富，甚至出现守着成群的牛和猪而没有饭吃的情况。在这一地区，农业占经济的比重高达90%以上，工业、商业尚未从农业中分化出来。到1999年统计，基诺山仅有14个企业，从业人员为46人，三个产业的产值比例分别为，第一产业88.82%，第二产业2.65%，第三产业8.53%。在怒江傈僳族自治州地区，由于自然条件较差，自然灾害频繁，生存条件十分恶劣，不仅谈不上社会化生产，甚至连维持基本的生存都成问题。怒江傈僳族自治州人口由1949年的18万增至1997年的45.81万人。粮食播种面积由40万余亩增至近100万余亩，但人均粮食产量却由1957年的537斤降至1985年的450斤。由于大量的毁林开荒，以至于森林覆盖率从新中国成立初期的60%以上降到1998年的不到20%，生态环境遭到破坏，终于导致了改革开放以来的两次严重的泥石流滑坡灾害，碧江县也因泥石流而被迫撤销。1993年，全州人均纯收入按当年价格算是302元，在全国30个自治州居倒数第一位。没有解决温饱的农户为3.4万户，17.8万人，占全州农户数的40%，农业人口的45%。

第二梯度，指基本上处于自然经济阶段的民族和民族地区。这主要是分

布在广大山区、半山区的相当一部分彝、白、纳西、壮、苗、瑶、哈尼等民族。这个梯度经济的成分主要是以依赖人力的手工劳动为基础，以锄耕为主的传统农业。这个梯度自然条件差，耕作难度大，不能使用牛耕，只能使用铁制的简单小锄头进行耕作，以粮食种植业为主。市场经济程度很低，几乎没有现代工业。由于剩余产品极少，民族群众为了维持或补充其基本生活的需要，不得不挤出自产的少量农副产品用来换取必需的日常用品，出现了一定的商品意识和商品观念，但这种意识和观念十分淡薄。在生产的目的上主要是追求使用价值而不是交换价值；搞生产以粮为主。只求自给不求出售赚钱，"养牛犁田、养羊踩粪，种田为吃饭，种几棵树为了娃娃吃果子"。在这一地区，由于生产水平仍属较低层次，自然条件不太优越，解决温饱尚有一定的困难。据对红河哈尼族彝族自治州元阳县攀枝花乡的调查显示，1995 年，全乡人均 GDP 为 459.8 元，仅为云南省人均 GDP 的 15.3%，农民人均收入 307 元，人均收入 200 元以下的 1.45 万人，占全乡总人口的 96.5%。全乡六个行政村 1998 年仍有两个行政村 207 户、4169 人居住的地方不通公路、不通电。全乡 15791 人中（哈尼族 2867 人，彝族 7053 人），只有 42 名企业从业人员，分散在 7 个企业，创造的总收入为 44 万元。

第三个梯度，指基本上处于小商品生产阶段的地区，主要是广大的内地坝区和一部分半山区的彝族、壮族、白族、傣族、藏族、纳西等民族居住的地区。少数民族人口约 120 万，占全省少数民族人口的 11%。这些地区生产的主要工具是畜力加机耕。到 1983 年统计，西双版纳农村各种拖拉机已达 2530 台，机耕面积达 43145 亩，占耕地面积的 3%。农业化肥施用量达到 4293 吨，平均每亩施化肥 3.17 公斤。在这一梯度中，自然环境和交通运输条件较好，传统耕作技术熟练，种植业、养殖业及群众的文化生活知识都具有一定的基础，产品可以自给，略有剩余。生产的目的主要是为了满足生产者的自身消费和维持简单再生产的目的需要。很多家庭利用农闲做点手工业、搞点小商品经济或出外务工。在经济结构中，为了换取必需的日常用品和农用生产资料，也出售一部分肉类、禽蛋、瓜果、粮食、木材、手工业制品、传统农业生产资料及其他农副产品等。通过简单的商品生产和商品交换，形

成了相对固定的农业初级集市、贸易市场，在城镇及集市附近出现了以手工业劳动、加工农副产品的手工作坊、手工工场。据 1995 年对路南县（今石林县）圭山彝族民族乡的调查显示，在该乡 9572 个劳动人口中，乡镇企业及个体从业人员达 2300 人，占从业人员的 34%。从经济发展的总体水平看，民族群众的商品意识并不强烈。虽然涌现了一批从事手工劳动的能工巧匠，在种植业中逐渐形成了一批专业户，但从地区经济结构中看，总体上仍是为买而卖。民族群众的温饱虽已基本解决，但生活并不富裕，仍处于较低水平状态。由于民族群众从商品交换获得的收入在其经济中已占到一定的比重，正出现工商业从农业中分化出来的趋势。

第四梯度，具备了一定的市场经济基础，正在向社会主义市场经济充分发展的地区。主要指聚集在中心城市、传统商业城市及交通干线附近的回、白、壮、彝等民族居住的地区，人口约 90 万，占全省少数民族人口的 8.4%。这些地区在新中国成立前就已经有了相当的商品生产和商品交换，甚至出现了民族工商业资本。在改革开放中，民族群众进一步懂得市场、信息、技术和经营管理的重要性，并且逐步由外延式扩大再生产发展到内涵式扩大再生产，追求科学、追求知识的欲望越来越强，发展呈现出快速增长的趋势。这类地区的发展具有十分优越的条件：一是自然条件较好，资源比较丰富，基础设施较好，交通发达，距中心城市较近，信息反馈快，市场比较活跃。二是已具备一定的工业基础，第三产业比重在 GDP 中已占了很大比例，社会分工及专业化程度较高，已形成一支专业技术队伍。三是商品交换收入约占其总收入的 70% 以上。四是群众生活已有了一定积累，能不断扩大再生产。五是由于民族群众中商品观念较强，不仅出现了一批善于经营的人才，而且形成了民族地区经济发展的支柱产业和拳头产品。这部分民族聚居地区的社会发展综合指数已高于全省平均水平 2 倍以上。据 1997 年统计资料显示：在大理白族自治州、楚雄彝族自治州、红河彝族哈尼族自治州等三个地区中，工农业总产值构成分别为 51.19%、48.4%；56.4%、43.6%；30.9%、69.1%。工业总产值所占比重高于其他民族聚居地区，如保山地区（今保山市）工业产值占工农业总产值的 69.7%；文山壮族苗族自治州工业产值占工农业总产值的 56.3%。从民族自治地方乡及乡以上工业企业单位数的统计表中可以看出：在民族地区的企业分布也呈现出明显的梯度状态。

民族自治地方乡及乡以上工业企业单位数

地　区	总户数	国有企业（户）	集体企业（户）	其他企业（户）
楚　雄	681	165	468	48
红　河	866	243	545	78
大　理	466	101	314	51
文　山	410	131	268	11
德　宏	441	151	220	70
西双版纳	237	118	103	16
怒　江	141	39	91	11
迪　庆	136	37	94	5

资料来源：《云南省统计年鉴》，中国统计出版社 1999 年版。

第三节　民族地区人力资源状态的梯度结构

由民族地区经济社会发展的梯度结构，形成了民族地区人力资源的梯度结构，这种结构的划分主要依据民族的人口体质，教育人才及观念三个大的层面来划分。

第一梯度，指与经济形态发展的第一梯度相对应的各民族地区。这一地区的人力资源状况表现为：一是人口增长过快。在佤族、拉祜族、布朗族等民族聚居的滇西南地区，新中国成立以来人口已增长 1.5 倍，其中仅 1978 ~ 1987 年的九年间增长约 33 万人，年平均增长率高达 15.8‰。怒江傈僳族自治州人口的年均增长率高达 20‰ 以上。由于人口的急剧增加，人均占有资源持续下降，生存环境险恶，怒江州的人均耕地已由 1957 年的人均 3.5 亩下降到 1998 年的 1.7 亩，人均产粮水平不到 500 斤，有 20% 的农户面临饮水困难，10% ~ 30% 的少数民族群众正由固定耕地的传统农耕方式逐步向原始农业回

归。二是身体素质差。这一梯度少数民族群众中很大部分由于生活贫困、不良习俗及卫生医疗条件落后等因素，身体素质总体很差。首先是婴幼儿死亡率高。据 1984 年对西盟佤族自治县岳宋乡的调查显示，出生 67 人，死亡 59 人，其中 10 岁以下的占 23 人，1 岁以下的占 15 人，在死亡人数中有 31 人死于流行性疾病。据 1987 年对该乡 17 个家庭调查表明，17 个家庭共生婴儿 68 个，其中有 18 人死于疾病和病毒性痢疾。据省医疗队对澜沧县木戛区拉祜族的健康状况普查显示，拉祜族成年男子的患病率达 51.5%，成年女子患病率为 50.6%。三是文化素质普遍偏低。据 1990 年统计，处于这一梯度各民族的文化素质状况如下：

第一梯度各民族文化素质状况

民　族	每万人口初中文化以上人数	文盲率（％）
独龙族	1078	54.83
德昂族	546	61.83
傈僳族	606	62.83
佤　族	768	59.22
拉祜族	455	72.06
布朗族	657	59.08
怒　族	1134	55.07
基诺族	1757	35.63

资料来源：《云南省情》，云南人民出版社 1996 年版。

从以上情况可以看出，第一，这一梯度每万人口中初中文化以上人数除基诺、怒、独龙三个民族外，均在 1000 人以下。第二，文盲率，除基诺族外，均在 50% 以上，最高的拉祜族甚至高达 72.06%，几乎相当于云南省文盲率的一倍。第三，从劳动就业结构和人才状况上看，在怒江傈僳族自治州，第一产业就业人数高达 85.4%，第二产业为 2.8%，而第三产业为 11.8%。全州所拥有的科技人员仅为 45 人，占全州总人口数的万分之零点九八，其中有高级职称的仅为 1 人、中职 14 人、初职为 26 人。第四，在观念形态上，由这一梯度的经济形态所决定，人们的生活目标极为简单，以"有饭吃，有酒喝"为生活的标准。有的村寨能数到 100 以上数字的人屈指可数。还有的没有年龄观念，不知自己有几岁。在民族群众中，"万物有灵"的原始宗教崇拜十分普遍，在怒江地区傈僳族农村群众中，70% 以上的信仰基督教。在生活观念上，共产主义遗风严重，有饭大家吃，有肉大家分，有酒大家喝，没有财产观念，不懂得扩大再生产。同时，嗜酒成风，不仅浪费了大量的钱财，而且导致身体素质极差。苗启明同志在对怒江傈僳族的心理素质分析后，认为傈僳族自古以来就直接和自然生活在一起，高山深菁的分割和阻隔，使社会联系、社会组织、社会约束都比较薄弱，因而，人们还带有较浓厚的自然气质，在他们身上，自然性支配着社会性，原始的自由性还是比较突出，还不适应，不理解现代社会严密的社会组织和社会约束观念，这对于高度组织化、社会化的城镇工矿生产来说是不适应的。他们的伦理道德观念与文化生活方式等也倾向于较原始的民族传统文明，对新兴工矿、城市等的现代化文明有一种拒斥心理。

第二梯度，人力资源的基本状况：一是人口总数庞大，增长较快。在彝族、苗族聚居的地区，目前区域内的人口密度达每平方公里 167 人，为全省平均人口密度的两倍。其中镇雄县 1995 年每平方公里超过 251 人。总人口数达 95.1 万人，出生率为 22.97‰。最高的彝良县高达 24.36‰。人口年增长率，镇雄县为 27.27‰，彝良县为 26.58‰。在壮族、哈尼族、彝族、瑶族等少数民族聚居的文山壮族苗族自治州，人口出生率最低的富宁县为 16.75‰，而最高的马关县为 20.79‰。人口年增长率，富宁县为 10.7‰。广南县为 22.82‰。由于人口增长的幅度超过了资源的承受能力，导致了这一地区生态环境的恶化，人均资源的占有量下降，贫困人口面大。滇东北地区 6 个县总人口 230 万人，其中未解决温饱的有 159.52 万人，占总人口的 69.4%。滇东南地区 6 个贫困县中总人口为 189.2 万人，其中未解决温饱的人口约 70 多万人，占总人口数的 37.0%。是云南省民族、边疆、贫困三位一体最具有代表性的地区之一。其二是人口自然构成呈年轻型状态，劳动力配置不尽合理。如在禄劝彝族苗族自治县人口中，年龄位数为 21.9 岁，0～14 岁人口占总人

口的40.4%，按国际标准为年轻型人口类型。其优点是劳动力、兵源及后备力量充足；不利方面是育龄妇女生育期长，人口增长势头过猛而持续较长，家庭负担系数增加。在生活资料供给系数不变的情况下，生活水平呈下降趋势。另一方面，劳动力配置不合理，劳动者集中于农业，其他行业就业比例较小，就业渠道单一，经济结构也就单一，产值基本上是农业产值，工业较少，经济落后；农业自给自足生产门路狭窄，收入渠道单一。其三是从文化素质上看，在属于这一层次的民族人口中，每万人口中初中以上文化的人口数：哈尼族为873人，瑶族为457人，景颇族为1095人，普米族为1267人，阿昌族为1183人，壮族为1327人。在文盲率中，瑶族为67.98%，阿昌族为45.36%，哈尼族为60.35%，景颇族为44.44%，普米族为51.64%，壮族为42.11%，均高于全省平均水平。从地区的分布上看，在彝族、苗族聚居的地方，如禄劝彝族苗族自治县，每万人口中初中以上文化的人口为850人，屏边苗族自治县为950人，在壮族、瑶族聚居的地方则为650人。文盲率：禄劝县为38.77%，屏边县为36.92%，富宁县为45.23%。从以上数据可看出，处于这一梯度的文化素质较第一梯度有较大的提高，每万人口中初中以上文化的人数平均为1033.7人，文盲率平均为51.98%，基本上已达到55%以下。其四是从观念形态上，这一梯度处于自然经济的发展时期，农业中牛耕占了很大比重，种植方法也较为固定。由于生产力仍很落后，农业产量很低，剩余产品不是很多，交换并不十分普遍，在家庭生产中所占比例很小，因而人们重农轻商的观念十分严重，甚至鄙视买卖商品。人们安于现状，不求进取，有的终身不愿出门离家，去寻求更好的就业机会。人们以老死乡土为幸福，只相信祖辈传下来的经验，而不相信现代科学技术和文化知识。

第三梯度，人力资源的基本状况：一是人口出生率、自然增长率低于或略高于全省平均水平。1997年云南省人口出生率为20.82‰，西双版纳为19.15‰，丽江为20.8‰，德宏为22‰。在人口自然增长率方面，全省为12.91%，而西双版纳为11.55‰，丽江为13.28%，德宏为13.28%。二是在劳动力就业结构方面，在三个产业中就业人数的比例较第一、第二梯度有了显著改变。在第一、第二梯度的就业比重中，第一产业的比重高达85%以上，第二产业就业人数在3%～5%，第三产业就业人数所占比例为10%～13%。

而在第三梯度，第一产业就业人数所占的比例已降到76.8%～78.7%，没有超过80%的。第二产业就业人数比例则上升到3.2%～10.9%，第三产业就业人数则上升为15.2%～18.1%。三是科技人才的总量较前两个梯度有了明显的增加。西双版纳科技人员为728人，占全州总人口数的万分之七点八。其中，高级技术人员5人、中级技术人员29人、初级技术人员51人。楚雄州科技人员总数为254人，占全州人口总数万分之一，其中，高级技术人才18人、中级技术人员99人、初级技术人员115人。德宏科技人员总数为152人，占全州总人口数的万分之一点五，其中，高级科技人员8人、中级科技人员29人、初级科技人员51人。四是文化素质有了明显的改观。在每万人口中初中文化程度以上人数，傣族为1071人，纳西族为2686人，水族为1384人，彝族为1301人，均接近或超过全省平均数。在文盲率方面，傣族为42.39%，纳西族为27.41%，彝族为40.11%，水族为33.72%，已经接近或低于全省37.47%的水平。五是在观念形态上，与外界交往比较广泛，商品经济开始产生，在边疆的民族地区，边境贸易在经济中的比例较高，人员的社会流动比率较高，出外经商、务工的人数已占到一定比例，但总体上看，处于这一梯度的民族群众还不完全习惯于市场经济条件下的竞争，害怕竞争和风险，不敢实现完全商品化的生产和经营。对于科学知识，采取了"耳听为虚，眼见为实"的直观经验主义态度，墨守成规、故步自封、不思进取、小富即安、求稳怕乱，不注重改善经营管理，不重视技术更新，往往囿于传统技术，只看到当前的市场情况，不懂得信息和市场预测。

第四梯度，人力资源状况，较前大三个梯度有了较为明显的提高。一是从人口的出生率、死亡率、自然增长率三项指标来看，均低于全省平均指标。从人口出生率上看，大理为17.82‰，曲靖为19‰，红河为20.28‰。在人口死亡率方面，大理为7.55‰，曲靖为6.88‰，红河为13.26‰。二是文化素质上有了明显的提高，从每万人口中初中文化程度以上人数上看，白族为2363人，回族为2385人，满族为4683人，均超过全省平均水平，其中满族最高，为全省平均水平的一倍以上。从文盲率来看，白族为30.71%，回族为32.46%，满族为11.88%，均低于全省平均水平5个百分点以下，最低的满族还不足全省水平的一半。因此，从总体上看，这一梯度的文化素质在所有

梯度中为最高的。三是从劳动力就业结构上看，在从业人员的比重中，第一产业中，玉溪为 67.8%，大理为 76.6%，红河为 76.7%，曲靖为 77.7%；在第二产业中的就业人数，玉溪为 14.9%，大理为 10.5%，红河为 10.9%，曲靖为 10.4%；在第三产业中的就业人数，玉溪为 17.3%，大理为 12.9%，红河为 12.4%，曲靖为 11.9%。在这一梯度中，最显著的特点就是第二产业就业人数比例均在 10.5% 以上，第三产业的就业人数则均在 12% ～ 15%。四是从人才队伍上看，高素质人才严重缺乏，科技队伍总量太小，仅占全区人口总数的万分之零点八。玉溪科技人员总量为 150 人，其中高级技术人员 14 人，中级科技人员 64 人，初级科技人员 27 人；大理科技人员总数 222 人，占全州总人口数的万分之零点六，其中高级技术人员 23 人，中级科技人员 84 人，初级科技人员 59 人；红河科技人员总数 317 人，占全州总人口数的万分之零点八，其中高级科技人员 19 人，中级科技人员 113 人，初级科技人员 109 人；曲靖科技人员总数 87 人，占全区总人口数的万分之零点一七，其中高级科技人员 18 人，中级科技人员 37 人，初级科技人员 23 人。五是从观念形态上，这一梯度处于由小生产向工业化、现代化过渡阶段，小生产观念、自然经济观念还在不同程度地束缚着一些人的头脑，如致富后不愿投资扩大再生产，把资金用于建房、储蓄，甚至修庙"积阴德"；害怕在竞争中失败，只求保险，不敢担风险；不是从改善经营管理、提高技术，改进产品质量，在降低成本上打主意，而是动辄就要求国家包着，缺乏现代生产经营的意识；等等。

第四节　民族地区梯度结构形成的原因

民族地区间经济发展中的差异，是地区经济发展中的必然现象。在社会主义条件下，民族地区梯度结构的存在从根本上就是地区间经济发展不平衡状态的表现形态，梯度结构的形成有着十分复杂的原因。主要来自于社会历史原因、自然环境因素、体制因素以及市场因素等四个方面。

一、梯度结构形成的社会历史原因

民族地区经济社会发展的历史脱胎差异，是构成现实民族地区经济社会梯度结构的主要因素。云南少数民族在进入社会主义以前，社会生产力水平发展存在着很大的差异。新中国成立前，云南少数民族有 10 个民族约 60 万人处在原始社会末期，有一个民族约 5 万人处于奴隶社会，有 6 个民族 150 余万人处在封建领主制或封建领土制向地主制过渡阶段，其余 8 个民族多处于农耕水平较低的封建地主制状态，生产力水平差异很大。

（1）在怒江州的傈僳族、独龙族、怒族，西双版纳地区的基诺族，德宏地区的景颇族，文山地区的部分瑶族，思茅地区（今普洱市）的佤族及部分拉祜族，在新中国成立前尚处在原始社会末期，生产力水平十分低下。新中国成立前，在怒江州 25 万亩耕地中，分为火山轮歇地、陡坡锄挖地、半坡牛犁地及水田四种，其中，未固定的"火山地"和轮歇地占耕地总面积的 35%，半固定的"水冬瓜地"占总面积的 25%，水田只占 5%。这部分地区土地利用率很低，耕作技术很粗放，基本上不施肥，农作物产量很低，包谷每亩地产量 150 余斤，水稻每亩产量最低为 80 斤，最高为 150 斤。在怒江地区常用的生产工具就是木锄上镶一道长约 4 厘米，宽约 3 厘米铁边的"恰卡"，铁刀和铁斧还是在 100 多年前才从邻近的纳西族、藏族地区传入。每人每年口粮平均不到 200 斤，仅够半年食用，其余时间便靠采集野菜或狩猎来充饥，贫苦农户每年至少有 3~6 个月的采集时期，中等户每年至少也有 1~2 个月从事采集生活。小手工业和小商业尚未从农业中分离出来，社会分工程度很低。文山州的部分瑶族，长期居住在深山老林里，他们在一个地区往往只居住 3~5 年，吃尽该地区表层资源后又迁移他乡，长期游耕不定，故称为"过山瑶"。

（2）处于奴隶制的云南小凉山彝族地区。新中国成立前，这一地区经济的发展主要以鸦片的种植为主。在宁蒗县百福乡，新中国成立前，鸦片收入占全乡总收入的 43% 以上。在越西吉瓦乡，1938 年，全乡 400 户人家中，种烟户达 328 户，占总户数的 80% 以上。种植鸦片对小凉山地区经济发展影响很大，种植鸦片挤占了大量的耕地，小凉山每年约 1/4 的粮食要靠从外地输

入。鸦片泛滥后，吸食者增多，劳动者素质更差，百福乡70%以上的男子吸食鸦片。为了维持起码的经济运行秩序，奴隶主不得不向边缘地区和对其他民族以武装掳掠的强迫方式来充实本地区的劳动力，这一方面造成了小凉山奴隶制向周围地区的恶性扩张，另一方面造成了这一地区枪械交易的空前激增。在这种畸形的经济结构中，奴隶主只有依靠压榨奴隶、向汉商收取保护费以及直接对小凉山边缘地区的掠夺来使经济实现平衡，从而构成了一种极为原始的畸形的商品经济状态。一是对外交往除了鸦片、枪支和必要的粮食之外，其他商品的交换几乎是封闭的。二是内部没有固定的交易场所和交易方法，产品交易多为季节性的，且商品涉及范围狭小，成交量也很小。

（3）傣族社会从14世纪起，陆续进入封建社会，出现封建领主制的封建土地关系，延续到近代以至新中国成立前。封建领主制的土地关系是大领主占有全部土地，把土地分封给小领主，小领主再把它分给农民耕种，从土地上进行经济的剥削，并通过超经济的强制，把农民束缚在土地上，使其人身依附具有农奴性质。傣族在两千年前就已从事农业生产，一千多年前就已知道"养象以耕田"，对于利用天然河流和人工开挖河道灌溉田亩，具有一套传统经验和相当科学的知识，对于管理水利事业，拥有完密的组织制度。傣族地区的农业作物主要是水稻，每人平均占有的田亩面积大，而耕作技术简单、粗放。一般是一犁一耙或两耙，深仅三四寸，大多不施肥，不除草，栽种完毕就等着收割了。每亩水稻通常产量在三百斤上下，最高的产量可以达到五百斤或超过五百斤，最低仅百多斤。傣族民间手工业不仅发达，而且精巧。这种手工业一般没有专业人员，而是多数人都能做，或是某些村寨的传统技艺。其中竹工、织工、陶工、银工、铁工等几种手工业是傣族的特长，也是农村家庭中的副业。傣族社会中没有专职的手工业者，也没有专业的商人。傣族村寨中没有商店，交易有一定的市场和一定的日期，称为"赶街"，类似内地农村的赶集。市场上买卖的物品性质分为两类：一类是把自己农田里的产品或靠自己能力采集到的物品，或以自己的技能制成的工艺品，卖了以后购买自己所需的物品。就交易本身的性质，实质就是"以物易物"。另一类是有固定的资本，从事货物的贩运，由物品转换取得盈利，靠盈利来维持生活。但这一类活动都不是傣族，而是汉人。

（4）在历史上，白族是云南省少数民族中经济发展程度比较高的民族。1874 年，白族地区就出现了一批由官僚地主开办的工商业，仅下关的商号就有七八十家，初步形成了四川、临安、迤西等三大商帮，并在下关神殿成立了"丝花会馆"。到辛亥革命前，下关的大小商号已发展到 300 余家，各帮商人不仅在国内的上海、广州、武汉、香港等地设立商号，而且跑缅甸、走印度、下南洋，经营方式由过去经销农产品、土特产品、山货药材、茶叶等为主，转到以进出口贸易为主，以喜洲帮的永昌祥商号最为典型。"川销滇茶、滇销洋纱、缅销川丝。"据 1950 年对喜洲帮国内外资金的估计，总数共约 326 亿元人民币。在喜洲 1122 户人家中，完全靠农业为生的纯农户只有 78 户，仅占总户数的 6.95%。绝大多数人家则从事手工业和商号业，商号有土布、绸布、洋纱、百货、土杂、烟酒、药铺、文具、旅馆等二三十种。其中坐商186 户，行商 213 户、摊贩 29 户。新中国成立前，云南的回族约有 20 万，其中约 25% 住在大、中城镇，60% ~ 70% 的人住在坝区，住在山区的不到10%。云南回族是元朝初年开始进入云南的，主要是军户、官僚、工匠、商人。回族具有善于经商的传统，新中国成立前一般重商轻农，盘田也附带做生意。据对寻甸乡柯渡乡回回村 194 户人家的调查显示，新中国成立前以农为主并挑炭到昆明卖的 98 户，占 50.51%；以卖食品小生意为主的 22 户，占11.35%；经常赶马运输的 46 户，占 23.77%；做大生意的 4 户，占 2.06%；以手工业为主的 18 户，占 9.27%，以上 5 类合计 188 户，占统计数的96.9%，只有 6 户专门从事农业生产，占 3.1%。

二、梯度结构形成的自然因素

马克思指出："不论生产的社会形态如何，劳动者和生产资料始终是生产的因素。"生产的因素包括土地、劳动力、资本、技术等方面，在经济的发展中，资源要素可分为两个部分：一是与生产过程紧密结合的劳动力、技术和资本，我们称为生产要素。二是土地地理位置、气候、矿产资源等实现生产过程的前提条件，我们称为自然资源。社会经济的历史基础是重要的，但自然因素也是经济发展过程中的重要因素之一，是实现社会经济生产的前提条件，自然因素禀赋的差异是形成现实民族地区梯度结构的重要原因之一。

自然资源是社会生产的自然基础,自然资源的差异强化了由历史脱胎而形成的民族地区的梯度结构。其一,自然资源的差异是导致民族地区梯度结构的最初始的原因。从地理位置上看,云南自然条件的多样性和复杂性,形成了各民族地区对外交往的自然屏障,三山两江、崇山峻岭从客观上制约了资金、技术、管理等生产要素的输入,阻碍了民族地区之间、民族地区与发达地区间的生产要素在更广阔空间内的优化配置。从地理分布上看,民族地区的梯度结构大致上形成了一个以昆明为中心的同心圆。圆心在昆明、玉溪两地,第二个圆形就是曲靖、楚雄、大理、红河;第三个圆形就表现为昭通、东川(今昆明市东川区)、文山、丽江、思茅(今普洱市)、保山、西双版纳、德宏等地区;第四个圆形就在于各边境县市的民族地区。这种地理环境的差异与经济发展的水平大致相吻合。从地理环境分布上看,云南少数民族大多居住在第四、第三个圆形周围。这种情况就如周恩来同志所说的,汉族在历史上经济、文化发展一些,就有条件向各方面发展,以致民族被挤到边远寒苦地区,生活更困难,经济、文化也就更不容易发展。云南少数民族在自然环境上的分布结构不仅是形成梯度结构的最初始状态的主要因素之一,而且在很长时期内也很难得到彻底改变。

其二,自然资源的差异直接影响到民族地区的产业结构。产业的最初选择,产业结构的调整,支柱产业的形成是建立在自然基础上的。一般地说,自然条件对农业和矿业的影响最大,其次是旅游业、加工业、运输业等。自然条件对生产力发展的不同阶段,其影响也不同,在农业社会自然条件对经济的影响十分突出,而在工业化社会、自然条件的影响就日益减小。云南民族地区的经济是一个以农业为主体的经济,80%以上的人口在农村,自然条件的差异对梯度结构的形成产生着直接的影响。如处于第一梯度的怒江地区的36.6万亩耕地,坡度在25度以上的占68.9%。20世纪90年代已有5万多人口处于无水、无土、无路的境地,"一方水土养不活一方人"。环境的险恶严重地制约着经济发展的水平,决定着经济发展的形态。处于第二梯度的地区则大多数拥有较好的热区资源,发展农业条件比较优越。孟连县和一些地区在发展地区经济中,充分利用热资源优势,逐步实现农业的产业化、规模化,走从农业中分化出手工业、工业的传统发展路子,围绕橡胶、蔗糖、茶叶和咖啡的种植，建立起以农副产品加工为核心的工业体系，形成了地区经济发展中的支柱产业和经济支柱。处于第三梯度的西双版纳和德宏，则利用"三沿"开放政策，从自己所处的对外开放的有利位置，在农业发展的基础上，跳过传统工业的发展阶段，直接发展旅游业等第三产业。而在第四梯度的玉溪地区，由于土壤、水、光等自然条件极为优越，选择与这种自然资源相适应的烟草种植业，加快烟草优势产业的培育，形成了地区特殊的优势产业，并形成了以烟草生产为重要经济支柱的经济结构。

马克思指出："劳动的不同的自然条件使同一劳动量在不同的国家可以满足不同的需要量，因而，一般地说，在自然资源比较富足，地理位置比较优越的地区，经济的发展往往要比较快一些，反之则会慢些。在其他条件相似的情况下，使得必要劳动时间各不相同。"自然资源的差异通过对生产劳动影响民族地区经济的发展，在研究民族地区的发展时，仅仅研究社会制度的变迁对民族社会发展的影响，对梯度结构的形成是不完全的，自然环境作为人类社会物质生活条件的一部分，在社会发展中能够起到加速或延缓社会生产的发展，自然资源的状况对经济的发展起着极为重要的影响作用。忽视了这一点，就脱离了历史唯物主义的基本立场，也很难完全解释民族地区梯度结构形成的原因。

三、体制因素

在社会经济的发展过程中，经济制度决定、控制和协调着经济主体的行为原则和方式，决定着经济发展的结果。西方经济学所说的经济制度或经济体系，是指社会为解决基本经济问题而安排的组织结构和它的职能的复合及其演变的基本特征。体制对民族地区梯度结构形成的影响表现为：

（1）计划体制强化了民族地区的梯度结构形态。其一，在计划经济体制下，国家经济的发展表现为二元经济结构及二元结构差异的拉大。所谓二元经济一般是指发展中国家现代化进程中落后的传统经济同先进的现代经济同时并存的现象。新中国成立以来，我们在实现国家工业化进程中，一方面通过户籍制、劳动人事制、干部身份制等人为的樊篱，把社会经济分为城乡二元部分，在工业经济与农业经济两种不同经济成分间，形成了互相隔离的二

元经济结构。另一方面，在经济发展过程中，通过工农业产品间价格的"剪刀差"，以牺牲农业发展为代价来实现工业的发展。在反差强烈和高度封闭的二元经济结构状态下，工农业之间的发展差距越来越大。民族地区大部分处在边远农村地区，以农业经济为主体，受体制制约，梯度结构日趋明显。其二，国家宏观布局强化了梯度结构的形成。在计划体制下，资源的配置主要是通过计划手段来实现，依靠行政结构的力量和行政强制手段来进行，在宏观经济布局结构上，形成了民族不发达地区输出原料，发达地区搞加工的格局。国家为了满足发达地区日益增长的加工业需要，限制不发达地区加工工业的发展，把越来越多的初级产品、原料向发达地区输送，阻碍了云南民族落后地区非农产业的正常发展，从而使农业份额相对下降规律对传统经济的改造作用未能充分发挥出来。其三是经济发展战略上的偏差，片面强调了以农业为基础，把粮食生产作为一切工作的重心，忽视了民族地区工业经济的培育，工业基地的建设，城镇化的发展。工业化的布局仍集中在传统的重工业、矿冶基地，如昆明、东川、个旧，客观上促进了民族地区的梯度结构的形成。

（2）经济发展之外的非经济因素。长期以来，由于对民族地区历史跳跃片面、错误的认识，在生产关系上，一味强调所有制上的"一大二公"，没有认识对原始公社制改造的艰难性，力图在民族地区较低生产力水平基础上，通过生产关系公有化程度的不断提高，发展生产力，其结果反而强化民族地区农村中原始的传统经济结构，实际上阻碍了生产力的发展，增强了民族地区经济发展中的梯度结构趋向。

四、市场经济因素

改革开放以来，传统的计划经济体制被打破，国家经济体制由计划转向市场经济体制。在市场经济条件下，经济资源、生产要素的配置是通过市场机制进行的，在竞争机制下，生产要素的流动偏向投资回报率高、效益最好、市场发育程度高的地区。市场发育程度高的地区，竞争机制的作用就突出，经济发展就更快；经济发展较快又促进了市场化的扩大，市场机制发挥了对经济的促进作用，形成良好的循环。而在边疆民族地区，特别是一些从原始

社会末期直接进入社会主义的民族地区，在经济发展过程中，由于没有市场经济的历史，市场经济刚刚萌芽，市场发育程度较低，在市场竞争机制和效益原则下就处于不利的地位，资金、人才各种稀缺要素大量流失，使经济发展受到了严重的制约，出现了"马太效应"现象。如1995年，在云南省内，仅昆明、玉溪两市就集中了全省44.5%的投资；而处于第四梯度的怒江州只占全省投资的0.3%。处于第三梯度的迪庆仅占全省投资的0.5%、文山州仅占2.3%；处于第二梯度的丽江占全省投资的1.6%、西双版纳占2.3%、德宏占2.1%；处于第一梯度的大理占5%、红河占8%、楚雄占3.7%。在吸引外资、投资效益、人才等各项指标上，可以说，市场经济对梯度结构的形成起到了催化作用。

第五节 民族地区梯度结构的复杂性

民族地区的梯度结构是有条件的、相对的，在现实存在中，由于各种因素的影响，表现多样性、复杂性。

其一，各民族从不同历史起点进入社会主义社会后，民族在实现历史的跳跃中，最短的跳跃了几十年，最长的达到几百年。民族社会的历史进程被浓缩了，民族社会内在的各种矛盾相互交织，相互渗透，使民族社会的发展表现多样性、复杂性，而不可能表现为顺序发展中的典型性。不仅不同民族间在不同地区表现为发展的不同梯度，而且，有时同一民族的发展在不同的地区会表现为不同的梯度，而不同的民族在同一地区又表现为同一梯度性。

其二，各民族在从不同历史起点进入社会主义社会后，便被纳入中华民族的统一现代化进程中，民族地区的发展不是封闭的、孤立的，而是与祖国的现代化进程紧密相连的。因此，民族的发展的梯度结构从总的趋势上看，是由于历史脱胎形成的代差效应所造成，但由于民族所处的地理环境，民族地区与内地的联系，民族地区对外开放的程度及民族地区传统文化影响等多种因素，又表现为民族地区的发展中的超越或落后于原有的梯度结构的情况。如基诺山的基诺族从原始社会进入社会主义后，其发展速度非常快，在1987年，基诺族人均收入已达年均1000元以上，不仅超过全国农村平均纯收入水

平，在云南省甚至已接近昆明市郊区农民的收入。

其三，云南民族的特点是多且分散，大杂居、小聚居的特点十分明显。全省四千人以上的民族达 26 个，人口最多的彝族散居全省各地，又聚居于楚雄、昭通等地。哈尼族主要散居在滇南一带，拉祜族集中在思茅地区，不同地区又往往居住着多个民族。民族地区的梯度划分从本质上看是区域经济，主要根据民族聚居地区的发展来划分，全面考察民族在不同地区社会发展的内外条件，才能更准确地描述民族的发展。仅从民族发展的整体看，很难完全认识民族发展的特殊性，但完全从民族地区的发展状况看，又容易抹杀民族间发展的差异性，容易忽视民族传统对民族发展的影响。因此，梯度结构只可能描述民族聚居地区的大致状况，并不能精确地反映出民族间、民族地区的特殊性和差异性。

其四，在民族心理素质、观念形态的发展中，存在着双重的因素：一方面是由于民族经济发展的实际状况和民族历史传统的制约和影响所形成的观念素质；另一方面则是由于制度及现行政策所形成的特殊观念、特殊心理，即在国家长期对民族地区实施"输血式"的扶助帮助政策下，一些民族中逐渐形成的等、靠、要的依赖思想，失去了一种民族求生存、靠奋斗、求发展的强烈意识。这种思想在民族地区绝不是一种特殊的观念，而是一种较为普遍的观念，而且又往往集中在发展阶段上处在较低梯度的民族地区。

最后，讲民族的发展，重点应放在民族地区的低梯度。在社会主义条件下，民族问题的核心是民族事实上的不平等。发展梯度较高的民族，其发展与内地发达地区基本相近，甚至发展水平高于省内汉族发达地区，而处在发展梯度较低的民族地区要实现事实上的平等，任务更为艰巨、困难。

总之，民族地区要实现经济社会的超常规发展，选择人力资源开发，解决好"瓶颈"问题，这是民族地区发展战略的新视角。而从民族地区实际存在的梯度结构选择人力资源开发的战略，则是人力资源开发的基本要求和客观依据。

第六章　梯次开发：民族地区人力资源开发的战略途径

民族地区的梯度结构规定了民族地区人力资源开发的特殊性，从梯度结构出发，选择梯次开发的战略是实现民族地区人力资源开发有效投入的具体途径。民族地区要实现经济的超常规发展，关键在于人力资源的梯次开发和梯次转移，实施人力资源的超前开发战略。

第一节　民族地区人力资源开发的基本特点

民族地区从不同的历史起点进入社会主义社会后，由于历史和现实，自然和社会等多方面的因素相互交错，形成了民族地区经济社会发展中的特殊性，构成了人力资源开发工作中的几个明显的特点：

第一，由民族地区发展不平衡形成了人力资源多层次、多需求的要求。梯度结构从剖面上表现为多层次的经济状况的并存，生产力的局部高水平与整体低水平并存的复杂状况。这种多层次的经济状态与生产力局部高水平与整体低水平并存的状况构成了人力资源总体上低素质低水平与局部高水平、高素质并存，构成了对人力资源的多层次多类型的需求，形成了加快人力资源开发的紧迫性和人力资源开发的不平衡性。

第二，民族地区多民族、多语种、多文字化传统的社会实际规定了人力资源开发形式的多样性、复杂性。20 世纪 90 年代，云南省人口在 4000 人以上的少数民族共有 25 个，这 25 个主要少数民族中有 11 个民族的 14 种文字进入学校。在 25 个少数民族中还有 14 个民族只有语言而没有文字。在不同地区居住的同一民族，语言上也有较大的差别。少数民族的语言、文字大都只在本民族内部使用，还有相当部分的少数民族群众不懂汉语，不识汉字。在

云南各少数民族中，各民族具有自己的历史传统，表现为思想观念、文化艺术、风俗习惯、理想信念等，各民族都具有各自特殊的文化传统。而且由于各民族大杂居、小聚居的状况导致同一民族甚至同一民族中不同支系间都存在着不同的文化习俗。这从客观上规定了民族地区人力资源开发的内容、形式、方法、途径等方面的多样性、复杂性。

第三，民族聚居地区的规模小、分布散增加了人力资源开发的困难性。云南少数民族居住的地域广大，极其分散，民族的聚居分几种情况：一是数量多，但杂居分散，且发展极不平衡。如彝族，散居全省各地，滇东北与滇中地区的彝族社会发展水平差异很大。二是较为集中在一块地域，如纳西族、白族主要聚居在滇西及滇西北，但这一地区又有许多民族同时聚居，形成大杂居、小聚居。三是全部民族集中在一块较小的区域，如独龙族聚居在独龙江乡，基诺族聚居在基诺山乡。四是云南少数民族大部分处于高山深菁、密林峡谷中，这些地区山势险峻、江河纵横，居住非常分散。贡山独龙族怒族自治县人口密度每平方公里约 7 人。因此，构成了民族地区的人力资源开发点多、分散、规模小的特点。

第四，民族地区由社会历史与自然现实所形成的封闭性、传统性决定了人力资源开发的艰巨性。由于自然环境及社会历史等多种因素的影响，民族地区对外交流水平不高，民族地区具有很强的封闭性。这种封闭性不仅表现在经济发展方面，也同样表现在民族心理、宗教活动、传统习俗、思想观念等方面。民族的文化遗产中，有许多优秀而独特的文化传统，是中华民族灿烂辉煌文化的重要组成部分。同时，在民族传统文化中也存在着一些与小生产、自然经济相适应的落后、保守的部分。这部分落后文化作为历史沉淀，以传统的形式表现出来，构成了民族地区对外交往开放的障碍，也必然对民族地区人力资源开发产生极大的制约和影响。

第五，跨境而居使民族地区人力资源开发具有了国际性。云南 25 个少数民族中跨境而居的共 16 个民族。这些民族与国际上的同一民族在血缘、历史、生活习惯、宗教信仰上保持联系，且大多数跨境而居的同一民族使用同一语言。因而跨境而居的同一民族在教育、文化、科技方面互相影响，互相交流，使民族地区的人力资源开发具有了国际性。

上述这些特点构成了民族地区人力资源开发的特殊性、复杂性、丰富性和多样性。坚持实事求是的指导原则，就是坚持从民族地区经济社会发展的梯度结构及由此决定的民族地区人力资源开发的特殊性出发，因地制宜，分类指导，实施针对性、重点性开发。

第二节　民族地区人力资源梯次开发的总体构想

要实现人力资源开发的有效性，就必须从民族地区人力资源的梯度结构出发，因地制宜、分类指导，实施梯次开发。梯度结构描述了民族地区经济社会存在的板块差异状态，梯度间并不存在由低向高发展的必然要求，而梯次开发所表述的则是梯度间动态的发展，即梯度间由低向高的发展趋势。所谓梯次开发，一是指人力资源开发的差别性战略、重点性战略、非均衡性发展战略，即针对不同民族、不同民族地区社会经济实际发展水平中存在的梯度结构及人力资源现状中存在的梯度结构，并根据民族地区经济发展的不同目标，实施人力资源的分层次、分梯度地有重点、针对性开发。二是指在实施民族人力资源梯次开发的过程中，适应民族地区经济社会发展由低梯度向高梯度的转移，既立足于民族地区人力资源的现实状态，又充分估计到民族地区的未来发展，带有超前性战略眼光，使开发成为一个由低梯次向高层次转移的动态过程。三是梯次开发的主轴围绕人口资源、人力资源和人才资源三个层次，注重劳动者的体能、技能、知识和全面素质四个层次在不同梯度下实施不同的重点开发与转移。四是梯次开发在总体目标上所要实现的就是使民族地区人力资源开发最大限度地满足民族地区经济社会发展的实际需要。因此，梯次开发从总体上服从于民族地区解决温饱，摆脱贫困，致富奔小康和向中等发达水平发展的四个不同发展阶段的战略目标，根据不同的民族地区经济发展的战略目标来制订人力资源开发的总体规划。五是梯次开发的重点要放在低梯度的民族地区，这些地区，民族人口不算太多，但民族种类多，居住地域广，经济社会发展总体水平较低，目前摆脱贫困、解决温饱的任务十分艰巨，少数民族地区经济社会发展的问题主要集中在这一地区。六是梯次开发的主体、开发的战略重点应是培养适应各民族经济社会发展需要的人

力资源，形成民族地区以少数民族人才为主体的人才队伍，因此，民族地区人力资源开发的对象是少数民族，梯次开发必须确立"培养当地民族人才为主，吸收外地人才为辅，重在改善当地人才环境"的基本开发原则。七是根据民族经济社会的实际发展状况，以开发第一产业人力资源为重点，解决好民族地区的脱贫致富问题；加快第二产业人力资源的开发，以满足民族地区工业化进程的发展需要；有选择地开发第三产业人力资源，以适应民族地区经济现代化和城市化进程的需求。八是在教育开发上，注意处理好基础教育和初级实用技术教育，中等教育和中级实用技术，高等教育和高等职业技术教育三个基本层次的关系。

第三节　民族地区实施梯次开发战略的具体步骤

在第一梯度的民族地区，经济社会发展的主要目标是解决这一地区民族群众的温饱问题，摆脱贫困，实现部分民族群众生活达到小康水平。这一目标决定了人力资源开发的基本设想是：

（1）努力控制住人口增长的数量，从而在远期控制住劳动力增长的数量。在未来的五年内，努力使人口自然增长率下降到全省平均水平。

（2）实现小学六年义务教育普及，并注重向"普九"的过渡，实现1/3~2/3适龄儿童九年义务教育普及；青壮年文盲率下降到20%左右。国家采取特殊优惠的政策，有重点地选送民族中优秀青年接受大专以上的文化教育，逐步形成一支高学历、高素质的民族干部队伍。

（3）改善医疗卫生条件和设施，提高医务人员的业务水平，稳定医疗队伍，开展群众性的卫生运动，减少疾病，增强体质，基本实现人人享有初级卫生保健的目标。

（4）围绕民族当地的资源开发，开展各种实用技术的培训，以种养业的技术培训为主，提高民族地区群众的劳动技能，改善农业生产劳动技术，增加农业产量，改变旧的劳动方式，引入科学种田的观念，加快这一梯度的民族群众脱贫致富的步伐。

（5）通过与内地发达地区的合作交流，实施对口扶贫、干部交流等多种

形式的工作，开阔民族干部对外交往的视野，推动民族地区的对外开放的发展。

（6）有计划、有步骤地在民族地区扶助、树立一批头脑灵活、有经营能力、有较强劳动能力的人才，使他们成为带动其他民族群众勤劳致富的示范榜样、带头人。

（7）加快这一地区的基础设施建设，力争到2005年村村通公路、通电视、通电话，创造民族地区与外界交往的条件。

在第二梯度的民族地区，经济社会发展的总目标仍是摆脱贫困，解决温饱，以及在脱贫基础上的致富。与第一梯度相比，处于这一梯度的民族地区农业已进入了传统农业，生产技术水平也较前梯度有显著不同，人力资源总体素质也强于前一梯度。因此，人力资源开发的主要任务是，进一步提高农业生产技术水平，实现由传统农业逐步向现代化农业，由自然经济逐步向市场经济的过渡，在产业结构上，则应逐步培育手工业、村、乡工业，逐步实现手工业、工业从农业中的分化。人力资源开发的基本任务是：

（1）加强对计划生育工作的领导，加强对人口数量的控制。在未来的5~10年内，要使人口自然增长率降到10‰以下。

（2）基本实现九年义务教育的普及。40岁以下的青壮年文盲率降至10%以下。每万人中初中文化以上程度者应达到1000人以上。

（3）开展各种形式的科技培训，实现初中教育"3＋1"，小学教育"6＋1"的目标，争取每户人家有1人掌握1~2项农村实用技术。

（4）努力在农村中培养一批能工巧匠，在每个村、每个乡镇形成一批能够掌握几门熟练技术的实用人才。要从手工业、工业、农业中分化这一趋势，有重点地培养一批有闯劲、高素质的发展乡镇企业的人才。

（5）在开发利用的途径上，要从输血式的扶贫向造血式的扶贫方式转变。围绕一个开发项目，引入新的科技因素，培养一批各类人才。如瑞丽县户育乡，以甘蔗种植为突破口的新模式，县蔗糖局派出技术员，全面规划基地蓝图，组织对农户的技术培训、现场教学、现场指导，传播技术，开发样板。对其中接受新事物快、有实干精神的46户，科技人员实行开小灶，重点指导，短短几年让这个以景颇族为主，汉、德昂、傈僳等多民族杂居的山区摆

脱了贫困，实现了小康。

（6）在劳动组织形式上，采取合作股份制等多种形式，把当地群众逐步引向专业化生产，市场条件下的经营方式中，把民族发展引入社会化的道路。这样做一方面把劳动者技能的提高的方式由直接示范、经验积累发展到知识的全面传授、市场经济观念的培养，另一方面有利于将一家一户的生产引入到专业化、市场化的生产，从而在经济利益上实现民族摆脱贫困，致富奔小康。

（7）对这一梯度部分已基本丧失生存条件的地区，采取迁移到生存条件较好的地区的方法。这一方面有利于改变民族群众的生存环境，创造出民族发展的有利的社会条件，另一方面有利于民族的对外开放和对外交流。

在第三梯度的民族地区，经济发展的总目标是向小康水平的迈进，实现由自然经济向市场经济的根本性转变。处于这一梯度中的民族地区由于农业经济的持续发展，群众已基本实现脱贫致富的目标，经济发展中的配第—克拉克趋向十分明显，第一产业向第二产业，并向第三产业转变的势头很强。人力资源开发的基本设想是：

（1）发展教育事业，全面提高人口的素质。在普及九年义务教育的基础上，进一步抓好中等实用技术的培训，即由种养业技术的培训发展到工业技术、第三产业技术的培训，并注意提高劳动人口中高等教育人数所占的比例。

（2）重点建立扶持一批现代企业，逐步培养起地方工业体系，有计划地实现产业结构的转移，人力资源的开发服从于这种经济结构调整的需要，贯彻数量控制、质量提高、结构调整的基本原则。人力资源流动的主体处于这一梯度，大量剩余劳动力的产生，要求加快职业教育发展，把重点放在农村剩余劳动力在产业结构转移中素质的提高上。如鲁奎山模式，在劳动用工制度上采取固定工、合同工、农民轮换工和临时工相结合的多种用工制度。其中农民轮换工种和临时工占了工人总数的60%以上，主要从新平彝族自治县最穷的少数民族村寨的回乡初、高中生中招收，把用工和扶贫结合起来。这部分工人的农民身份不变，粮户关系不转，到期返回农村。在矿山工作期间，除生产外，还组织他们参加认矿、采矿、农作物栽培、畜牧养殖等技术培训，使他们返乡后成为生产致富的能手和乡镇企业的骨干。民族地区的人力资源素质以矿山就业为契机，得到提高，并向农村扩散，推动了地方经济的发展。

（3）在民族地区的干部培养上，注意改变目前的民族干部结构，由以培养党政管理干部为主要目标转到以培养企业管理人才、技术开发人才、营销策划人才等多方面人才为主要内容。

（4）有计划、有步骤地组织劳动力向内地、向发达地区的输出，这不仅有利于劳动力素质的提高，加快对外开放、对外交流的发展，而且有利于人力资源的充分利用。

（5）在农村中，加快科技的普及与推广，建立起农村科技普及网络，推动农业的产业化、科技化，有系统地培养一批懂市场、善于经营的农村实用人才。

处于第四梯度的民族地区。这一地区的经济社会发展与内地、发达地区相差无几，经济发展的目标是全面实现现代化。这一地区的人力资源开发主要突出几个特点：第一，加强对民族干部的培养，选拔一批杰出的民族人才，要不断扩大民族人才的数量，努力实现民族干部在干部队伍中的比例与民族在地区人口中的比例相一致，实现民族的科技、经济、政治、文化人才的数量在人口中的比例达到或超过全国平均水平。第二，要调整民族地区的干部结构，改变目前"四多四少"的状况，即取得大专以上文凭的少，学外贸的少，学经济管理的人、学法律的人少；没有受过高等教育的多，学文史的多，学农林的多，学党政的多。第三，要创设让人才充分发挥功能的社会环境。从人才的选拔、培养使用，人才的流动、配置，人才的生活、工作条件等各个方面加大改革的力度，形成"人尽其才，才尽其能"的局面。第四，加快对民族地区精神文明的建设，把人力资源的开发提高到挖掘人力资源的潜质，提高人才的主动性、积极性和创造性的高度，增强民族自我发展意识。进行爱国主义、社会主义、集体主义教育，增强民族的凝聚力，构建与社会主义现代化相适应的民族现代化。

第四节　梯次转移：实施梯次开发的关键

实施梯次开发战略，人力资源开发的梯次转移是关键。梯次开发包含着

两层含义：一是从民族地区现实的经济社会发展需要出发，开发民族地区所需要的各类人才；二是从民族地区产业结构的调整，经济发展的要求出发，实施民族地区人力资源的超前开发，提高人力资源的储量，改变人力资源的内在素质，从而推动民族地区经济结构的调整，促进经济的快速增长。人力资源开发梯次转移是民族地区产业结构调整的必然要求。民族地区经济发展的典型特征并不是原有均衡状态的继续和恢复，而是不断从较低层次的均衡状态向较高层次的均衡状态发展，表现为后者不断代替前者的过程。在国家强有力的支持下，这种进程表现出不断加速的趋势。民族地区的发展以新的产业代替旧的产业，形成新的经济增长点，要求人力资源素质的不断提高和人力资源结构的不断调整。只有实施民族地区人力资源梯次开发中的梯次转移，才能满足这种新的增长战略的需求。人力资源开发的梯次转移也是民族地区的非均衡发展战略的实现途径。民族地区经济发展只能选择非均衡发展的途径，根据不同地区的特点，选准经济增长的突破点，集中投资，形成区域经济发展中的增长极，其所形成的聚集效应、乘积效应远远超过多布点、均衡发展的实际效果。

以区域间的非均衡发展带动民族地区板块式发展是民族地区经济发展战略的必然选择。与这种经济发展战略相适应，民族地区人力资源的开发就必须着眼于超前的梯次转移开发战略，着眼于区域发展中未来的人才的培养，注重区域中主导产业人才资源的蓄积，注重民族地区经济结构中主导产业的前向和后向关联产业人才的培养，奠定主导产业向外溢散的人力资源基础。实现不了梯次转移，梯次开发的发展也必然受到严重的制约。从基诺山的开发试验证实了这一结论。基诺山通过科技开发，形成了以林业为主导的产业。但由于开发没有向林产品深加工转移，开发实际仅停留在林业初级产品水平，而没有形成事实上的以林业为主导产业的乘积效应和溢散效应，经济发展受到了严重制约，基诺山民族群众的经济收入从 1994 年以来，实际上已处于停滞不前的状况，已从达到全国农民的平均收入水平下降到 2011 年统计不足全国农民人均收入水平的二分之一。导致这一情况的根本原因就是人力资源投资强度低，开发长期停留在较低水平，人力资源的存量不足以使这一地区经济的发展产生质的飞跃，产生经济形态质的提升。梯次转移的实质是人力资源的超前开发战略。因此，梯次转移是梯次开发的关键。民族地区要尽快缩小与发达地区的发展差距，就要采取经济的超常规发展战略。在知识经济临近的时代条件下，民族地区经济超常规发展必须采取以人力资源开发为主导的战略，力图通过强化教育发展，实施人力资源开发的系统工程，提高人力资源素质，改变资源配置结构，创造新的经济增长模式，这实质上就是人力资源的超前开发战略。梯次开发的重点是现实的人力资源，梯次转移的着眼点则是放在超前开发上，因此，梯次开发是基础，梯次转移是导向，是民族地区经济发展的希望所在。梯次转移的表现形式是极为复杂的，一般说来，梯次转移主要表现为两种：一是常规式的转移方式，由第一产业向第二产业，由第二产业向第三产业的渐进过渡；二是异变式的转移方式，即在特殊的历史条件下，民族地区经济的发展超越了常规的发展道路，跳跃了中间的一定发展阶段。如西双版纳经济的发展就是从第一产业实现了向第三产业的跳跃。理解梯次开发的关键在于梯次转移，而梯次转移的着眼点应该是梯次转移异变式发展方式。

第五节 民族地区人力资源梯次开发的成功探索

改革开放以来，云南民族地区从实际出发，因地制宜，分类指导，在开发利用人力资源、促进经济社会的超常规发展上，为实施梯次开发战略提供了成功的经验和借鉴。

一、基诺山以科技开发为主导，全面提高劳动者素质的经济开发方式

基诺族又称"攸乐"，1996 年有人口 18021 人，聚居在西双版纳傣族自治州基诺山区的 43 个村寨。新中国成立初期，基诺族尚处于原始社会末期，经济发展处于以刀耕火种为主的原始农业经济阶段。在十一届三中全会以前，基诺山地区由于受"左"的思想的影响，森林覆盖率由新中国成立初期的 60% 降到 40%，每年依靠国家返销粮食，最高年份高达 95 万公斤，基诺族群众连基本的温饱都尚未解决。1982 年，西双版纳召开了全州山区工作会议，基诺山被列为全州热带山区综合技术开发试验示范区，州县区三级成立了领

导小组，由州科委负责组织落实。开发中，州县政府组织了中国医学科学院药用植物资源开发研究所、中国科学院西双版纳热带植物园、云南热带作物研究所、云南茶叶科研所、西双版纳州农科所等十几家科研单位，共同派人上基诺山，帮助查清了全乡的自然资源情况，逐山规划，进行科技综合治理和技术攻关，先后进行了砂仁高产、胶茶群落、茶叶速生密植、水稻旱植等10多个项目的试验、技术开发和推广。在粮食自给的前提下，以砂仁开发为基诺山经济发展的突破点，初步形成了以砂仁、茶叶、橡胶等林业产品为骨干的经济支柱，并以林业为主导，相继发展了茶叶加工厂、橡胶加工厂。为了保证基诺山科技开发计划的实施，州县注意提高基诺族的科学文化素质，培养民族致富的实用技术人员，以合同的形式规定了每个研究所负责培训农业技术人员的责任，结合科学试验研究项目和支柱产业，举办了各种类型的技术骨干培训班 30 期，先后培训了砂仁、茶叶、橡胶等农民技术骨干 5000人次。为加强对基诺山科技开发的领导，州县投资了 20 万元，在基诺山建立了州山区科技培训中心，该中心先后办了 32 个班次、先后培训了近 8000 名民族技术骨干。在抓好实用技术的同时，基诺乡注意了基础教育的建设，为科学技术的推广与普及奠定了良好的基础。目前，全乡已做到村村有小学，乡里有中学。1985 年，群众集资 8.1 万元，捐料价值 9000 元，把 11 所小学全改造成砖木结构。全乡小学生入学率为 99.3%，年巩固率达 97.5%，升学率为 100%。目前全乡 16~40 周岁的 4115 人口中，受过 3 年以上实际教育的有 3457 人，占 84%。在这个只有 1 万多人口的民族中，已有初中毕业生 4560人，高中、中专生 420 人，大学生 51 人。在全乡 116 名小学教师中，本民族教师 80 人，占 74%；在基诺山中学中，共有教职工 43 人，其中基诺族教师21 人，占教职工总数的 49%。改革开放以来，在基诺山乡，随着教育事业的发展和人力资源的开发，不少基诺族专业技术人才成长起来了。现在，基诺山共有各类专业技术人员 278 人，其中，高级知识分子 2 人。刻木记事的基诺族已经迈入了教育先行、科技兴乡的民族自强奔小康的现代民族行列。基诺族干部在本民族人口中所占的比例已高于全省民族干部在民族人口中所占比例的平均数。基诺山的人力资源开发收到了十分明显的效果。到 1997年，全乡农业经济总收入达 1231.83 万元，农民人均收入达 982 元。其中，巴来村公所人均纯收入达 1673 元，巴亚村公所达 1114 元。1996 年巴来村公所的巴奎自然村人均纯收入达 3198 元。全乡 45 个自然村中，有 23 个自然村 4765 人的人均纯收入已超过 1000 元。

二、宁蒗彝族自治县以"职业教育，实用技术培训"为核心的人力资源开发方式

宁蒗彝族自治县（下简称宁蒗县）是一个高寒贫困的落后山区县。全县共有人口 19.6 万人，有彝族、摩梭人、普米族、傈僳族、纳西族、汉族等 10 多种民族，少数民族占全县总人口的 77%。新中国成立前，宁蒗地区基本处于奴隶制和封建领主制社会。农业生产处于由游耕游牧向自然经济的过渡阶段。新中国成立以后，由于种种原因，经济发展缓慢，各族人民的生活仍很贫困。党的十一届三中全会以后，县委县政府在调查研究的基础上，认为宁蒗的贫困落后集中表现在两个方面：人的素质低，基础设施差。原县委书记阿苏达岭说，人的素质低，有地种不好，有资源不会开发，有钱不会花，改造自然能力差，缺乏内在的活力。县委县政府认识到宁蒗的贫困落后是全方位的，不仅是经济上的贫困落后，更主要的是智力上的贫困落后，人的素质不提高，宁蒗就没有希望。在经济社会发展中，基础设施是经济开发和脱贫致富的物质条件，智力开发是经济发展和致富脱贫的关键。为此，县委县政府提出了"面向山区、面向农村积极推广先进的科学技术，努力普及科学知识，促进经济的发展"的战略口号。宁蒗县在自治条例中明确规定："自治县的自治机关对广大劳动者分别进行实用技术、企业管理和当家理财的培训，同时鼓励机关、农村、企事业单位采取多种形式，举办各种实用性的专业技术培训班，培养科学经济管理人员，提高劳动者素质。"为贯彻这一战略方针，宁蒗县抓了以下几个方面的工作：

首先，建立了全县人才培训机构和农村普及网络。1986 年，宁蒗县成立了人才培训领导小组，由县委一名副书记、县政府一名副县长任正副组长，下设人才培训办公室处理培训的日常事务。全县 16 个乡（镇）都成立了人才培训领导小组，配备了乡（镇）科协干事，作为当地人才培训的工作人员。全县 89 个村公所（办事处），均由党支部书记亲自抓这项工作，并指定一名

农技员、兽医员做各项具体工作。在县科协的组织下，各乡村成立了科普协会及科普小组，形成了以农民为主体，以农民技术员、能工巧匠、科技人员为骨干的科普网络。

其次，调整教育结构，采取"积极办好普通教育，大力发展职业教育，狠抓实用技术"的方针。一是举办职业学校。1982 年宁蒗县成立了农业职业中学。学校一建立就明确规定了"为振兴本县经济，为引导农民用科技脱贫致富"的办学方针。职业学校一切专业的设置始终与宁蒗地区经济建设发展的需要结合在一起。17 年来，农职中先后举办了建筑、家具木工、牧医、农业、果树、林业等 13 个专业。二是把普通教育和职业技术教育结合起来，在普通学校里普遍增设了劳动技术课。从 1991 年起，宁蒗县抓了"6＋1"和"3＋1"培训班。其中，"6＋1"培训班的农村的学生主要以养殖、种植为主，城镇的学生以法制教育、交通安全、家庭绿化的基本知识为主。"3＋1"则开设了种植业、养殖业、农村加工业等内容。同时，每所中学又根据自己的乡情有所侧重。三是大力开展科普培训工作，提出"选准一个项目、推广一项技术、培训一批人才、开发一个产业、致富一方农民"的口号。大规模、多层次、多形式地开发了农村实用技术、经营管理，当家理财培训。仅 1986 ～1989 年间，全县就举办了各类培训班 2154 期，受训人次 14.4 万人次，其中当家理财 736 期、4.2 万人次，农村适用技术 1329 期、9.7 万人次，行政企业管理 89 期、5234 人次。四是把科技培训和扫盲结合起来。战河乡应用彝文扫盲，普及科技知识，已成为全县第一个彝文无盲乡。五是加强对干部职工的职业技术培训。由县人才办、县党校组织具有一定理论水平、实践能力、讲授水平的同志组成了小型精悍的巡回教学小组，深入各乡镇，对主要干部进行培训，系统地进行加强农村思想政治工作，商品生产和经营管理方面的知识的学习，对宁蒗县内不能培训，需要顾及全县长远利益的人才，则送到外地高等院校学习，或到发达地区挂职锻炼，提高他们的素质。

最后，创设关心、支持教育的社会风气。一是形成"尊师重教"的社会风气。自 1983 年起，每半年召开一次县委常委扩大会议，专门研究民族教育问题；每两年召开一次教育工作三级干部会议；把民族教育的发展列入县的五年规划。二是制定特殊优惠政策。自 1984 年起，宁蒗从 89 个行政村（办事处）中划出 67 个人力特困行政村，县里每年拿出 30 多万元给予特殊照顾。三是举办了全寄宿制和半寄宿制小学班。从教师、学生的生活各方面给予了特殊的补贴和照顾。四是对基本普及六年制义务教育和基本扫除青壮年文盲的乡（镇）实行重奖。五是对职高生中的优秀生，教学成绩突出的代课教师给予招工转干等多方面的优惠政策。人力资源开发有力地促进了宁蒗县经济社会快速发展。从 1978 年到 1991 年，全县工农产业总产值从 2967 万元增加到 18529 万元，年增长率为 15.13%；粮食产量由 6.8 亿斤增加到 11.52 亿斤，年增长率为 4.16%，农民人均纯收入从 71 元增加到 388 元，年增长率为 13.96%，乡镇企业总产值由 80 万元增加到 1294 万元，年增长率为 23.88%，地方财政收入由 97 万元增加到 800 万元年，年增长率为 17.62%。

三、瑞丽市姐相乡以现代农业发展为主导的人力资源开发模式

瑞丽市姐相乡地处中国的瑞丽市、缅甸的木姐市、南坎市三大重镇之间。全乡有 9 个自然村寨与缅甸唇齿相依，边境线长达 20 公里。新中国成立初期，姐相乡的社会发展属从封建农奴制迈向社会主义的历史阶段。1997 年，全乡共有 13367 人，其中傣族 12000 人、汉族 1100 人及其他民族 100 多人。1995 年全乡国民生产总值为 3849 万元，人均产值为 2879 元，粮食总产 3217 万公斤，人均产粮 1222 公斤；人均纯收入达 2400 元。姐相乡是一个由自然经济向市场经济过渡，依靠发展现代农业，拓展农业商品化，迅速迈向小康社会的典型。姐相乡经济发展给我们的启发是：

第一，确立农业支柱产业地位，发展现代农业。姐相乡自然条件优越，人均占有土地 44.9 亩，其中人均占有水田 1.916 亩，旱地 0.64 亩，发展农业的条件十分优越。改革开放以来，全乡充分利用资源优势，发展现代农业。一是利用省拨滇西农业开发资金，建立稳产高产粮田 12000 多亩，改造低塘田 4000 多亩，平田改土 1000 多亩，兴修水利增加改善农田灌溉面积 6000 多亩，除涝面积 1000 多亩，实现了粮食的稳产高产。二是积极开发冬季农业，相继试种成功并推广了冬包谷、冬早蔬菜、西瓜等作物，提高了土地资源的利用率，拓展农业发展的新门路。三是开发多种农作物种植，改变农业产业内部结构。1995 年全乡共种植了 600 多亩柚子，西瓜产值达 400 万元以上，

菠萝亩产值 2000 元以上，柠檬则一年四季都结果。四是发展农业机械化。1973 年，姐相乡开始发展农业机械化。到 1996 年，全乡农机总动力已达19434 马力，全乡共拥有汽车 12 辆，家用汽车 3 辆，大型拖拉机 71 辆，手扶拖拉机 935 辆，耕整机 97 台，农机作业量达 95% 以上，在耕作、耙田、机引、开沟、农业运输和农产品的加工上都实行机械化，现在，全乡农田机耕面积达 19460 亩，机耙面积 6910 亩，生产力水平有了根本性的改变。

第二，在农业发展的基础上，第二、第三产业有了相应的发展。1960—1978 年，姐相乡工业商业企业仍是一片空白。1979 年，乡镇企业开始起步，到 1995 年，全乡共有企业 1484 个，其中，乡办企业 4 个，个体企业 1480 个，就业职工总数达到 1917 人，在乡办企业就业人数为 227 人，在个体企业就业人数为 1690 人。乡镇企业营业总收入为 759 万元，其中乡办企业为 200.18 万元，个体企业为 558.75 万元。

第三，人力资源开发的基本情况及人力资源开发在经济发展中的地位和作用。一是人口。1995 年全乡可生育人口 260 人，实际出生 222 人，人口出生率为 16.72‰，比 1994 年增长 5 人，增长率为 0.45‰。人口自然增长率为 −9.64‰，比 1994 年下降 1.3‰。二是医疗卫生。1997 年，姐相乡有卫生院一所，卫生技术人员 10 人，其中，医生 6 人，护士 3 人，还有卫生员 4 人，接生员 37 人，各村公所都有一个小型医务室，配备卫生员一人。全乡饮用卫生的井水已达 90% 以上。三是教育，全乡共有小学 12 所，中学 1 所，教职员工 89 人。其中，专职教师 64 人，在校生 1400 多人，学龄儿童 1300 人，入学率高达 98.84%，已普及六年制义务教育，基本上完成了九年制教育的规模和基础结构。1996 年 9 月份，姐相乡通过了上级关于"普九"的全面检查验收。

第四，在姐相乡经济的发展中起主导作用的是科学技术的普及与推广，而这又是与人的素质不断提高分不开的。科学种田，依靠科技致富奔小康在姐相乡干部群众中已形成共识。姐相乡先后推广了甘蔗连片种植规范化栽培、地膜覆盖、水稻杂交制种、科学应用喷施化肥和农业作物激素等技术，降低了成本，提高了效益。1988 年试种冬包谷成功，平均单产达 370 公斤，冬包谷由原来的 34 亩扩大到 9270 亩，仅此一项就使全乡粮食产量增加了 3420 吨。

冬早蔬菜、西瓜的试种成功，推动了整个农业结构的大改变，促进了农业经济的发展。在姐相乡，科学技术能够普及推广，关键就是拥有一批具备了较高素质的农村科技人才队伍。1990年3月27日，姐相乡成立了科学技术委员会，仅1991年就进行了农村科技培训4100人次。到1995年，共拥有农村科技人才总数达334人，占全乡人口的2.64%，其中，高中毕业生13人，初中毕业生165人，复员退伍军人32人，能工巧匠22人。在姐相乡，以贺赛村的人才比例最高，达4.69%。1995年8月，通过州、市两级检查验收，姐相乡成为科技达标乡。

第五，制约姐相乡未来发展的主要因素仍是人力资源整体素质的落后。一是未来人口的增长速度很快，每年呈17.11‰的速度递增。主要原因是"跨国婚姻"，仅在贺赛行政村911户中，涉及跨国婚姻的就达400多户。这些年，我们在计划生育工作上抓得很紧，但由于这几年我国经济发展很快，姐相乡所处的特殊地理环境，大量的缅甸青年男女纷纷到中国结婚，形成了大量的跨国婚姻，参与实际劳动的人口大量增加。同时，在市场经济条件下，社会流动频繁，内地劳动者和外国人到姐相乡来租种土地、务工的人也大大增加。劳动人口过量增长，增加了姐相乡资源和经济发展的压力。二是乡镇企业职工总体素质的低下，制约了乡镇企业的发展。姐相乡乡镇企业的高峰期在1981~1984年间，1985~1992年逐渐转入低潮。1991年乡社企业减少为3个，1995年为4个。乡社企业中总的职工人数为227人，其中，中专1人，高中20人，初中140人，小学36人，有初级职称的仅为8人。在培训教育方面，培训1年以上的有3人次，3个月以上的有8人次，3个月以下的有2人次。人力资源开发中这种低水平面状况很难适应未来市场经济的全面竞争，不利于姐相乡经济结构的高级化，因而制约了经济发展的潜力。

据1995年调查，仅德宏傣族景颇族自治州，年人均收入上千元的乡镇已达22个，占乡镇总数的33%，姐相乡排名第八位。各个乡镇都具有自己的发展模式，而姐相乡90%以上是农业人口，农民致富是利用现有土地资源，依靠科学技术，培植现代农业，实现小康水平，因而具有了梯次开发的典型意义。

四、大理周城以"乡镇企业发展为核心"的人力资源的开发模式

"周城"是白族语音转化为汉语而来的，意为"勤劳俭朴"，直属大理市喜洲镇管理。1995 年年末，周城总人口数为 8818 人，其中，白族 8752 人，汉族 64 人，佤族 1 人，纳西族 1 人。周城耕地总面积仅为 3127 亩，人多地少，发展农业的条件并不优越。1995 年，周城工农业生产总值 5825 万元，人均 5823 元。1996 年人均纯收入达 2200 元以上，1997 年人均纯收入达 2840元。1998 年周城富裕生活水准的人口百分比为：人均收入 500 元以下的人口为零；人均收入 500~1500 元的人数为 1763 人，占总人口数的 20%；人均收入 1500~2500 元的人数为 3086 人，占总人口数的 35%；人均收入达到 2500~3500 元的人数为 2646 人，占总人口数的 30%；人均收入 3500 元以上的1323 人，占总人口数的 15%。周城经济发展的基本做法是：

第一，适时调整产业结构，把乡镇企业发展作为经济增长的核心。周城人多地少，农业发展潜力有限，但手工业历史久远，扎染业已有 300 多年的悠久历史。早在 1955 年，扎染业和织布业户数已达 375 户，拥有资本 144.47万元，另有其他手工业 105 户，所有手工业拥有资本约 300 万元。后经历了一段曲折，20 世纪 80 年代以后，周城乡镇企业发展集中在扎染业、奶粉厂、建筑业、旅游业四朵金花。1995 年，扎染厂拥有扎染品种 1000 多个，销售产值 708 万元，产品远销日、美、欧各国和地区，国家外汇利润 700 万元人民币左右。1997 年，集体扎染厂从业人员 71 人，个体扎染业从业人员 40 人，带动邻村扎花 5000 人。奶粉厂建于 1989 年，生产的"金花牌"奶粉主销滇西地区，1995 年销售产值 376 万元，从业人员 31 人，其中技术人员 22 人。全员劳动生产率 14.38 万元，上缴利税 62 万元，纯利 10.4 万元。建筑业起步于 1978 年，1994 年从业人员 1386 人，总收入 1520 万元。主要分布在滇西 8个地州和缅甸、泰国、老挝等国。旅游业起步于 1975 年，1995 年拥有固定资产 80 多万元，收入 124 万元。1998 年，投资 1 千万元的蝴蝶泉宾馆开业。据1995 年统计，周城实有劳动力 5741 人，其中，从事第一产业的 1853 人，占 32%，第二产业的 1341 人，占 21%，第三产业的 2546 人，占 47%，已实现了向现代经济的迈进。

百人百部

第二，具有一批素质较高的乡镇企业管理队伍和科技人员队伍。周城乡镇企业的发展中，形成了一批达70人左右，具有长期实践经验，现代素质不断提高的领导管理队伍，同时乡镇企业的从业人数中形成了一大批的能工巧匠。1998年，周城已有农科员20人，建筑设计员26人，装潢员60人，画工26人，木雕师100多人，扎染厂技术员40人，奶粉厂技术员22人，合计274人。技术工人总数为57人，手工工匠数为：妇女扎花400人，木工400多人，石匠60人，铺路石工600人，砖工400人，泥水匠1000多人。周城企业管理人员和科技人员的成长途径：一是白族文化的陶冶，从小耳濡目染，潜移默化；二是中小学文化教育的知识基础；三是建筑实践及老一辈的传、帮、带；四是办事处和企业选拔部分人到大专院校去深造。

第三，以教育发展为基础。历史上周城人都十分重视教育，1941年，周城小学发展为中心小学校，全校1~6年级共150名学生。新中国成立前夕，学生人数近500名。1955~1965年，周城完小共培养学生9000多人。1995年，小学、初中两部分在校教师56人，在校小学生762人，初中生289人，高中生54人，大学5人。现周城人口中，大中专毕业生100多人，高中学历的600多人，小学学历的5000多人。为发展教育，周城完小于1980年建成一座三层楼的教学楼，共有26间教室。1985年又新建一座教学办公楼。教室面积3266平方米，图书1.2万册，拥有理、化、生物、自然4个学科的实验室。1992年，办事处制定了奖励升入大中专的政策，女生升入大学，一次性奖励200元，升入中专奖励100元；男生减半。新中国成立以来，周城每年都办扫盲班，最少时候达200多人，1969年达800多人。1990~1993年扫盲623人，1995年58人，基本上扫除了青壮年文盲。1994~1995年，喜洲职教办举办了职教班，其中周城举办14个班次培训813人次，主要是种植、饲养、扎染花等，培训时间6天到30多天不等。1995年上级拨款26.4万元，本村拨款5万元，家长自发捐款1200元办起了学前班。

从以上四个处于不同发展梯度的民族地区实现社会主义现代化的道路中，可以发现一些规律性的趋势。第一，民族地区生产力的梯度差异决定了人力资源开发形式上的梯次趋势。梯度较差的民族地区，由于缺乏工业基础，交通、通信设施薄弱，离大中城市较远，技术人才资金缺乏，市场经济发育水

平低，要实现生产力历史性跳跃只可能选择资金投入不多，技术要求不高，本地资源丰富，开发容易的劳动密集型产业。这种开发方式决定了人力资源开发利用主要以实用技术的培训为主要内容。开发的重点是提高劳动者的劳动技能，是一种直接的劳动能力的开发。基诺山、宁蒗县的开发便是典型。在较高梯度上，开发已转到农业内部结构调整，转到农业机械化的发展，开始由农业向工业、服务业的过渡阶段。加工业、修理业等行业的发展推动了乡镇企业的发展，人力资源的开发，则由技能的培训逐步转到劳动者知识的拓展，文化素质的提高方面。没有全面的文化素质的提高，便很难实现这一根本性的历史性转折。从周城乡镇企业发展的成功经验，周城教育的重点转移到以基础教育，提高人力资源的文化素质为主要内容，已不再局限于实用技术的培训内容上。第二，从总体上看，梯度越低，对劳动者的劳动技能的训练越重要，能够产生直接经济效益的人力资源开发形式，最能实现有效投入，最适合民族地区经济的发展需要；梯度越高，对人的全面素质的要求就越突出，对基础教育，高等教育的要求就越强烈。进一步分析，教育的直接功效越强，其所产生的效益规模越小；反之，教育的普及越广泛，基础教育越扎实，对经济发展推动间接性越强，其对经济的影响越强。第三，梯度越低，人力资源总体水平就相应较低，人力资源开发的功能越简单、直接，人力资源的开发也就受到极大的局限；反之，梯度越高，经济发展水平越高，人力资源的开发水平就越高，人力资源开发的内容就越丰富，对经济发展的影响力就越明显、越突出。第四，人力资源开发的形式、内容从根本上取决于民族地区经济发展中的主导产业的性质，主导产业向前、向后、向左和向右联系的强度决定着其外部的经济能力，决定着其对民族地区社会发展的推动能力，也决定着人力资源开发的重点。一般说，主导产业向前联系强，人力资源素质要求不高；主导产业向后联系强，人力资源素质要求就比较高；主导产业横向联系强，人力资源的蓄积就要求比较深厚。

第七章　民族地区实施人力资源
梯次开发的机遇与困难

在云南民族地区实施人力资源的梯次开发既是西部大开发战略的重要内容，又是民族地区经济发展的必然要求，因此，云南民族地区人力资源的梯次开发既面临着十分有利的机遇，又面临着严峻的挑战。

第一节　民族地区人力资源梯次开发面临的机遇

目前，实施民族地区人力资源的梯次开发正面临十分有利的机遇，这种机遇包括环境、政策和实现基础三个方面的基本内容。

一、环境机遇

在深化改革开放的过程中，国家经济发展战略开始由非均衡发展向协调发展的根本性转变，国家经济结构调整出现梯度转移的趋势，从而为云南民族地区经济的加速发展，进而为民族地区实施人力资源的梯次开发创造了良好的社会条件。逐步缩小全国各地区之间的发展差距，实现全国经济社会的协调发展，最终实现全体人民的共同富裕，是社会主义本质的要求。西部大开发战略构想的提出，是国家改革开放深入发展的必然要求，是社会主义经济阶段性发展的必然结果。西部开发大战略的实施为民族地区经济的发展提供了宏观的环境机遇。在国家整体经济实现小康，迈向中等发达国家的发展中，在国家经济结构的调整中，正出现由东部向西部发展，由高向低发展的梯度转移趋势，东部地区的劳动密集型产业，技术设备相对落后的产业及人力资源出现了逐步向西部转移的趋势。同时，国家关于在西部优先安排资源开发和基础设施的建设项目，引导东部发达地区资源加工和劳动密集型产业

逐步向中西部地区转移，为西部发展提供部分资金、技术和设备的构想，特别是随着国家支持中西部地区开发的各项优惠政策措施的相继出台，必然有力地推动云南民族地区经济社会的发展。西部大开发战略的实施，必然凸显出民族地区经济社会发展中人才短缺、人力资源素质总体偏低，人力资源总体状况与经济社会发展不相适应的现象；西部大开发战略的实施，必将推动云南民族地区经济改革的步伐，"引资不如引智"将成为加快民族地区经济发展的战略选择。同时，经济社会发展对人才和高素质人力资源的需求，必将创造出人力资源开发的社会环境，创造出民族地区教育发展的良好的社会环境，为民族地区实施人力资源开发为先导的战略提供动力。由于西部地区的发展不可能采取均衡开发的战略，而且只能采取非均衡的布局，走由不同区域非均衡发展逐步过渡到所有区域大致均衡的道路，因此，针对云南民族地区事实上所存在的不同梯度，应该选择人力资源的梯次开发战略。从根本上来讲，可以充分利用西部大开发的机遇，加快民族地区人力资源开发工作的发展，使人力资源开发成为实现云南民族地区经济超常规发展，尽快缩小与发达地区的发展差距战略目标的主导因素。

二、政策机遇

（1）随着改革开放的深入发展，国家扶贫力度的不断增强，在民族地区实施人力资源的梯次开发可以得到强有力的社会支持。

梯次开发的重点是低梯度民族地区，经济增长的首要目标是解决好低梯度民族地区群众的温饱，摆脱贫困，实现小康，缩小与发达地区的发展差距。在不断深化改革开放的过程中，国家不断加大了扶贫力度，相继出台了一系列扶贫的政策和措施，有力地推动了云南民族地区经济社会的发展，不仅为人力资源的开发创造了十分有利的社会政策环境，也对民族地区人力资源的开发提出了新的要求。在长期的扶贫开发过程中，少数民族贫困地区除享受其他贫困地区的扶贫开发的标准之外，还享受国家制定的一系列特殊优惠的政策。第一，放宽标准，扩大对少数民族地区的扶持范围。1986 年确定的国家重点扶持贫困县中共有少数民族贫困县 141 个，占全国贫困县总数的42.6%。1994 年开始实施《国家八七扶贫攻坚计划》时，国家重新调整了重

点扶贫县对象，在确定的 592 个国家重点扶持贫困县中，共有 257 个少数民族自治县，占全国贫困县总数的 43.4%。第二，在扶贫资金和物质分配上重点向少数民族贫困县倾斜。1996 年至 1998 年，国家共向 257 个少数民族贫困县投入中央扶贫资金 169.5 亿元，占扶贫资金总数的 45%。第三，设立了"少数民族贫困地区温饱基金"，重点扶持 143 个少数民族贫困县。第四，积极开展同国际组织在民族贫困地区扶贫开发的合作。从 1995 年以来，世界银行在中国共实施了三期扶贫项目，贷款规模总计 6.1 亿美元。第五，组织东部省、市同少数民族地区开展扶贫协作。自 1996 年以来，中央政府组织了 9 个沿海发达省、直辖市和四个计划单列城市对口帮助西部地区 10 个贫困省、自治区。三年来共捐款物约 10.4 亿元，实施合作项目 2074 个，投资近 40 亿元。1999 年 4 月 10 日，在中央扶贫开发工作会议上，江泽民发表了重要讲话。江泽民认为，我们进行的规模空前的扶贫开发，有力地促进了国民经济的协调发展和社会的安定团结；没有稳定，根本谈不上经济和社会发展。我国的贫困县，大多数分布在我国的民族地区和边疆地区。民族地区和边疆地区的稳定发展，对于加强民族团结、巩固边防、维护国家统一十分重要。江泽民提出，到 2000 年基本解决农村贫困人口的温饱问题，这是我们党和政府向人民作出的庄严承诺。这个战略目标必须实现，也完全有条件实现。同时，江泽民也告诫全党，目前尚未解决温饱问题的农村贫困人口有 4200 万，现有的贫困人口大多数分布在地域偏远、交通闭塞、资源匮乏、生态环境极其恶劣的地方。解决这部分贫困人口的温饱问题，是扶贫工作中最难啃的硬骨头。为此，江泽民提出，中央将继续加大对中西部地区特别是西部地区的扶持力度，优先安排水利、电力、交通、环境保护和资源开发项目。东部地区要继续帮扶西部贫困地区，以改变贫困地区基本生产生活条件为重点，按照优势互补、互惠互利、长期合作、共同发展的原则，发展多层次、多渠道、多形式的经济技术合作，把东西部扶贫协作推向一个新的阶段。可以说，国家加大扶贫攻坚力度，为民族地区经济的发展注入了新的活力，创造了十分优良的社会环境。民族地区要抓紧这一发展机遇，加快民族地区经济的发展，实施经济的超常规发展战略目标。同时，国家加大扶贫攻坚力度也加大了民族地区人力资源开发的紧迫性。民族地区扶贫工作的成效从根本上还取决于人

力资源的整体素质，取决于民族群众观念的转变，因此，扶贫工作力度的不断加大突出了人力资源开发的地位和作用。扶贫工作方式要从输血式转变为造血式，突破口还是在人力资源的开发工作上。

（2）"科教兴国"战略的实施为民族地区人力资源的开发注入新的活力。

1995 年，江泽民提出了"科教兴国"的战略口号，党的十五大进一步提出要把经济发展转变到依靠科学技术进步和提高劳动者素质为主导的轨道上来。朱镕基同志在九届人大一次会议后举行的新闻发布会上，明确宣布实施"科教兴国"战略，是本届政府最主要的任务，教育与科技在国家经济社会发展中的地位越来越突出。1999 年 6 月 16 日，江泽民在全国教育工作会议上指出，在当今世界上，综合国力的竞争越来越表现为经济实力、国防实力和民族凝聚力的竞争，无论其中哪一个方面实力的增强，教育都具有基础性的地位。1999 年，全国教育经费为 2949.06 亿元，比 1998 年的 2531.73 亿元增长 16.48%，其中国家财政性教育经费为 2032.45 亿元，比 1998 年的 1862.54 亿元增加 9.12%。国家对贫困地区特别是少数民族贫困地区的普及义务教育给予重点扶持。自 1995 年起，中央政府在 5 年内对贫困地区拨给 39 亿元教育专款，加上地方配套资金超过 100 亿元。1998 年国家有关部门提出了经济、教育比较发达的省、直辖市与国家重点扶持的 143 个少数民族贫困县发展教育对口支援协作的意见，明确了协作关系和教育扶贫的主要任务，并鼓励通过建立"希望工程"等形式资助民族地区发展基础教育。截至 1998 年，国家独立设置民族院校 12 所；民族师范学校 59 所，民族职业中学 158 所；民族中学 3536 所；民族小学 20906 所。1998 年，全国举办民族预科班的高等院校达 80 余所，计划招生 7142 名。教育的发展为民族地区人力资源的开发创造了十分有利的社会条件。可以说，"科教兴国"战略的实施，加大了国家对民族地区教育发展的扶持，必将有力地推动民族地区的人力资源开发工作。

三、现实条件机遇

（1）云南省加大扶贫力度的新举措创设了实施民族地区人力资源开发的社会环境。

1986～1994 年，云南省共投入各项扶贫资金 60 多亿元，使全省 500 多万

人口摆脱了贫困，基本上解决了温饱问题。为实现在 20 世纪末基本消灭贫困的目标，云南省人民政府于 1994 年 8 月制定了云南省《扶贫攻坚计划》，要求用 7 年时间，解决全省 700 万贫困人口的温饱问题。在"九五"期间，云南省将设立每年 3 亿元的扶贫专项资金，以全省 506 个贫困乡为扶贫重点，实施五大工程（改土工程、治水工程、办电工程、修路工程、绿色工程），集中人力、财力、物力，把扶贫工作落实到乡村。云南省政府确定每年补助每个贫困乡 50 万元，加上各县的配套资金，帮助贫困乡实施建设"温饱工程"。在政策上，云南省加大了贫困地区的财政返还，从贫困县征收的资源税、增值税，对人均收入在 300 元以下的贫困户的农业税给予照顾返还。1999 年 12 月，中共云南省委六届九次全体会议提出，要抓住西部大开发的重大历史机遇，推动云南经济社会全面振兴繁荣。要抓住"一个机遇"，即抓住国家实施西部大开发的历史机遇；发展"两大优势"，即自然资源优势和区位优势；处理好"四大关系"，即坚持自力更生和积极争取国家支持，开发与开放，发展速度与效益，长远发展与当前工作的关系；解决三个制约因素，即缓解经济结构和城乡结构不合理、交通等基础设施薄弱和劳动者科技文化素质低等三个制约因素；实现三大目标，即建设"绿色经济强省"、"民族文化大省"和"国际大通道"。云南经济社会发展目标的实现，从根本上看还取决于云南人力资源的整体素质。云南目前落后的人力资源状况能否得到根本的改变，能否尽快培养起一批高素质的人力资源，全面提高劳动者的科技文化素质，不仅是人力资源开发工作的重要性任务，而且直接关系到云南省经济社会发展战略目标的实现。因此，云南省加大扶贫的力度，既为民族地区实施人力资源的梯次开发创造了十分有利的社会环境，又对加快民族地区人力资源的开发提出了新的要求。

（2）"科教兴滇"战略的实施，奠定了民族地区实施人力资源开发的良好的社会基础。

早在 80 年代中期，云南省委、省政府就提出了"治穷与治愚相结合，经济开发与智力开发相结合"、"教育为本，科教兴滇"的战略口号，将教育和科技放在了优先发展的位置。截至 1999 年底，全省已有 116 个县（市、区）实现"普六"，占全省总人口的 89%；已有 67 个县（市、区）实现"普九"，

占全省总人口的53%。基本扫除青壮年文盲的县由77个上升到95个，占全省总人口的69%，青壮年文盲率下降到10%以下。适龄儿童入学率由1978年的88.6%上升到1998年的98.73%。小学升初中升学率由1978年的72.7%上升到1998年的82.56%。在党的民族政策的关怀下，云南基本形成了包括基础教育、职业教育、成人教育和高等教育在内的民族教育体系。1998年，全省已有民族高等学校1所，民族中专学校3所，民族师范11所，民族干部学校11所，民族中学41所，民族半寄宿制高小3219所。有14个少数民族的21种文字或拼音方案进入学校，用于开展双语教学或民文扫盲。全省民族大学生数从1978年的1843人，上升到1998年的13049人，占全省大学生总数的20.93%；中小学生由1978年的140.7937万人，上升到1998年的225.0755万人，占全省中小学生的34.66%。1998年底，按教育部普及九年义务教育标准检查验收，全省达到普及六年义务教育标准的105县中，民族自治地方县有62个，占59.04%；达到普及九年义务教育标准的49个县中，民族自治县（市）有21个，占44.68%。目前，云南各少数民族的素质已有了显著的提高，各少数民族都有了自己的大学生、硕士生和博士生，就连被称为"太古之民"的独龙族，也已经出现了2名研究生、60名大学生以及一批中专生。教育事业的发展，为实施人力资源的梯次开发奠定了良好的社会基础。

（3）民族群众发展意识的增强是民族地区实现人力资源开发的社会前提。

民族地区，尤其是低梯度民族地区由于自然环境及历史条件的制约，群众已习惯了祖辈们留下的落后的生产方式，满足于自然简陋的生活。随着社会主义现代化建设进程的发展，各民族的民族意识、民族感情、民族自信心、自尊心和自豪感将逐步增强，民族要求加快发展，缩小与发达地区差距的意识，由自发状态逐步走向自觉的阶段。民族地区的群众已不再满足于现有的简单自然的生活，希望改变目前贫困落后的面貌。在民族地区经济社会的发展过程中，民族地区群众已经逐步认识到科技与教育的发展在他们摆脱贫困、解决温饱、实现小康、走向经济发达中的重要地位和作用，使在民族地区实施人力资源开发战略具备了社会前提。

（4）云南省经济发展实力的增强，为民族地区实施人力资源开发提供了坚实的物质基础。

改革开放以来，云南省经济快速发展，综合经济实力显著增强。1995年，全省国内生产总值（GDP）达到了1200亿元，省财政收入达到了285亿元（其中地方财政收入为98亿元），对全省经济建设的支撑作用明显提高。近年来，云南对农业和教育的投入资金的绝对数占全国第一，据教育部、国家统计局1998年全国教育经费执行情况公告，在预算内教育经费占财政支出的比例中，全国为15.36%，云南为18.86%，居全国第16位；在生均经费中，小学生，全国为370.79元/生，云南为541.48元/生，居全国第九位；初中生，全国为610.65元/生，云南为934.49元/生，居全国第六位；高中生，全国1248.25元/生，云南为1670.85元/生；职业中学生，全国为1113.67元/生，云南为1577.63元/生，居全国第七位。自90年代以来，云南省财政收入中用于基础建设的比例居全国之冠，并加大了对贫困山区开发的支持，使边远山区交通、通信、能源等落后状况有所改善。90年代，云南省先后建成和改造了省内八大机场；改造了省内6条主要公路干线，建成了楚大高速公路、大丽公路、昆楚公路、昆玉公路、昆曲公路、石安公路等；建设了连接滇中腹地和滇西民族地区的广大铁路；建设了澜沧江上的思茅、景洪港；漫湾、螺丝港、苏帕河等一批大中型电站，在民族地区相继建成投产；正在建设临沧机场，大保公路、玉元高速公路，大朝山电站等。在全省民族自治地方中的7538个村公所（行政村）中，有6819个通了公路，7054个通了电话，7220个通了电。民族地区的基础设施较90年代以前已经有了根本的改变。民族地区经济实力的增长为实施民族地区人力资源开发提供了良好的社会条件。

（5）改革开放以来，民族地区的人力资源开发已经具备了一定的基础。

在云南经济社会的发展中，人力资源开发工作已经有了一定的基础。90年代，云南省负责人力资源开发的主要机构是人事厅、劳动厅、省教委、卫生厅、计生委等部门，各地州、市、县也设有对口机构。科委、民委、农业等部门也参与了人力资源开发，妇女、青年、科协等各种群众团体也是人力资源开发的重要力量。各级教育部门及各级各类学校是人力资源开发的主要力量，省教委设有专门负责农村和贫困地区智力开发的专门机构——农村智

力开发办公室。1995 年底，全省共有小学 24612 所，其中六年制完全小学 15595 所。另外有小学教学点 27936 个。教职工 197478 人，其中专任教师 181384 人，专任教师合格率（达到中等师范学校学历）80%；初中 1770 所，专任教师 67471 人，专任教师合格率（达到师范专科学校学历）73.36%。职业中学 233 所，教职工 28020 人，其中专业教师 5474 人。有农业技术学校 7028 所，承担对农民的技术培训工作。到 1995 年底，全省共有各级各类卫生机构 6359 个，拥有床位 95948 张，每千人口拥有医院床位数 2.1 张；共有卫生员 139489 人，平均每千人口有卫生技术人员 2.82 人。全省 13449 个行政村（办事处）中设有卫生所（室）17796 个，有乡村医生、卫生员 36178 人，平均每所（室）2.03 人。全省 127 个县（市）中，已有 76 个完成或基本完成初级卫生保健建设，占 60%。到 1994 年底，全省有县级计划生育服务站 128 个，乡（镇）计划生育服务所 687 个，占乡（镇）总数的 43.81%，省、地、县、乡四级共有职工工作人员 9146 人，其中省级 150 人，地州级 376 人，县级 2678 人，乡镇级 5642 人。每个行政村还有一名兼职的计划生育宣传员和若干计划生育协会会员。90 年代初，云南在 20 多个县进行农村智力资源普查，建立了乡土人才数据库，将当地农村具有高中以上文化程度，复员转业军人、能工巧匠等人员的有关情况输入计算机，建立乡土人才数据库，供有关部门在培养、使用时查阅。据 1994 年调查，云南农村居民人均生活费总支出为 764.91 元，其中用于食品的支出为 458.43 元，占总支出的 59.9%，用于医疗保健的支出为 26.4 元，占 3.4%，用于科技教育的支出为 21.54 元，占 2.8%。

第二节　实施梯次开发战略的困难

随着新世纪的到来，加快民族地区的发展已成为一项重要的战略任务，而人力资源开发工作已成为各级政府工作的重点内容。尽管民族地区实施人力资源开发的战略存在着极好的机遇，但仍存在着极大的困难，简单地说，大致面临五大难题。

难题之一，民族地区社会发展过程中由于历史形成的脱胎差异与现实超

常规跨越相交所产生的异变性。民族地区的社会经济的发展在社会制度上可以通过政治革命超越几个历史时代，在生产关系上可以跨越几个阶段，但生产力水平、经济状态却很难在短时间内完成根本性的跨越；由历史脱胎差异所形成的民族地区社会经济发展中的代差效应很难在短时期内完全消除，历史的积淀深深地影响和制约着民族地区的发展。从总体上看，民族地区的社会主义现代化是一种外生式的现代化方式，云南各少数民族地区现代化的进程是在中央政权有计划、有步骤、自上而下的指导下进行的。因此，民族地区的现代化发展又不完全表现为一种自然的进程，而更多地表现为一种浓缩的社会发展进程，表现为一种异变的形态，自然经济的因素、现代生产力的因素和产品经济的因素相互交织、相互渗透、相互影响，构成了民族社会经济发展的复杂性和梯度结构中的交错性。这种复杂性与交错性决定了民族地区经济发展目标及人力资源开发目标的复杂性、交错性，从而也决定了人力资源梯次开发战略实施的复杂性与交错性。一般地说，社会现代化的进程大致是沿袭农业、工业和第三产业这样一条发展线路，工业化不是强制形成的，而是各民族社会经济发展的结果和经济性变革的产物，是在似"自然性"基础上动作并发展起来的。单纯地以民族或民族地区来划定梯度，决定梯次开发的具体途径，必然将复杂的情况简单化、必然走上"一刀切"的形式主义道路，从而在根本上违背了实事求是的原则。如基诺山的开发，产品的商品率、市场化程度已经很高，但这种市场化是在国家计划的领导下，产品的销售、生产的组织等各方面均是由政府组织实施的，基诺族自己的经营企业尚未形成，价格、营销、广告策划、资金、技术及利润分配等市场经济的基本条件在基诺山还需要一个较长的过程才能完成。因此，在云南各少数民族地区，这种外生式现代化发展道路和经济的跨越式发展与民族历史形成的传统性相交错产生的异变性，是实施梯次开发时必须面对的最大难题。

难题之二，自然环境的复杂性构成了民族地区经济社会发展的困难性，也形成了民族地区人力资源开发的困难性。云南省的特点是山多、边境线长、民族众多。在自然环境条件上，山区、坝区、城镇犬牙交错，"一山分四季，十里不同天"，这种复杂的自然条件对民族地区经济社会发展的影响十分突出。一是处于社会发展高梯度状态的民族在经济发展上则处于低梯度。如昭

通地区的彝族，从社会形态上已进入了半封建半殖民社会，但由于生态严重恶化，几乎丧失了生存条件，至今仍有近200万人口尚未解决温饱。虽然教育的发展水平较边疆少数民族高，但由于区域内没有经济支柱，基础设施严重落后，经济的发展几乎处于半封闭状态。二是社会发展处于低梯度地区的民族在经济发展水平上却处于高梯度。如西盟新厂地区的佤族，在社会发展上是从原始社会末期直接进入社会主义，但80年代中期，在新厂河畔找到高品位锡矿后，县里派出工作组，在佤族村寨举办了采矿和采选技术，使阿莫乡佤族群众在短短几年里便实现了脱贫致富。1985年，新厂区工农业总收入由1984年的85.2万元迅速上升到213万元。其中，采矿业收入达122万元，占全区总收入的57%。采矿业的兴起，从根本上改变了佤族地区传统的经济结构，1985年，在阿莫乡工农业总产值中，工业产值占了87.78%，农业产值降为12.22%，由过去那种以粮食种植为主的单一经济结构变为矿农林副的多种经营型经济结构。三是社会发展处于低梯度，经济发展同样处于低梯度的民族地区。这些民族地区经济发展的缓慢很大一部分是由于自然条件的恶劣和生态环境的破坏。如怒江傈僳族地区，由于土地贫瘠稀少，垦殖土地甚至有60%以上的坡地，全州每年需调进600多万斤粮食，才能解决群众的基本生存需要。四是由于自然环境的恶劣，民族地区的基础设施十分落后，资源无法实现大规模开采，产品无法变为商品。民族地区，尤其是边疆民族地区对外开放，引进资金和技术都十分困难，资源优势无法转化为经济优势。兰坪县有位居世界前列的铅锌矿产资源，但由于处于崇山峻岭之中，交通通信基础设施十分落后，若欲采取大规模的开采，形成怒江傈僳族怒族自治州的经济支柱，则尚需一个较长的时期。在民族地区实施人力资源的梯次开发，必须充分考虑到自然条件对民族地区经济社会发展所产生的作用和影响，实事求是，从民族地区的经济社会发展的实际出发。实施人力资源的梯次开发并不是要把我们的思路束缚在一个固定的框架里，而是力图使我们的思想更接近云南民族地区经济社会发展的实际。

难题之三，人力资源开发体制转型造成的困难性。经济制度及运行机制决定着经济行为主体的行为原则的方式，从而决定着经济资源的配置和利用方式，也决定着人力资源的开发机制。

第一，体制转型中经济行为主体的不确定性是实施人力资源梯次开发的最大难题。经济制度及运行机制决定着人力资源开发的开发机制。人力资源在计划经济体制下，经济行为主体并不具备独立的商品生产者和经营者的地位，社会经济活动的首选目标是政府的计划和任务。人力资源的利用同样由政府计划配置，这种机制只考虑社会的价值目标，却忽视了经济发展对劳动力的需求和容纳能力，造成了社会劳动力资源的过度配置，劳动力数量过大，劳动参与率高，劳动力价值低，劳动力资源利用率低下，人力资源表面虽已全部利用，但实际上却大量闲置；由于经济行为主体没有对利润追求的动力，也不具备自身发展的外部竞争压力，对科技进步没有急迫感，科技总体水平较低，因而，所需要及所应用的人力资源素质普遍偏低；由于经济发展中过多地注重对物质资本的投入，对人力资本的潜在价值认识不足，因而对人力资源开发中的投资严重不足，对人力资源的利用局限于重数量而不重质量。在市场经济条件下，一是企业及生产单位从政府的附属部门变为独立的商品生产者和经营者，经济行为主体从事经济活动的首选目标是利润的最大化，人力资源的开发利用将遵循成本—效益原则。企业要追求较高的利润，必然要在其他生产要素给定的条件下，尽可能采用新的科学技术，新的技术装备手段，新的管理手段，降低经营成本，以提高劳动生产率，这必然对人力资源的素质提出较高的要求。在民族地区两种体制的转型中，经济行为主体地位的不明确使得经济活动的目标及完成这一目标的手段也是模糊的，因此，在人力资源开发利用的目标与手段的选择上也是含混的。

第二，如何尽快改变人力资源结构是民族地区人力资源开发的一大难题。在计划体制下，行政权力是社会的中轴，以党政人员的开发为主体形成了人力资源开发的基本框架。在市场经济体制下，经济建设成为全党工作的重心，政企分开，社会各行各业将按自身的运行规律发展，人才结构的多元化是社会的必然要求。民族地区的人力资源要适应市场经济发展的要求，就要改变开发工作的重心，围绕经济建设所需的人才实施有针对性的开发。在市场经济条件下，企业策划、项目评估、广告宣传、公关营销占据了企业经济活动的大部分内容，资金劳动力市场、土地市场、社会保障体系的建立，市场经济越发达，社会性分工越细化，越专业化；社会化程度越高；社会事务日益

复杂化、多样化，因此，对人力资源的需求也日趋复杂化、多样化。民族地区人力资源的开发要适应市场经济发展的要求，就必须由单一型开发转到多样性开发，转到以现代科技，企业管理人员，新科学研究人员等多种人才的开发培训为主要内容的开发方面。对民族地区而言，最困难，也是最重要的，就是通过什么样的途径来达到这一目标。

第三，人才功能的发挥是民族地区人力资源开发中亟待解决的课题。在计划体制下，人力资源的开发与利用这两个环节间是相互脱节的。在人力资源的开发方面，不注重人力资源开发与经济社会发展的需要相适应，开发出来的人力资源一方面是企业、用人单位和社会用不上，造成人才的闲置与浪费，另一方面，企业、用人单位和社会所需的人才又严重缺乏。在人力资源配置机制上，以国家机关、国有企业、中心城市为配置主渠道，而非国有企业、中小企业、农村及边远地区往往又不能分配到所需的人才，造成前者人才过量存储，功能难以发挥；而后者则人才稀缺。在旧体制下，由于劳动力的劳动权属不清晰，劳动力的价格、劳动力的流动、劳动力的投资等问题无法解决，不能提供劳动力功能充分发挥的社会环境。因此，在计划体制下，劳动力的功能受到了极大的制约。在体制转型过程中，民族地区如何从市场机制要求来实施人力资源的开发，解决好人力资源配置机制的问题，注意创设良好的人才环境，充分发挥现有存量人才的功能，使人才的潜在价值转变为现实价值，是目前解决好人力资源开发中需求与供应矛盾中的难题。

第四，树立人力资源整体开发的观念。在计划体制下，人力资源开发以社会圈定的身份界限为前提，户籍制把人力资源划为城市与农村两重世界，经济社会的二元化把农村劳动力排斥在人力资源开发的视野之外。地区、所有制、干部、单位化等一道道身份界限，把人力资源开发的重点集中在少数领域，少数社会群体内。市场经济的首要条件就是承认人的社会平等，人力资源的流动，劳动力市场的形成，社会身份界限的消失已是不可避免的历史趋势。首先，数目庞大的农村人力资源将进入人力资源开发的视野中，农村剩余劳动力仅凭一双能劳动的手，很难在现代化进程中立足；农业生产的发展，乡镇企业的兴旺，小城镇的建设，对劳动者的素质、知识、技能也必然提出越来越高的要求。民族地区劳动力数量最多的部分是在农村，素质最低的部分也是在农村。如果农村劳动力总是得不到合理开发，将成为社会负担，成为两个根本性转变的"瓶颈"。人力资源开发的视野是全社会的，人力资源的全面开发是经济发展所必需的社会条件和社会保证。在城市就业困难，劳动力供需矛盾突出的情况下，要解决好农村剩余劳动力的出路的确是民族地区实施人才开发的最大难题。在市场经济条件下，资源总是向投资回报率最高的地区流动，民族地区大量的人才流出乡、区、县，流往内地大、中城市已成为一种无奈的现实。民族地区在两个根本性转变中，可以说处于极为不利的困境。

难题之四，经济总体发展水平的落后是民族地区实施人力资源开发的最大困难。从根本上讲，人力资源的开发是受制于社会经济发展的实际水平，人力资源的开发首先要满足社会经济发展的实际需要，同时，人力资源又要成为改变社会经济发展中资源配置方式，加快社会经济增长的主导因素。民族地区经济总体水平的落后对人力资源的开发造成了极大的困难。第一，在社会经济总体水平落后的情况下，生产基本上处于粗放经营阶段，手工劳动是生产劳动的主要形式，经济增长的主要动力是依靠劳动力数量的投入，由于劳动效率低，劳动力十分紧缺，贫苦家庭中多生、超生现象突出，很多家庭过早让孩子退学，直接影响到了计划生育工作和民族教育的发展，制约着民族地区人力资源的开发。第二，由于经济的落后，技术构成水平的低下，对劳动者的文化知识素质、技能素质、精神素质的要求不高，这是民族地区制约人力资源开发的重要因素。第三，经济总体水平的落后严重地制约了地方财政对教育的投入。20世纪90年代沧源佤族自治县的年财政收入约为2800万元，而要维持当时的教育水平所需的经费为1600多万元。经济发展水平的落后也制约了社会多渠道筹措教育经费的水平。到1999年底，沧源佤族自治县财政外的教育投入主要就是内地捐建的几所希望小学，其他捐赠中最大的一笔就是缅甸佤邦鲍有祥先生捐赠40.25万元建盖的岩丙小学教学楼和宿舍。其余的捐款均不过几千元。第四，经济发展水平的低下也制约了民族地区群众生活方式的文明进程。在低水平生产的基础上，能够吃饱饭就已经很不错了，根本不可能去讲究饮食卫生和营养结构，更难想象培养起良好的卫生习惯。直到今天，在沧源县的很多边远村寨连一个公共厕所都找不到。

酗酒仍然是民族地区社会生活中的普遍现象。生活方式的落后直接影响到民族群众的身体素质。第五，民族地区经济发展水平的落后还制约着医疗卫生事业的发展。民族地区，尤其是边疆民族地区医疗卫生机构点少、人少、有技术的专业人员数量更少，而且设备陈旧落后。在民族地区缺医少药的现象仍十分严重。

难题之五，模块化的基础教育制约了教育在人力资源开发中作用的发挥。在社会主义条件下，云南各少数民族的社会发展便被纳入中华民族社会主义现代化的统一进程中。在这种大一统的发展进程中，民族教育的发展与内地发达地区的教育发展完全同一化，在教育的指导思想、教育的手段、教育的内容上不存在任何差别。民族教育以升学率为基本的指导思想，围绕升学率形成了对教师工作评估、对学校工作考核、对学生素质鉴定等系列化的旧体制，从而失去了民族教育的特点。教育是人力资源开发的重要渠道，教育的模块化使得民族地区人力资源的开发受到了很大的制约。第一，教育的模块化强化了教育的功利性，制约了教育发展的持续性。长期以来，民族地区接受过教育的劳动者有机会进入政府部门就业，尤其是农村中能够接受良好教育的劳动者，往往能够进入政府部门，转化为"吃皇粮"的工作人员，"跳农门"成为民族群众中穷苦家庭送孩子读书的投资预期。第二，教育严重脱离民族地区经济社会发展的实际，失去了对当地经济增长的直接推动意义。一般说来，经济发展水平越低，教育对经济的直接功能就越强，教育预期的功利性就越突出；经济发展水平越高，教育对经济的推动表现得就越间接，人们对教育预期的功利性表现得就不十分明显。以升学率为指导思想所培养出来的学生，在失去进入政府部门工作的机会、回到农村后，往往显得力不从心，不懂得基本的农业生产技能，不能成为家庭中的主要劳动力，从而直接影响到民族地区群众的教育预期。80年代中期，在沧源县勐角乡曾流传着一桩事，在一户农民家庭中，儿子高中毕业了，但对农作物施肥方面的常识一点不懂，把购买的两袋化肥全施在一亩稻田里，没出几天，稻谷全烧死了。第三，学校教育往往提高了学生的期望值，降低了实际工作能力，大事干不来，小事又不干。在由计划经济向市场经济的转变过程中，这种教育体制的根本缺陷发生了转变，从一个极端走向了另一个极端，教育在民族地区人力资源的开发工作中，很难发挥其重要渠道的地位和作用。首先，教育不包分配以后，就业难直接降低了民族地区群众对教育的预期，尤其在低梯度地区，一般群众认为："读到小学毕业就够了，不必花太多的钱读高中、读大专，读书以后养不活全家人，相反，读书还增加家庭的负担，能识几个字，会算算账，做点小生意就行了。"其次，在实施教育收费以后，学校为了维持正常运转，增加了各种学习收费，一些学校违反国家规定的收费标准，增大了收费的金额，在民族教育发展中出现了非常不利的情况，民族地区很大部分农村家庭难以承担昂贵的学习费用，学生生活费不能保证，因而初中及高中辍学、退学的情况明显增加。由于经费有限，教师长期得不到学习机会，素质得不到提高，知识老化，直接影响到教育的质量。因此，在体制转型时期，一方面是分配制度的改革直接削弱了群众对教育的预期，另一方面，并轨后的教育收费制却增大了群众对教育投入的成本。这种强烈的反差直接削弱了教育在人力资源开发中的地位和作用。

第三节　民族地区实施人力资源梯次开发必须处理好的几对基本关系

云南是一个多民族地区，全省共有 26 个民族，其中有 15 个民族是云南所特有的。云南省少数民族人口占全省人口的 33.1%，各少数民族大杂居、小聚居，全省没有一个单一民族的县。在全省 16 个州（市）中，有 8 个自治州；在全省 127 个县（市、区）中，少数民族人口占 90% 以上的有 10 个，占50% ~ 89% 的有 33 个县；占 40% ~ 49% 的有 17 个县；即使在多民族聚居的县中，也有一半多的县是两个以上少数民族人口相当，有的县甚至存在 4 个少数民族人口相当的情况。在全省 73 个贫困县中，有 51 个是少数民族聚居县，少数民族贫困人口达 274.8 万人。因此，在云南民族地区实施人力资源开发战略，通过人力资源开发推动民族地区的经济发展，就必须处理好几对基本的关系。

一、整体开发与梯次开发的关系

人力资源开发是一个系统工程，在实施过程中，必须采取整体开发的战略：一是从人力资源开发的系统结构方面，人力资源开发包括科技的普及、教育的发展和文化事业的进步三个方面；二是人力资源开发的范围将不仅仅限于人的体质、技能、知识的培养与训练，而且包括了人的精神素质的开发等各个方面，是一种全方位的开发；三是从人力资源开发的基本内容来看，人力资源开发包括了人口的控制，人力资源结构的调整，人力资源素质的提高，人力资源功能的发挥以及人力资源的发展战略规划等多方面；四是在开发的机制上，必须建立以劳动力市场为核心的开发机制。通过市场机制，实现人力资源的合理开发和利用。总之，整体性开发是两个根本性的转变的必然要求。民族地区的人力资源开发只有在整体开发战略的指导下，才能做到科学、合理，才能够在民族地区经济增长中起到主导的作用。在云南的经济社会发展过程中，由于云南少数民族地区地域辽阔，自然环境条件复杂，贫困人口众多，发展极不平衡，要想在一个不太长的时间内实现民族地区的均衡发展，是不可能做到的。在目前条件下，民族地区的发展只能通过一部分地区的优先发展，从而实现总体发展水平有所提高，而不可能做到所有民族地区都实现大的发展。

因此，在区域经济发展战略选择上，只可能选择非均衡发展，集中有限的财力、物力，鼓励一部分有条件的民族地方先发展起来，先富裕起来，树立一种榜样，然后，通过这些重点区域的示范、辐射和带动作用，最终实现民族地区的均衡发展、共同富裕。选择民族地区发展的重点地域，不仅要看这些地区在经济、政治上的战略地位，而且要看它们在资源、人才、科技、教育方面的基础和条件。根据这些地区的现实状况，确定发展的战略目标，不同梯度上的地区经济发展的战略目标不同，从而也规定了人力资源开发重点的不同。同时，在整体开发战略指导下，针对云南民族地区"大杂居、小聚居"的特点和经济社会发展的梯度结构，进行有重点的、针对性的开发，分类指导，针对不同民族地区选择不同的开发战略，探索不同的开发模式，这是实现民族地区经济非均衡发展，实施有重点、差别发展战略的社会条件。

整体开发与梯次开发之间是普遍规律与特殊规律的关系，是共性与个性的关系。共性中包含个性，个性寓于共性之中，个性更具体生动、丰富，而共性则表现为一般与本质，二者之间是辩证统一的关系。只有在整体开发战略的指导下，梯次开发的目标才能具体、明确，效果显得更为突出；反之，也只有通过梯次开发，整体开发的战略才能具体化，才能转化为具体的实施步骤，对民族地区的经济社会发展起到推动作用。片面强调整体开发，忽视了梯次开发，就会走向形式化，"一刀切"，抹杀了民族地区实际发展中存在的差异，失去了人力资源开发的针对性，导致人力资源开发脱离民族地区经济社会发展的需要。但是，仅仅强调梯次开发，脱离国家经济社会发展的总体目标，人力资源的开发也是盲目的、杂乱无章的，同样是脱离民族地区的经济发展实际的，因而，也不可能起到推动民族地区经济社会发展的作用。民族地区的发展是在特殊历史条件下实现的现代化进程，民族交往的扩大，民族地区与外界的联系超越了以往任何时代，国家的强有力支持，使民族的发展超越了自然进化的模式，这是云南少数民族地区社会发展的特殊性。把整体开发与梯次开发相结合，是从民族地区这一特殊的社会发展道路实施人力资源的开发的必然要求。

二、人力资源开发中三大要素间的关系

从总体上看，人力资源开发的主要内容就是提高劳动者的素质。劳动者素质是指参与劳动过程的劳动者的态度、工作质量、创新能力、独立工作能力、动手解决问题的能力、团队合作精神、自我价值评价等多方面的内容，可归结为精神素质、文化素质和技能素质。这三大素质的开发在不同梯次表现的侧重点不同。在低梯度的人力资源开发中，以对劳动者的技能开发为主导，具体表现为实用技术的培训，学会当家理财的本领，即把人力资源开发的重点放在技能素质方面；在中梯度的开发中，注意文化素质的培养，加大基础教育的发展力度，全面提高民族的文化教育水平，是人力资源开发的主要内容，即以文化素质为开发重点；而在高梯度的开发中，重点就放在人的精神素质开发上，全面提高民族群众的人文素质上，培养民族的自我发展意识、爱国主义精神、团队合作精神、创造精神等，即重点开发精神素质。在

三大要素中，精神素质是劳动者素质的核心，文化素质是劳动者素质提高的基础，技能素质则是使文化素质和精神素质转化为现实生产力的手段。三大素质相互渗透，相互促进，共同发展，在发展文化教育的同时，也就在塑造了一种精神素质，也就为技能培养奠定了基础；同样，技能的培养取决于文化素质的水平，取决于精神素质的支撑。三大素质仅是在不同梯度中表现为不同的侧重点而已，并不是说只开发某一素质，而放弃对其他素质的开发，这表现为一般与重点的辩证关系。民族地区人力资源的开发，不仅要注重培养劳动者的知识、技能，提高劳动者的体质，注意劳动者观念的转变，发掘劳动者的创造能力，更重要的是要注意培养民族的自我发展、自强不息的精神。当一个民族有了不甘落后、奋发图强的价值观念作为精神支柱，国家的扶持政策就有了支撑，就能够充分发挥效率，民族的发展就有了强大的精神动力。因此，贾春增先生认为，"民族发展在本质上是民族生存和演进的质量的提高，其中最根本的内容是民族素质的提高和深化"。

三、人力资源梯次开发与民族传统的关系

从本质上看，人力资源开发就是运用现代科学技术、现代文化知识来武装民族群众的头脑，提高民族群众的整体素质，推动民族地区经济社会的发展。从这个意义上看，人力资源的开发过程也是民族地区现代化的过程，也是用现代化方式改造民族传统，实现民族社会超越式发展的过程。在任何一个民族的历史发展进程中，由于其自身的历史条件和自然环境，形成了民族社会发展的独特道路。形成了民族自身的传统文化，构成了民族间的文化差异，形成了中华民族绚丽多彩的民族文化。民族传统文化对民族社会发展的影响有两个基本的特点：一是民族的传统文化是渗透在民族的社会生活中，融入民族社会的各个方面，对民族社会发展的影响是潜移默化的；二是民族传统文化是伴随着现代文明的进步而逐渐淡化，经济水平越低，社会发展程度越低，传统对社会的影响越深重；经济发展水平越高，社会发展程度越高，传统在社会中的影响越淡化。在民族地区实施人力资源开发，开发的主体是各少数民族本身，民族文化传统对人力资源开发的影响是必然的，问题在于正确地处理人力资源开发与民族传统文化的关系。民族传统文化与人力资源

开发的关系主要表现为三个方面：一是民族传统中的优秀部分，如云南边疆少数民族中的爱国主义精神，勤劳勇敢的品质等。二是民族传统中的形式，如民族的语言文字和一些社会生活习俗方面。三是少数民族传统文化中一些消极因素，如傣族群众中男性青年必须出家当一段时间的和尚，通常在6～18岁这段时期，从而耽误了学习的最好时间；一些民族中部分群众酗酒成风，浪费大量财物，损害了身体；一些民族由于自然条件较好，满足于有饭吃、有酒喝的低社会发展层次，不求发展；一些民族全民信教，太多的宗教活动耽误了劳动，有病不找医生看病，等等。在民族地区实施人力资源开发，对民族传统文化必须采取继承、利用和改造的政策。继承民族传统文化中的优秀部分，利用民族传统文化中的各种形式，改造民族传统文化中的落后部分。

在民族地区，实施人力资源的开发与民族传统文化的矛盾主要表现为国家人力资源开发的体制和政策的很多方面不适应民族地区的实际，如教育的指导思想、教育的基本内容和教育的手段都是以汉民族的文化为主导，忽视了民族的特点，忽视了民族文化传统的影响，其结果，既限制了民族地区人力资源开发的广度和深度，又难以保留、继承和发展民族的文化传统。大批的民族学生很少学到适宜自己家乡实际生产状况的本领和知识，也学不到自己民族的历史文化传统，毕业后连适应自己民族的社会生活都有困难。在云南低梯度的民族地区，由于民族种类多，民族人数少，民族语言繁多，民族文字种类多，民族文化丰富多样，民族传统文化深厚，实施人力资源梯次开发必须处理好与民族传统文化的关系，这首先是借用民族文化的传统形式，减少阻力，加快民族社会进步的催化过程。如在边疆民族地区采取双语教学，在民族自治地方，实现民族语言作为社会流通的正式语言等；在傣族寺庙文化中融入科技知识等。其次，挖掘民族传统文化的内涵，使其成为现代人力资源开发的工具。如对白族的传统木雕艺术、扎染艺术的继承和发展，应使其进入学校，成为实用技术教育和高等职业技术教育的重要内容。最后，改造民族传统，用现代文明改造旧的习惯、习俗、观念。如改变边疆地区少数民族落后的生活方式，学会讲卫生，学会当家理财等。对传统文化的改造的核心，还在于从根本上转变各民族落后的思想观念和意识，这也是民族地区人力资源开发中的最重要的任务。社会现代化的进程并不是完全摒斥传统文

明，而是建立在对传统文明的继承、利用与改造的基础上。同样，人力资源的梯次开发也必须通过对民族传统文明的继承、利用和改造，才能得到完全的实施。

第八章　"虹吸现象"：民族地区人力资源梯次开发的难点

从广义上讲，人力资源的开发包含了开发与利用两个不同的阶段，人力资源的开发是起始阶段，即人力资源的供给阶段；人力资源利用则是人力资源开发的后一阶段，即满足社会经济发展需要的阶段；供给与需求这两个阶段则是借助流通的环节来实现的。在经济的实际运行过程中，制度安排决定着经济行为主体的价值选择及经济运行的方式，市场经济体制构成了计划体制完全不同的人力资源开发机制。在市场经济体制下，人力资源的流动是实现优化配置的中枢环节。人力资源流动在民族地区表现为"双逆向流动"，这种流动所产生的"虹吸现象"，降低了民族地区人力资源的总体素质，拉大了民族地区与内地发达地区的发展差距，人力资源成为民族地区经济发展的"瓶颈"。充分利用市场经济机制，坚持有效投入，实施梯次开发，是解决"虹吸现象"的战略途径。

第一节　"双逆向流动"：民族地区人力资源配置发展的市场趋势

不同的经济制度具有不同的资源配置机制。在计划体制下，人力资源的配置是以社会目标为目的，以政府计划为主导，忽视经济发展对人力资源的需求和容纳的能力，带有明显的盲目性，形成人力资源的不合理配置，主要表现为城市企事业单位中的大量冗员，以及在城乡二元经济结构中——农村剩余劳动力在农村的大量积淀。同时，由于人为圈定的各种社会界限，劳动力被分割在不同地区、单位、城市与乡村等人为设定的樊篱内，流动十分困难，一经政府分配，从业便为终生，造成人力资源中学非所用、用非所学、

141

功能无法发挥等情况。由于缺乏竞争机制，没有全面提高素质的内在动力和社会压力，劳动者的积极性、主动性和创造性受到很大的压抑，人力资源潜力未能得到充分发掘，人力资源的利用效率十分低下，人力资源的总体素质偏低。在市场经济条件下，人力资源的配置必须遵循市场经济的规律，以市场需求为基础，以竞争机制为主导，遵循成本效益原则，实现人力资源的有效利用。马克思指出，市场即流通领域。人力资源通过劳动力市场价格的引导，在流动中实现优化配置。人力资源的社会流动是实现优化配置的具体途径。

第一，流动有利于劳动者自身价值的增加，实现人力资源素质的提高。在市场经济条件下，劳动者生产和再生产的各项费用中的大部分仍由劳动者及其家庭承担，因而产权归个人所有，实行有偿转让。劳动者价值体现为劳动力的价格，劳动力价格的变化引导着人力资源流动的方向，人力资源在流动中找到适合自己的位置，实现着自身的价值。人力资源价值的增幅程度，取决于个人的技能，社会对人力资源技能知识结构的需求以及应用的社会环境等因素，人力资源实现增值的内在动力和竞争的外在压力刺激着劳动者不断提高自身素质。从而从整体上不断提升人力资源的素质。

第二，流动有利于实现劳动者社会价值的增值。社会经济发展的效率取决于经济要素的优化配置。人力资源流动为企业和用人单位创造了择优录用，减少冗员，寻找到与技术构成相适合的合格人才的社会条件。在成本效益原则的驱使下，用人单位对劳动者能够做到人尽其才，才尽其能，最大限度地利用和发挥人的聪明才智，最大限度地实现劳动者同生产资源要素间的最优化配置，从而创造出最优的经济效益。

第三，流动有利于调整就业结构。一般地说，社会的流动主要有几种情况：一是由产业结构调整引起的人力资源分布上的调整。社会经济是一个动态发展的结构，经济发展到一定阶段。一定水平，产业结构就会发生变化，出现一些部门收缩，一些部门扩张，一些新产业崛起的情况。由产业结构的变化而引起人力资源分布上的社会流动。二是由于科技的发展，企业有机构成的提高，导致对劳动力需求的结构性变化，从而导致人力资源的社会流动。三是由于竞争及科技水平的发展，劳动者自身为了不断学习新知识新技术而产生的社会流动。四是新旧体制转换中，在计划配置下压抑的人力资源的体制转型流动。即随着改革开放的深入，计划配置锁链的松动，劳动者为寻求更大的价值而主动地流动。五是农村剩余劳动力的流动。即随着农村劳动生产率的提高，农业发展由于资源的硬约束而不得不释放出大量剩余劳动力的社会流动。从客观上看，人力资源的社会流动有利于调整社会就业结构，实现人力资源在全社会范围内的优化配置。

第四，流动有利于劳动者不断提高自身素质，承担竞争中的风险和压力。在计划体制下，劳动者并无失业的压力，也丧失了对提高自身素质的内在动力，由于不存在竞争，工资、养老及各种社会保障全部由政府承担，劳动者也必然丧失承担风险的能力。在市场经济条件下，企业会破产，工人会失业，从而造成劳动者的被动式社会流动，而这种流动有利于培养劳动者的风险意识，承受竞争风险的能力。

市场经济体制对民族地区的人力资源的流动提供的是一种机遇。市场经济下的社会流动表现为"双逆向流动"。"双逆向流动"有利于扩大民族地区的对外开放，推动与发达地区的经济文化交流在发展，提高民族地区劳动者的素质。

民族地区的劳动力向其他地区的流动。从1998年调查的10个村（镇）的情况来看，民族地区劳动者外出务工成为人力资源流动的主流，这种流动，一是有利于改善民族群众的生活条件。外出务工者平均收入约等于在家务农收入的十倍以上。其中，收入最高的每月达2000元以上，收入低的也在每月200元左右，与很多民族地区农民人均年收入在600元以下的状况相比，已经很高了。外出务工者中的一部分人发展成为包工头，成为老板，其收入就更可观了。如对寻甸县柯渡镇的调查显示，在外出务工者中，富裕户的资产最高达1亿元，1000万元以上者达8人，100万元以上者为20人，50万元以上者为70人，1~10万元者为900多人。二是外出务工有利于改变劳动者的技能结构。从勐海县布朗山乡19名外出务工者的情况看，从事旅游、娱乐业的10人占外出务工者的56%，其余的伐木2人，开矿2人，建筑、养虾、开车各1人。在经济较为发达的民族地区，职业分布高达20多种。如在保山城关乡，外出务工者的职业分布从驾驶、屠宰、建筑到广告装潢等共计18种。三

是有利于改变劳动者的思想观念，推动农村经济结构的调整。对文山州马塘乡的调查显示，有劳动者在外出为别人开车，学会驾驶以后，自己购买车辆搞运输，甚至办起了修理厂。在全村最早致富的13户中，有9户以运输为主要职业。四是有利于提高劳动者生活的文明程度。外出务工收入高了，思想观念新了，家庭的生活方式也发生了改变，生活方式也变得文明了，如家庭中时髦消费品的出现，家庭环境的美化等方面。

从民族地区外出务工的总体情况来看，表现为几种趋势：

第一，外出务工的人数与民族地区经济发展的梯度结构基本上成正比例增长趋势，即梯度越低的民族地区，外出务工的人数越少，比例越低。在第一梯度的基诺山乡，总人口18000多人，而外出务工者仅为300多人；处于同一梯度的布朗山乡16571人，外出务工者还没有达到200人；处于第四梯度的大理周城村，全村8800多人中，有2300多人长年在外务工，务工者占总人口的比例高达26%。

第二，民族地区梯度越低，外出务工者的职业越集中，职业层次越低；反之，梯度越高，外出务工者职业越分散，职业层次越高。基诺山乡的外出务工者均为妇女，从事的职业集中在娱乐业、旅游业，主要做服务员或穿上民族服装在饭店里唱民族歌、跳民族舞伴餐。在高梯度地区，如寻甸县外出务工者男性占了80%以上，而且从事的职业，仅建筑就有木工、石工、管理、工程设计、营销等十几种专业，行业分布广泛。

第三，外出务工者素质随梯度结构而变化。在低梯度地区，小学文化者、文盲占绝大多数，初中文化以上者寥寥无几。布朗山乡19名外出务工者中初中文化者仅为3人。而周城村外出务工者中大学毕业生高达36人。

第四，目前民族地区外出务工年龄结构上则普遍偏低。40岁以下占被调查总数的83%。这一趋势也随梯度结构表现为年龄递增趋势。在低梯度地区如布朗山乡19名外出务工者25岁以下的占了18名，占95%。在中梯度地区，如寻甸县城关乡古城村，28岁以下的外出务工者为72人，而28岁以上务工者为43人，占外出务工者总数的36%。在高梯度地区则表现为较为合理的青中老结合的由低到高、由多到少的金字塔结构。应该看到，目前民族地区外出务工者总体数量太少。1997年统计，云南民族地区外出务工者约为16

万人。同时，外出务工者素质低，从事职业层次太低，对改变民族地区经济结构总体影响不大；由于结构不合理，直接对民族地区的发展构成一些负面的影响。如男女比例问题、边境居民擅自越境到泰国、缅甸等东南亚国家务工，缺乏法律保障等。发达地区向民族地区的流动，它促进了民族地区经济社会的发展。这主要表现在三个方面：一是外来投资的引进有利于改变民族地区经济结构，弥补民族地区经济发展中资本要素、技术要素短缺，开发民族地区资源，形成民族地区经济发展的支柱产业，提高劳动者素质。

1998 年在基诺山的 16 个茶叶厂中，有 15 个为外地商人投资兴办的，只有一个是本地基诺族人开办的，而且还是在外地客商发展的带动下创办的。外来投资的影响不仅仅是形成一个支柱产业，解决一部分民族群众的温饱，而且是引入一种新的观念，提高劳动者素质，改变民族地区经济结构，实现经济的快速增长。孟连县在开发热区资源的过程中，根据民族地区经济开发缺乏资金、技术、人才、信息等要素，针对土地、劳动力、热区资源丰富的实际情况，采取各种优惠政策，鼓励劳动力、资金、技术、人才在更大范围内组合，把山林划出来，成片出让给外地客商承包租种。在开发组织形式上，实行股份合作制，在很短的时间内，引入了上千万元资金，连片开发热区资源，形成了以橡胶、咖啡、茶叶为支柱的产业结构，全县共种植橡胶 3.7 万亩，茶叶 1.3 万亩，咖啡 3425 亩，围绕三大产业发展了茶厂、橡胶厂、胶碗厂、纺织厂、纸厂、印刷厂、水泥厂等乡镇企业。二是外来务工者的大量进入，弥补了民族地区经济社会发展某些人才的短缺，自发地调整了劳动力结构。在市场经济条件下，民族地区既有外出务工者，也接纳了大量的务工者。在承包开发热区资源中，一部分民族群众开始雇用外地流入的民工。在基诺山 43 个自然村中，已有回珍、回鲁、吉屋、巴亚新寨、巴破、巴朵、曼俄新寨等开始雇用外地民工。这一方面可以节约劳动投资成本，提高劳动生产率，另一方面可以弥补目前短缺的具有特殊技能的劳动力资源的不足。三是内地大量的能工巧匠、小商小贩进入民族地区，这个群体的到来，为当地导入了市场经济的观念，不仅教会了民族群众基本的商品买卖，把民族地区的资源变成了商品，变成为改变民族地区贫困的手段，而且满足了民族群众社会生活各方面的需要，也改变了民族群众的消费结构。

市场经济的建立，使民族地区人力资源在配置上将出现两个逆向运动：一方面，随着民族地区经济的发展，民族群众在解决了温饱，摆脱贫困之后，农村劳动力将呈现向发达地区的流动，向城市流动的加速，出现由低向高的梯次转移的趋势；另一方面，随着市场经济的发展，外地到民族地区投资和务工的人数将大量增加，民族地区梯度间出现人力资源由高向低的转移趋势，表现出从高到低和从低到高的双逆向运动。

第二节 "虹吸现象"："双逆向流动"的必然结果

所谓人力资源流动的"虹吸现象"，是指在两种不同的人才环境条件下，人才在不同的环境压力下，由人才环境差的地区向人才环境优良的地区流动。虹吸现象的特点是人才环境优良的地区抽干了人才环境差的地区的高素质人才，留下素质偏低的人力资源。历史发展中的脱胎差异所形成的代差效应是民族地区经济社会发展与内地发达地区经济社会发展差别的基础性因素。在自然经济为主体的经济结构中，在传统的计划经济体制下，虽然基本的经济差距存在，但这种差距是有限度的。在现代化市场经济条件下，引导资源流向的首先是要素的回报率。经济要素总是要从低回报率的地区向高回报率的地区流动。"双逆向流动"所产生的结果必然是"虹吸现象"，即高素质人力资源不流向最需要的地方，而是流向条件更好的地区，呈现人力资源从低梯度向高梯度梯次转移的趋势。这一转移的主流并不是一般性的人力资源，而是具备特殊技能和知识的人才资源，在不发达地区，即使是外出务工者，其流动主体也是当地青壮年劳动者中年纪较轻的，具备一定技能或文化素质，在当地民族群体属较高层次者。年纪较大的、文化素质偏低的、没有什么技能的，就在当地沉淀下来，成为人力资源的主体。由于低梯度民族地区几乎没有现代工业基础，交通通信基础设施落后，信息闭塞，高质量人才在这些地区缺乏施展才华的社会条件。同时，由于经济不发达，不可能提供优厚的物质生活待遇，良好的工作条件等，吸引不了人才，形不成人才的聚集效应。"双逆向流动"的结果必然是随着高素质人力资源向高梯度地区流动，低素质人力资源大量沉淀在民族地区，造成民族地区人力资源素质的普遍低下。

　　"虹吸现象"的产生，一是体制转型下人力资源压抑性逆向流动，实质上是一种新旧体制转换中的制度缺陷的释放。在旧的计划体制下，人力资源配置是以社会目标为基础，并不从现实社会经济发展的需求出发，不考虑人才的知识结构、质量结构与经济社会的总体需求相适应；人力资源的配置偏重于政治效益，不讲求经济效益；国家为了帮助民族地区尽快地发展，有计划地分配了一批高学历的劳动者，在民族地区有计划地建立了一批农场、科研机构，并从城市就业中积淀的多余劳动力中有计划地安排了一部分到民族地区，形成了民族地区一定的人才蓄积。从根本上讲，这批人才分配到民族地区是出于旧的制度安排，并非完全是个人从经济角度、价值实现角度的自由选择。由于民族地区经济社会基础设施的落后等各种因素，这批人才中很大部分无法发挥自身的能力，个人的经济状况没有根本的改变，知识没有得到更新、社会经济效益也不突出。当改革开放以后，在建立市场经济的过程中，沿海地区对人才的急缺需求，较民族地区更为丰厚的生活待遇，较民族地区更好的工作条件，以及社会强约束机制的动摇，人的自我发展意识的不断强化，必然导致民族地区中能够适应竞争，并在竞争中取得成就的人才流向沿海地区。二是民族地区在经济发展和扩大开放过程中，必然产生梯次转移的趋势，即人力资源的流动是流向相对富裕的地区。表现为一种由低向高梯次转移的趋势。市场经济中，经济利益是人的行为的驱动力。民族地区人才的流动直接的动机必然是追求回报率高、收益较好的地区。从流动的方向看，在低梯度地区的流动首先是周边地区较为富余的地区。如布朗山乡的人才流向主要是距该乡20多公里的边境口岸打洛，基诺山人才的流向主要集中在周边40~50公里范围内的热带植物园和景洪县城，而在处于第三梯度的西双版纳景洪市，外出务工的主要集中于高一梯度的昆明、玉溪等经济较发达地区，昆明、玉溪外出务工的则多是到北京、深圳、广东沿海一带。因此，这种流动追求富裕的功利性很强。流动的频度就取决于流动中预期的满足，跨梯度的流动机会成本很高，预期很低，相对数量就少。从流动中选择的职业看，低梯度流动中职业的选择多为保姆、娱乐业的服务员、开车等技能简单、收入不高，但生活稳定的职业；而高梯度流动中的职业选择则多为商贩、建筑承包等技能性较强，收入较高，但风险也很大的职业。这一方面是从自身素

质所能承担的实际角色出发，而更重要的还是从该梯度经济生活中的实际追求目标来选择。低梯度首要解决的是温饱、摆脱贫困问题，而高梯度要求实现的已经是小康，是走向中等发达。"虹吸现象"主要集中在高梯度地区，因为低梯度地区的流动是一种低水平的社会流动，由于人力资源总体素质的偏低，流动产生的主要原因是在农村产业结构调整中，传统农业部门的收缩，农村劳动力过剩而引起的劳动力转移。可以说，这种流动是在社会分工最低层次的流动。而高梯度地区的社会流动则是呈现完全不同的状态，这种流动是一种主动型的流动，流动的主体恰恰是素质较高的人才资源，流动的动机是为了实现自身更大的价值，流动的时机则多集中在发达地区经济结构调整，新产业的兴起，社会分化加快所产生的对人才多种类、多技能需求的时期。因此，"虹吸现象"的产生对民族地区经济社会的发展产生了极为不利的影响。

第一，人才资源的丧失，使得民族地区经济的发展缺乏后劲。当国家经济体制及经济增长方式发生根本性转变时，高素质的人才资源是未来增长的主导因素。经济增长的后劲从根本上取决于人才资源的蓄积，人才资源的流失使民族地区经济增长战略根本性转变失去了基础。

民族地区经济形态的梯度转移，产业结构的分化和调整，根本的突破点在于人才素质的提高和整体人力资源素质的改变。其中人才是关键，失去了民族地区最需要的人才，民族地区经济结构根本性调整就成为一句空话。在民族地区的现代化进程中，在无工业发展历史的基础上建立现代工业或发展新的产业，必须考虑其前向联系和后向联系的效应，否则由政府投资所建立的现代企业或策划设立的新产业，就会成为落后地区的一块"现代化"飞地。由于没有高素质的人力资源为基础，没有大规模的人才在空间上的聚集，在民族地区所建的现代企业或新兴产业失去了人力资源的支撑，很难获得大的发展，并带动其他产业的发展，产生乘积效应。改革开放以来，云南省政府曾先后投巨资力图在民族地区建立一批现代企业，使其成为民族地区经济发展的支柱产业，如宁蒗战河纸厂、思茅纸厂、昌宁纸厂、双江纸厂，但这些投资都已经相继破产，不仅留下大量的债务，而且造成了大批的下岗工人，留下了社会问题的隐患。其根本的原因就是在工业空白基础上建立现代企业或新产业时，对其前后关联产业关系和人力资源基础脆弱状况缺乏科学的认识。失去了人才资源基础，民族地区的现代化就成为了"悬空状态"。

第二，"虹吸现象"加剧了民族地区人力资源总体素质偏低的状况，拉大了与发达地区人力资源素质间的差距。民族地区外出务工的主体与发达地区居民相比，虽然总体素质偏低，但在整个民族群众中却算是较高的。低梯度民族地区外出求学，尤其是大学文化程度者的绝大部分不再回到家乡，而是在异乡生存。从民族群众中选拔出来，由国家出面培训的优秀分子，成为国家干部后回到本乡镇的并不多。经过几重的流失，真正在民族地区农村经济发展中人力资源的主体只可能是文化素质偏低，缺乏熟练技能和丰富知识的劳动者。这种低水平的劳动力素质状态，造成了民族地区大量资源的浪费，有限的资本无法发挥应有的作用，经济发展水平受到严重制约，民族群众生活日益贫困，而经济的贫困又直接影响到民族群众教育的投入，制约了教育的发展，从而造成民族群众文化素质的进一步落后；劳动者文化素质的落后，又进一步制约了民族地区经济社会的发展水平，从而陷入了西方发展经济学中所提出的"贫穷的恶性循环理论"的怪圈。据1999年统计，布朗山乡儿童入学率只达到58.7%，四年级巩固率为53%，六年级巩固率下降到18.9%。主要原因之一就是民族群众家庭经济困难。同时，经济发展差距的拉大又进一步影响到民族群众自我发展意识的形成，在低梯度民族地区普遍存在着两种不利民族地区发展的思想：一是看到了与发达地区发展差距拉大了，所产生的"赶不上追不着"，没有必要奋斗的消极思想。二是在国家输血式扶贫政策下长期形成的对政府依赖的思想，把民族地区发展的希望寄托在对政府的等、靠、要上，丧失了自我奋斗、自我发展的奋斗精神。这就使民族地区人力资源缺乏了的精神支柱，加大了与发达地区的发展差距。

第三，虹吸现象阻碍了民族地区精神文明建设的发展。由于人力资源素质总体趋向偏低，造成民族地区经济社会发展中的非经济因素障碍。科学技术的普及与推广受到制约，发展速度很慢，至今在民族中很大部分村寨还沿袭着毁林开荒、刀耕火种的落后耕作方式，粮食单产提高缓慢，在怒江傈傈族自治州子里甲乡，有5个村寨，其小麦、玉米的单产直到1998年仍未超过亩产200斤的水平。民族群众对新品种、新技术的推广必须等待看到实际收

成后才能定。云南民族地区居住分散，交通信息落后，一村一寨，科技推广周期很长。如布朗山乡自 1992 年推行双季稻栽培，到 1998 年，全乡才有双季稻 145 亩。另外，在滇西南民族地区，傣族、布朗族等民族地区的农村少年儿童要先进佛寺几年后才还俗，往往错过了读书的最佳年龄。家庭中宁愿把钱投在佛寺中，也不愿把钱投在子女课本上。在怒江傈僳族自治州，自改革开放以后，基督教发展很快。据 1995 年统计，全州教徒总数达到了 4.8 万人，其中在农村中 78% 以上的群众信仰基督教，在教徒中青壮年占了 60% 以上。部分民族地区农村中的落后习俗长期得不到改变。在有些地区嗜酒成风，有菜喝酒，没有菜也喝酒，有事喝酒，没有事也喝酒，酒成为群体中成员间、群体间交往的必备工具，不仅浪费了大量钱财，而且损害了身体健康。以澜沧拉祜族自治县木戛区为例，全区 17600 多人中，每年酒的消耗量达 21 万斤，人均 11 斤，酒上的消费占群众实际收入的 23%。在低梯度地区的民族中，人畜共居的现象仍然十分普遍，一些贫困地区的民族群众至今仍是全家人围着一个火塘生活。在部分民族地区，从民族干部到民族群众都满足于目前基本温饱的田园诗般的生活，不愿奋斗以努力改变落后状态，而是以这种与世无争的田园生活为荣。在某县一个连温饱都尚未解决的小山村，民族群众居然连现代的迪斯科舞都会跳，每到夜里，村里灯火通明，载歌载舞，欢声如雷，而解决贫困这个实际问题却被遗忘了。到这里作扶贫工作调查的省委书记不禁感叹道：民族地区农业资源如此丰富，有山有水有田，土地资源丰富，可还是吃不饱饭，吃不饱饭还不去奋斗，民族地区的贫困就在于素质性贫困。

"两个根本性转变"是我国经济发展中根本性的转折，是我国经济现代化进程中质的提升，是我国加快现代化进程必然的战略选择。如何在"两个根本性转变"的历史条件下，缩小民族地区与内地、发达地区的发展差距是民族地区经济社会发展中的一个难点；如何解决好民族地区人力资源开发利用中存在的"虹吸现象"，则是实施民族地区人力资源梯次开发的难点。只有解决好这两个难点，才能提高民族的整体素质，促进民族地区经济社会的飞速发展，最终实现民族的共同繁荣和平等。这不仅是社会主义本质的必然要求，也是党的民族政策的必然要求。

第三节　建立和完善市场经济机制：解决
"虹吸现象"的根本途径

从本质上看，市场经济就是一种经济运行手段，它以市场为基础，通过生产要素的价格变化，引导生产要素的价格变化，引导生产要素的流动，实现最优的配置，产生最高的效率。因此，市场经济与民族地区经济的超常规发展，对外开放和人力资源的梯次开发并不矛盾。相反，发展市场经济是实施民族地区人力资源有效投入、梯次开发、解决"虹吸现象"的根本途径。

一、人力资源开发的有效投入是解决"虹吸现象"的基本原则

在对民族地区"虹吸现象"进行认真分析后，我们不难发现，在民族地区的人力资源流动中，民族中自身人才流动的现象并不突出。民族地区人才流动的主要成分为知识青年回流、原籍在外地的各类人才、自然科学人才、专业技术人才，而文科方面的人才、民族人才流失并不突出。其根本原因在于，民族人才专业集中在文科方面，培养的目标为民族地区行政文化管理方面的人才。这种人才培养目标与民族地区经济总体落后、人才需求单一、结构简单的实际是相适应的。因此，"虹吸现象"的出现实际上是民族地区人力资源开发机制与民族地区经济社会发展不相适应的必然反映。因此，实现有效投入才是解决"虹吸现象"的基本指导。根据有效投入的原则，从短期战略上看，民族的人力资源开发要以实用技术培训、实用人才培训为主才可以满足民族地区经济发展的实际需要，这是人力资源发展的基础。在农村，通过实用技术的推广，培养起一大批农村中的能工巧匠、技术能手、劳动致富的带头人。在城镇深化提高现有人才质量，充分发挥人才功能，通过挖掘潜力，提高人才效率，这是解决目前人才危机的有效策略。从中期发展战略看，通过增大教育投资，发展科技教育实现民族地区人才总量蓄积的增加，培养一批高素质专业化民族人才，这是人力资源开发的向导。教育的蓄积必然要通过特定产业的发展泄发出来，形成专业化人力资本，实现经济的持续发展。从长期发展战略上看，通过改善条件，创造吸引人才的社会环境，彻底扭转

"虹吸现象",实现人力资源在更大范围内的优化配置。瑞典经济学家米尔达尔曾提出"循环因果累积论",认为先发展地区由于对劳动力的需求的上升引起工资提高,工资的提高又吸引了更高的人才流向先发展的地区,并导致需求的扩大和经济效益的提高,资本像劳动力一样向收益高的地区流动,从而使先发展地区的交通、通信、教育、卫生事业得到改善。后发地区则由于人才、资本的外流,导致对商品、劳务和生产要素的需求减少,需求减少又造成落后地区经济状况的进一步萎缩。一旦发展出现差距就会在有利地区发生连续的累积性扩张,而在落后地区造成工业和贸易的萎缩及人均收入、生活水平和就业状况的相对恶化,同先进地区的差距进一步拉大。然而,事实上,生产要素的流动是双逆向的,在社会发展的初始阶段,表现为落后地区人才、资本、资源等要素向发达地区的流动,由低梯度向高梯度的转移是主导;当发达地区经济发展导致人口拥挤,经济危机出现时,这种人才和资源要素向发达地区的流动就会停止,甚至逆转,出现了由高梯度向低梯度的转移。在沿海发达地区,已经有学者提出了"产业结构调整中的劳动力的梯度转移"的观点,他们认为,沿海经济转型和产业结构转换过程中成为夕阳工业的纺织、仪表等行业,在中西部地区尚有发展余地。国家正从开发西部、平衡全国经济发展的角度出发,制定了产业梯度转移的优惠政策。西部地区在缺乏产业的同时,更缺乏有效推动这些产业的技术工人和管理人员。内地一些地区为了建工厂办企业,不惜高薪聘请东部地区的退休工人,从一个侧面说明了中西部对人才的渴求。因此,让下岗工人随着产业的梯度转移实现就业的梯度转移,既解决了中西部地区培养人才的困难,又为解决上海等沿海地区再就业问题提供了一条新的通道,是这部分人力资源的最佳配置方案之一。实践证明,在东部产业结构调整中,西部人力资源长期向沿海流动的势头已经发生逆转,西部开始接纳东部流入的大量人才。在"两个逆向流动"中,其中哪一个作用更强,持续更久,取决于环境条件的强弱。即取决于国家宏观政策,民族地区的人才环境(生活待遇、工作条件社会地位及影响等)等方面的因素。如果民族地区能够利用目前发达地区产业结构调整的时机,制定优惠的政策,吸引发达地区的产业及人力资源,这将有利于民族地区人力资源的开发,促进民族地区经济社会的发展。

二、改善人才环境是解决"虹吸现象"的重要条件

在经济运行的资源要素中，人力资源是一种活的要素。人力资本要素的功能效应取决于人力资本在经济运行过程中主动性、积极性、创造性的发挥。人才价值指人才创造财富，满足社会集体，个人发展需要的有用属性。满足社会与满足个人是价值的双重实现，这两个满足之间如果失衡，就会产生人才流动，"虹吸现象"必然突出。要使两者平衡，就必须创造良好的人才环境。第一，创造尊重知识、尊重人才的社会氛围。尊重人才的基本内容是：尊重人才的价值，尊重人才劳动的价值，尊重新生人才的潜在价值。人才的价值是通过社会价值和经济待遇双重评判的。在市场经济条件下，人才的价值首先要通过劳动力价格和生活待遇表现出来，但人并不是单纯的经济动物，在社会价值体系中，知识的地位、社会评判等是人才价值实现的重要内容。因此，人才流动并不单纯表现为劳动力价格，广东深圳工资高，但人才聚集地却在京、津、沪。创造尊重知识，尊重人才的社会环境取决于经济发展的实际水平，取决于科技在经济发展中的地位。在以农业为主的自然经济时代，科技水平落后，作用有限，人才的功效并不突出，人才意识从客观上非常淡漠；在工业经济时代，科技对生产的推动作用日渐突出，人才的功能开始逐步扩大，人才意识逐步形成；在知识经济时代，科技成为经济发展的主要推动力，人才价值越来越显著，人才意识越来越强烈。客观上看，民族地区经济发展落后，人才价值不突出，人才意识并不强烈，人才的流失就成为一种必然现象。因此，在经济落后的民族地区，努力营造"尊重知识，尊重人才"的社会氛围是解决"虹吸现象"的关键。

第二，更新观念，消除"罗兰夫人错觉"，即认为法国遍地都是侏儒而没有人才。列宁曾针对十月革命后的俄国的状况批评过认为"人才既多又缺"的错误观念。如果我们不注重人才观念的更新，则可能出现不注重现有人才的开发利用，而片面讲引进；一讲调走就是人才，而勤勤恳恳、踏踏实实就不是人才；人才只讲技术人才，不讲政治人才、管理人才；人才只强调学历，而不强调实际本领；等等。人才观念的更新是创设良好的人才环境的条件。

第三，深化改革，逐步清除阻碍人力资源流动的人为障碍，如人事关系、

干部身份制、城乡户籍制等，大胆解放思想，用足用活现行政策，创造一个让人才充分发挥主动性、积极性、创造性、施展人才才华的社会环境和工作条件。

第四，加快经济的发展，培育民族地区经济发展中的支柱产业，以产业发展提高人力资源素质，创造人力资源施展才华的舞台。总之，良禽择木而栖，有了梧桐树不愁没有金凤凰。民族地区"虹吸现象"的产生是因人才环境不好而导致；能否解决"虹吸现象"，从根本上取决于能否营造出一个良好的人才环境。

三、加快体制改革是解决"虹吸现象"的制度保证

从根本上看，"虹吸现象"的产生是体制转型在人力资源开发中的必然结果。只有通过制度创新才能解决"虹吸现象"。在民族地区尽快建立人力资源开发的市场机制是最终解决"虹吸现象"的根本途径。

第一，市场经济确立了劳动者和用人单位的主体地位，建立起劳动者自主择业、用人单位自主择人的双向选择机制，劳动者择业和用人单位择人可以通过多次选择来实现，一方面可以遏制个人普遍存在的高价值实现和高经济要求的期望，实现才尽其用、人尽其能的效果。另一方面可避免人才开发盲目性造成的人才积压，以及可能产生的人才"胜利大逃亡"。

第二，利用市场价值规律，通过利益调节，引进民族地区最急需的人才。目前，国内已有专家提出民族地区可以采用多种更灵活的方式，在人才引进上实施"借贷人才战略"，即通过项目承包，课题论证，专家咨询等多种形式，以特别优惠的待遇、宽松、自由的工作氛围和比较舒适的生活环境，特别的关注和社会赞誉等各种方式吸引人才，这样做比自己投巨资培养人才要稳妥得多，可以节约大量前期培养的经费，而且不用担心自己重金培养出的人才"孔雀东南飞"。进一步分析，民族地区完全可以根据自己的需要，用有限的资源招募某个产业，某项技术处于前沿水平的专家就民族地区的发展会诊、出谋划策，或者直接拿出方案或结果，要比自己培养经济和现实得多，从而避免"虹吸现象"的发展。

第三，在制度创新上要有勇于思考、勇于探索、勇于创新、大胆去试、

大胆去闯的精神。民族地区要在激烈的市场竞争条件下，实施超常规发展，只有通过制度创新的途径才可能实现。与内地相比，应该说，民族地区旧的体制的痕迹要淡得多，改革目前的社会管理和人事管理制度，建立民族地区新世纪的人才平台。根据民族地区经济社会发展的实际需要，不受年龄、资历、职务、职称等各种人为条件的限制，不拘一格选人才，不拘一格用人才，不拘一格给予人才应有的待遇，才能有力地改变人才环境，留住人才。

第四，改变目前人才单通道的社会价值承认机制，建立市场经济机制下的人才立交网络，实现不同知识结构的人才走不同的发展道路，营造不同的人才环境，充分发挥不同人才的不同功能，而不是沿用传统机制下单一的价值标准，所有人才只能走一种发展道路，所有的人的价值目标只是追求行政级别。

第五，建立一个公平合理的竞争机制，强化民族地区的人才意识。对民族地区经济社会的发展而言，没有压力，没有危机感，就没有人才观，就没有对人才功能、人才地位和作用重要性的认识。

四、加强国家宏观调控的力度是解决"虹吸现象"的社会保证

放任市场竞争机制发展，其消极的方面必然加剧"虹吸现象"，导致两极的分化，拉大发达地区与民族地区的发展差距。从不同历史发展阶段进入社会主义的各少数民族在市场经济中，很难与有商品经济发展历史的先进民族竞争。要解决"虹吸现象"就必须加强国家调控的力度。

在计划体制下，国家对民族地区的扶持主要采取了政府出钱，政府投资，物质帮助，困难救济的方式，这实质上是一种"输血式"的扶持方式。这种扶持没有能够帮助各少数民族群众树立起自我发展、自我奋斗的内在动力，唤醒民族生存意识，反而在客观上形成了民族地区经济社会"依赖型"的发展模式。在市场经济条件下，民族地区扶贫资金、发展资金投入的主体将由政府的计划行为逐步转变为多元化的市场行为，对民族地区的开发将逐步由民间企业界来进行，开发的方式将以资源互补开发的形式进行。经济体制的根本性转变，导致了政府职能的根本转变，政府在民族地区人力资源开发中的主要任务应该是从宏观上实现劳动力供给与创造就业相结合，优化人力资

源结构与经济结构的调整相结合，使人力资源的总量、结构、布局适应民族地区的经济社会发展的实际需要，主要表现为八个字"规划、服务、扶助、规范"，即制定民族地区人力资源开发的战略规划；为人力资源的市场化提供一个良好的环境；对特殊地区、特殊民族、特殊人才予以必要的支持和帮助；创造劳动力培训、流动、使用公正、公开的竞争环境，实现民族地区劳动力市场规范有序地运行。

首先，制定人力资源开发的总体规划，使人力资源的总量、结构、布局适应民族地区经济社会发展需要，这包括：

（1）坚持不懈地贯彻实施计划生育政策，控制住民族地区人口总量，尤其是在低梯度地区必须加大力度，控制住人力资源供给的总阀门。

（2）加大教育投入的力度，改革现行的教育体制，改进现行的教育内容，改变现行的教育方式；针对不同梯度的实际状况，实施不同重点的教育目标，在低梯度地区加大财政对教育支持的力度，努力实现"普四"、"普六"、"普九"和扫盲的任务。在中梯度地区，要把基础教育与职业教育有机地统一起来，加大职业技术培训的力度，积极推广"3＋1"的教育形式。在高梯度地区则主要是提高高等教育比例，调整专业结构，努力培养学生的创新能力，实施有重点、有针对性、有步骤的教育发展战略。

（3）加快民族地区文化设施的建设，力争村村通水电、通电视、通广播，能够看上电影，配合农村社会主义精神文明建设，开展农村文化建设工作，创造人力资源开发的软环境。

（4）围绕国家基础建设和重大项目的投资，有计划地组织当地民族参加建设，有意识地培养当地重大建设所必需的特殊人才；围绕这些项目的建设，有计划地培育一批服务性企业，培训一批民族地方人才。

（5）由国家出面组织，加快对民族地区基础设施的建设，改善和提高民族地区与外界联系的渠道，打破民族地区自然封闭的状态，打开山门，走向世界。

其次，培育民族地区的劳动力市场，发挥国家在调剂劳动力、解决劳动力总供给与总需求矛盾中的作用。

（1）制订未来人力资源供求计划，建立劳动人力资源信息网络，根据经

济发展的目标和发展程度以及经济社会发展对人力资源数量、类型、质量的不同要求，发布信息，提供指导。

（2）组织培训，包括对新就业者技能的培训，再就业者上岗的培训以及特殊行业特殊技能的培训。

（3）有组织地组织区内向区外的劳动力输出，通过有计划的培训，提高输出劳动力的质量，改变结构，扩大输出的规模，实现劳动力的增值。

（4）制定各种符合实际的特殊优惠政策，加快引进本区所需的特殊人才，调整、提升本地区的人力资源结构和层次。

（5）制定劳动政策和法规，使劳动力价格成为引导劳动力资源优化配置的市场信号，切实保障劳动者的合法权益，加强劳动监督力度，规范用工制度，规范劳动力市场的竞争机制，保证劳动力市场规范有序地进行。

再次，组织民间各项扶贫、经济开发、人力资源开发项目的协调。民族地区的经济发展不仅是政府一家的事，而是要把全社会的力量组织起来。长期以来，这些力量和组织以不同的形式、以不同的资源为民族地区贡献着自己力所能及的力量，而把这些力量组织起来，就要发挥政府的全面协调作用。这种作用包括：

（1）发布信息，向各个民间组织提供可以实行帮助的项目、规模，所需要提供帮助的内容、形式。

（2）组织项目的策划、实施及实施过程中的沟通与协调。

（3）检查监督项目的实施过程，项目目标的实现。

（4）完成对项目的配套，创设项目实施的良好的社会环境，给予项目有力的支持。

培养以民族为主体的人才队伍是解决"虹吸现象"的根本途径。民族地区经济社会发展的主体是各民族人民，各民族人民的整体素质决定着民族自身和民族地区发展的未来，是缩小民族地区与发达地区发展差距的根本所在。因此，民族地区能否培养起一批以民族为主体的养得起、留得住、用得上的人才队伍是解决"虹吸现象"的关键。民族地区人才是民族群众中具有专业知识和技能、综合素质比较高的人力资源部分，他们同本民族的人民群众有着广泛而深刻的联系，通晓本民族的语言，熟悉本民族的生活方式，能够更

深刻地体察本民族的疾苦，反映民族群众的意见和要求，把本民族的发展作为己任。这些人才能够把党和国家的方针政策与民族特点和地区特点结合起来，推动民族地区经济社会的快速发展。少数民族人才的这些长处和特有的作用是其他人才难以替代的，也正是民族人才的这一特点，在满足社会价值与个体价值的双重平衡中，民族自己的人才更容易选择把民族的发展作为个体价值的追求，因此，本民族、本地区人才队伍的形成才是民族和民族地区的希望所在。我们党自成立之日起，在马克思主义民族理论的指导下，就高度重视少数民族人才的培养工作，注意发挥少数民族干部的作用，促进了民族地区社会发展中历史的跳跃，推动了民族地区社会主义现代化建设的发展。

市场经济的发展对民族人才的培养提出了新的课题。一是民族人才的素质偏低，不能适应民族地区经济建设发展的需要。在云南省155468名干部中，大专以上文化程度的为16600人，占总比例的10.7%，中专水平的为52905人，占总比例的34.03%，高中水平的为23373人，占总比例的15.03%，初中及初中以下的为62590人，占总比例的40.26%。在县级领导干部中，大专以上的仅占总人数的22.17%，中专及高中的占总人数的24.89%，初中及初中以下的占总人数的51.7%。二是专业技术人才量少质弱，不能适应民族地区经济发展的需要。在云南省少数民族人才中，存在着"三多三少"的情况，即学文史、农林、党政管理的多，学经济、外经外贸、法律专业的少。少数民族中高级人才、企业管理和科技人才严重缺乏。据1997年统计，全省8个民族自治州共有技术人员1841人，仅占全省科技人员总数的22.9%，其中有3个州科技人员总数不到100人，最低的怒江州和迪庆州分别为25人和45人。调查统计表明，民族地区县、乡两级中，80%的经济管理类干部没有系统地学习过经济理论，75%的党政干部没有接受过科技培训，90%的行政干部没有系统地学习过行政管理及相关的学科理论。党政干部占干部总比例的65%，经济、科技管理类干部仅占35%。三是由于管理不当，人才作用发挥差，存在着高才低用、低才高用、有才不用的现象。据抽样调查显示，在目前的科技人员中，作用发挥较好的占25%左右，基本发挥作用的占56%，作用发挥较差的占15%。四是民族人才数量占民族总人口的比例太低。培养起一支热爱本民族，立志建设好本民族、本地区，具有专业技术知识和高素质的干部队伍是解决"虹吸现象"的根本途径。培养民族干部队伍主要注意几点：

（1）提高干部的文化素质。文化素质是干部素质中的基础，包括学历、专业、文化素质等。提高高学历干部在民族地区干部队伍中的比例，在低梯度地区，这一任务就更为突出。

（2）要从目前国家人事制度的改革出发，调整干部的技能专业知识结构，对干部进行分类培养与管理，强化干部知识的专业化。

（3）加强对民族干部精神素质的培养，努力树立各个民族地区、民族干部艰苦奋斗、自力更生、民族自我发展的精神，振奋民族精神，真正使干部成为民族地区群众致富、发展的带头人。

（4）要协调普通高校与党校教育的关系，提高干部教育的质量和水平。

（5）加大干部易地交流的制度，让民族干部走到发达地区，吸取经验，锻炼才干，解放思想，回到本地区后成为有开拓进取精神的领头人。同时，加大外地干部到民族地区挂职锻炼的力度，向民族地区输入新的观念、管理思想，加强与外界的交往与联系。

解决"虹吸现象"的前提是转变观念，"虹吸现象"是体制转型中出现的必然现象，它只有通过加快市场的步伐，从民族地区经济社会发展的实际需要出发，实施人力资源开发的有效投入，培养起民族自己的人才队伍，营造优良的人才环境，吸引各方面的高素质人才才能解决。必须坚持两条基本的原则：只有市场机制，才能实现人力资源的优化配置；只有建立民族自己的人才队伍，民族地区的经济社会发展才有坚实的基础。

第九章　民族教育：实现人力资源梯次开发的重要途径

　　民族地区人力资源开发的目的是选拔人才、培养人才，全面提高民族地区人力资源的素质，推动民族地区的经济发展从根本上转到依靠科学技术进步和提高劳动者素质为主导方面。民族教育是实现人力资源开发的重要途径。加快民族教育的发展，充分发挥教育在人力资源开发中，尤其是充分发挥民族教育在人力资源开发中的功能，既是民族地区经济社会发展的必然要求，又是实现民族地区人力资源开发的重要内容。从民族地区经济社会发展的实际情况出发，实施民族教育的分类指导是加快民族教育发展的基本要求。

第一节　教育在人力资源开发中的地位和功能

一、关于教育的地位和作用

　　关于教育的地位和作用，邓小平从社会主义现代化建设的高度对教育的地位和作用作了深刻的阐述，首先，把科技和教育作为追赶世界先进水平的突破口。"我们国家要赶上世界水平，从何入手呢？我想，要从科学和教育入手。"（《邓小平文选》第二卷，第48页）其次，教育的功能就在于培养人才。邓小平指出："我国的经济，到建国一百周年时，可能接近发达国家的水平。我们这样说，根据之一，就是在这段时间内，我们完全有能力把教育搞上去，提高我国的科学技术水平，培养出数以亿计的各类人才。"（《邓小平文选》第二卷，第163页）最后，教育是变人口压力为人力资源，促进经济发展的关键。中国是一个人口大国，人作为生产力的要素之一，对经济发展是

一种必不可少的资源，但超过一定数量又成为制约经济发展的因素，要将人口过多的包袱转变为高素质的人力资源，变为经济增长的主导因素，关键在教育。所以邓小平提出："一个十亿人口的大国，教育搞上去了，人才资源的巨大优势是任何国家比不了的。有了人才优势，再加上先进的社会主义制度，我们的目标就有把握达到。"党的十三大提出："从根本上说，科技的发展，经济的振兴，乃至整个社会的进步，都取决于劳动者素质的提高和大量人才的培养。百年大计，教育为本。"教育的战略地位取决于教育的功能。教育功能的发挥又取决于教育在一个国家社会发展中的地位。所谓教育功能，就是指教育对人类和人的发展所起的功用和效能。杜尔凯姆认为，"教育是年长的一代对未成熟的一代所施加的影响"，是"激起和发展儿童生理的智力的及道德的品质，以适应整体政治社会和个人将来所处特殊环境的需要"。可以说，教育的功能就在于使个体社会化。所谓个体社会化，包括两个方面的内容：一是培养共同品质，社会化规范和同质性要求；二是根据社会分工、专业化的发展，注意"维持必要的差异性"，即个性化的要求。具体地说，就是大面积提升国民的整体素质；大幅度地提高劳动者的知识水平和工作技能；造就一批批跨世纪的高层次人才。因此，可以说，教育的主要功能就是培养高素质的劳动者，高素质的专门人才，为发展生产力服务，为经济和社会发展服务。必须指出的是，第一，教育并不是一种单纯的文化和意识形态，正如舒尔茨所指出的教育并不是一种消费，而是一种投资，它表现为一种经济的功能，这种功能就要求教育首先必须为经济服务。第二，教育不仅要完成知识的传播，技能的培养，而且还要形成劳动者的价值观，树立理想支柱。从这个意义上看，教育又具备社会的功能，必须为社会服务。第三，教育并不直接产生生产力，而是形成劳动者素质，"发现人才，培养人才"，所谓"教育为基础"正是从教育与经济的间接关系而言的。

二、教育的功能

从人力资源开发的角度看，教育的功能可以从宏观与微观两个方面来认识：

（一）从宏观上看，教育在经济社会发展中起到基础性的作用

首先，教育具有使劳动力增值的功能，人的劳动能力的生成与发展源于两个方面：一是社会劳动的实践，二是社会的教育与培养。一般地讲，社会生产越发达，社会教育与培养的作用越突出；社会教育越发达，劳动力的增值程度越高。在原始社会，劳动力的增值主要依靠体力的发展与劳动经验的增强，表现为对农业和手工技艺的掌握。因此，这一过程是通过子承父业的世代相传和劳动经验积累的过程。在工业革命时代，随着大机器的运用，工厂制度的出现，生产力获得了迅猛的发展，劳动力的增值是通过劳动者知识的增加和社会合作方式实现的，学校教育取代了传统的家庭教育，成为教育的主要形式。劳动者受教育程度的高低，知识的多寡，在相当程度上已成为劳动力增值的决定性因素。在信息时代，知识开始在生产构成要素中成为独立的要素，并超越了工业社会的资本要素，成为经济活动中的关键要素。劳动力的增值不再取决于体力、技艺，即便是知识，也不仅仅取决于它的量的多少，更主要的是它转化为智力的有效度的高低，教育在社会发展中的地位发生了根本改变，作为知识传播、知识创新的社会实践过程，教育开始与生产相统一，表现出全面性、基础性，成为经济增长的源泉和动力，成为知识经济的核心和基础，成为社会各种产业创造关键性生产要素的基础产业。

其次，教育具有科学知识增值的功能。教育是人类一代一代传授知识和技能的过程。科学首先以知识的形态出现，通过教育，知识由物的载体向生命载体运动。劳动者在接受科学知识教育后，又产生一个把知识由生命载体转向物的载体的运动，推动生产力发生根本性的变化，产生物质财富。科学知识成为现实生产力，首先取决于科学知识由物的载体向生命载体的运动过程，即教育的实施过程，这个过程决定了后一个过程的效果，决定了生产力发展的效果。同时，科学技术又是"第一生产力"，发明科学技术的劳动者本身就能直接推动生产力的发展，创造物质财富，但发明科学技术的劳动者本身也是接受过去教育的结果。邓小平说："科学技术人才的培养，基础在教育。"可以说，没有教育这一环节，科学知识的增值毕竟是有限的。随着知识经济时代的临近，科学知识更新的周期不断缩短，劳动者科学知识的更新必

然越来越突出。

再次，教育具有全面促进生产力发展的功能，生产力是一个复杂的系统，大致可分为物的要素与人的要素两个方面。通过教育，用科学知识武装劳动者，从而实现扩大劳动对象，改变生产工具，通过科学管理，激活劳动者内在的潜力，从而创造出更多的物质财富。从生产力发展的历史看，教育通过改变劳动者素质，从而改变整个生产力系统的变化，推动生产力的发展。劳动者受教育的程度反映出生产力中人的因素与物的因素间的相互适应。一个具备小学文化程度的劳动者所适应的是简单的手工劳动，一个具备中等教育文化程度的劳动者能够适应机械化生产，而由计算机控制的自动化生产需要的则是具备大专以上文化水平的劳动者。

最后，教育能够形成劳动者共同的理想、信念，提供社会认可的价值观，激发劳动者在经济活动中的主动性、积极性和创造性。劳动者素质具备双重性：一是劳动者的行为，即技能、技艺、知识和智力等各个方面；二是劳动者的精神状态，即劳动者的积极性、主动性、创造性，以及劳动者的团队精神、敬业精神等。劳动者素质的二重性决定了教育的二重性。教育不仅仅是传授知识、文化和技能，更重要的是培养劳动者的思想道德、信念，塑造劳动者的社会价值观念，因此，科学进步越快，生产力水平越高，劳动者的主动性、创造性的作用就越重要、越突出。道德素质并不直接创造财富，但却是劳动者创造物质财富的精神动力。在社会主义条件下，培养"有理想、有文化、有道德、有纪律"的四有新人，就成为教育发展的根本目标。

（二）从微观上看，教育可以从根本上改变受教育者的素质，从而改变受教育者在经济社会中的地位

首先，个体在受教育的过程中获得了知识、技能和文化，这是个体社会化的主要内容，其中包括社会生活基本技能的掌握、社会角色的学习、社会规范的培养、生活目标的树立等多方面的内容。

其次，教育使个体福利水平提高，工作条件改善。个体受教育程度越高，个体社会化水平就越高，个体适应社会的能力就越强，一般个体受教育的程度与个体的收入状况成正比，个体受教育水平越高，其收入越高。1989 年，国家统计局对 67000 户农民跟踪调查显示，人均收入与教育程度和教育结构

的关系是：文盲户 442.8 元，小学户 542.96 元，初中户 618.3 元，高中户 639.85 元，中等职业教育户 740.9 元；同 1985 年相比，人均收入增长率分别是：文盲户 45.6%，小学户 54.9%，初中户 56.10%，高中户 53.9%，中等职业技术教育户 68%。

再次，与未受教育的个体相比，受教育的个体具有较强的工作适应能力，有较多的更换职业的机会。在现代市场经济条件下，受教育年限往往与劳动者的职业流动次数成正比。

最后，教育对个体的健康、闲暇、家庭消费等生活方式的文明程度起着潜移默化的影响。个体文化程度越高，表现在思维观念上就是对新事物的认可程度越高。生活方式的健康程度越高，从生育观、闲暇观、消费观等各个方面指标对比看，一般地讲，受教育者超过未受教育者，高文化程度者超过低文化程度者。总之，教育的主要功能就是塑造人、改变人，就是提高受教育者的素质，这是人类经济社会发展的基础。党的十四大明确提出："我们必须把教育摆在优先发展的战略地位，努力提高全民族的思想道德和科学文化水平，这是实现我国现代化的根本大计。"这一理论既是对世界各国现代化成功经验借鉴认识的结果，又是对我国现代化道路的战略抉择；既是对新中国成立以后教育发展曲折的经验认识，又是对改革开放实践的总结。只有充分认识教育的功能，才能明确教育的战略地位。同样，只有摆正了教育的战略地位，才能充分发挥好教育的功能；只有充分发挥教育的功能，人力资源开发才具有了坚实的基础。

第二节　民族教育在民族地区经济发展中的地位和功能

在现代经济社会发展中，科技是核心，人才是关键，教育是基础。教育在生产力和社会发展中的作用越来越突出。1998～1999 年，我们组织了一次有关民族教育与民族地区经济发展关系情况的调查。调查采用问卷与访问方式进行，共涉及云南省 24 个县、50 乡（村），发放问卷 560 多份，回收 514 份，形成 56 份调查报告（以乡为基础）。这次调查，以对 50 个乡（村）的富裕户及 6 个职业中学采取定额抽样和访谈的方法进行。虽不能对调查结果作完全的推断，但从中可以看出一定的趋势。

一、文化素质与致富状况的关系

文化素质是人力资源的重要内容，教育是形成人的文化素质的主要途径，劳动者文化素质对于劳动者的经济状况的影响是形成劳动者教育预期的关键。在劳动者文化素质与综合程度的关系调查中显示出以下几个基本的趋势。

（一）劳动者经济收入随文化程度呈正比例递增趋势

在这次调查的 56 份报告中，共涉及全省 24 个县、50 乡（村），共列出各乡（村）富裕户 516 人。在这一群体中，涉及小学文化程度 119 人，初中文化程度 253 人，高中文化程度 106 人，大专文化程度 38 人，其中，小学文化富裕户占同层次总人数的 27%，初中文化程度富裕户占同层次总人数的 39%，高中文化程度富裕户占总人数的 58%。呈现出文化程度越高，富裕户所占比例数越高的一般趋势。典型样本可以从景东县文龙乡龙街村 3 社不同生活水平层次户的年人均收入与文化素质对比表（表 9 - 1）中得出结论：

表 9 - 1　景东县文龙乡街村 3 社不同生活水平层次户的年人均收入与文化素质对比表

生活水平层次	人口	户数	年人均收入	平均教育年限	文化程度			
					高中	初中	小学	文盲
富裕	53	17	1700	10.9	37	14	2	0
中等	187	35	720	8.4	15	122	48	2
贫穷	39	9	405	1.9	0	1	11	27
总计	279	61	864	7.97	52	137	61	29

从表中数据可以得出如下结论：第一，收入随教育年限的提高而增加，高中文化程度者占富裕人口总数的 60.8%，初中文化程度者所占 26.8%，小学文化程度者为 3.7%，文盲为 0。第二，文化层次高者占高收入比例大，文化层次中等者占中等收入比例大，文化贫困者占经济贫困比例大，文化层次

与经济收入从总体上呈正比递增关系。第三，高中文化程度者年人均收入比初中文化程度者年人均收入高出 980 元，近 1.2 倍，高出文盲层次的贫穷人口的年人均收入的 4.2 倍，为 1295 元。

（二）文化素质越高，职业分布越广，致富门路越多

从调查报告中可以看到一种明显的基本趋向，文化素质越低，从事职业越单一，处于文盲、小学文化程度的农户 80% 都是以种植业为主，约 10% 是以养殖业为主，约 10% 以经商等多种职业分布，其中贫困户占了 80% 以上。而初中文化以上的劳动者的职业分布则覆盖了种植、养殖、运输、建筑、经商、承包、开矿等 12 种。具体情况见表 9 - 2：

表 9 - 2　寻甸县七星乡情况调查表

姓名	性别	年龄	文化程度	所学专业	发展项目	经济收入
张加荣	男	35	文盲		农业生产	400 元
王国祥	男	36	小学		农业生产	820 元
代玉甫	男	34	小学		泥水匠	1000 元
刘林	男	35	初中		拖拉机	4000 元
杨松	男	35	初中		农用车	6000 元
许加强	男	35	职高	烟草	烤烟生产	9400 元
王彦林	男	35	职高	药物管理	药材种植	11300 元
陶星	男	34	农职中	兽医	养猪	14000 元
刘彦	男	34	大专	林业	承包林场	35000 元
卢明	男	32	大专	建筑业	自办砖厂	70000 元

从调查统计表中可以看出，教育的功能在于：第一，改变了受教育者的职业选择，文盲、小学层次基本上以传统农业和从农业中分化的农业手工业为主，初中文化层次则表现为从第一产业向商业贸易的移动趋势，而职高以上的职业分工已进入现代社会分工体系。从对景东县文龙街村新社的 212 名

从业人员的调查来看，从事第一产业的高中生为 7 人，初中 118 人，小学 58 人，文盲 29 人，而从事第二、第三产业的高中生则为 45 人，初中生 19 人，小学 3 人，文盲为 0，呈现出文化程度与产业分布的两个逆向移动。第二，教育的功能表现为受教育者接受的知识技能转化为现实的生产力，成为劳动者致富的本领，职高文化层次致富的途径皆以自己所学专业为依托，运用专业技能实现致富，而大专生则显示出其视野的开阔，经营规模的宏大，因而获得的利益也更高。

（三）文化素质的提高，是劳动者致富的基础

从劳动者富裕情况与所接受的文化程度成正比递增现象进一步分析，影响劳动者致富的主要原因并不是劳动者的技能，而是劳动者的素质。通过对典型富裕户的访谈，我们发现几个显著的特点：第一，对于科技的态度是影响劳动者致富的重要因素，文化程度处于文盲、小学的劳动者，普遍对新的科学技术表现出怀疑的态度，在劳动过程中，土地资源得不到合理开发利用，几乎处在广种薄收，甚至刀耕火种的状况。在养殖业上，方法落后，疫病死亡率高，成长慢；高小、初中文化程度的劳动者对科学技术则往往持观望态度，他们在有先例或者示范的启发下，能够较快地适应新的耕作和养殖方法。其中一部分劳动者，在计划经济与市场经济的转轨中，能够利用各种社会关系尽快致富。他们在经营方式上，多是从事传统的建筑、运输行业。文化层次较高（高中、大专）的劳动者，则表现为对新技术的放心、大胆和积极接受的态度，尤其是大专一层，职业的分布已进入承包林场，开办工厂、婚纱影楼，歌舞厅，电脑打印等现代行业。第二，从寻甸县的访谈材料看，在就业门路上，文化素质低的劳动者适应性弱，变化不大，总体保持落后，而文化素质高的劳动者适应性强，门路宽广，变化大，创新意识强。第三，初中以上文化程度的劳动者具有几个共同的特点：善于钻研、善于探索、头脑灵活、接收信息快、实干精神强、协调关系能力显著。这就改变了我们一个传统的看法，认为基础教育并不直接创造财富，事实上，基础教育并不提供直接的劳动技能，但基础教育却能全面提升人的素质，为劳动者更好地掌握技能，运用技能奠定基础。

（四）贫困的两极与文化的两极

调查的结果显示出，目前民族地区的贫困主要集中在文盲教育及小学文化层次，但同时，在经济欠发达地区（第一、第二梯度），大专以上文化层次的劳动者也属于贫困的层面。大专生在劳动者贫困群体中的特点：一是从职业分布上看，80%以上集中在教育行业和各级政府部门。追求铁饭碗，不敢冒风险到市场大潮中去闯。收入在活跃的农村致富群体中，虽稳定，但却表现为较低。二是从专业特点看，目前，民族地区大专毕业生的专业分布，大多为党政、教育、行管、中文、历史，但是现代经济类，如营销、企业管理、外贸、金融等几乎没有。在以经济建设为工作重点，农村全面走向市场经济的形势下，就显得极其不适应。三是从访谈情况反映，大专毕业生普遍"缺乏一种闯劲，满足于稳定的生活"，"学历高，思想观念受到一些束缚，在工作中，高不成，低不就"，"缺乏勇气和信心"。这实质上也反映出目前高等教育中追求学历，只为了改变社会身份，专业分布不合理，教育内容严重脱离民族地区经济社会发展实际，忽视素质教育的错误倾向。

（五）文化素质将随农村经济发展呈现由低向高的梯次转移趋势

从目前的调查情况看，民族地区农村致富群体的主要部分为初中、小学文化程度的劳动者。这两部分占致富群体中的70%左右，但进一步分析，这种情况正发生着极深刻的变化：从年龄结构与文化素质的关系分析，小学文化程度已经致富的劳动者多为50岁以上，初中文化程度已经致富的集中在40岁以上，而高中文化程度致富的则为40岁以下，且集中在30岁左右。我们可以采选典型样本，具体情况见表9-3：

表9-3 文山县马塘乡花庄村富裕户文化程度调查表

姓名	年龄	文化程度	全户人口	户总收入（元）	户人均收入（元）	乡人均收入（元）	职业
李德贵	56	初中	7人	50万	7.14万	426	驾驶
杨发光	45	初中	6人	7万	1.33万	426	商品批发养猪

续　表

姓名	年龄	文化程度	全户人口	户总收入（元）	户人均收入（元）	乡人均收入（元）	职业
冯再明	36	初中	8人	12万	1.5万	426	驾　驶
李全能	40	初中	6人	11万	1.8万	426	驾驶、养猪
李金甲	46	初中	6人	6.6万	1.1万	426	饲料加工养猪
李玉猛	30	高中	4人	28万	7万	426	驾　驶
潘凤文	29	高中	4人	24万	6万	426	驾　驶
陈保生	40	高中	4人	4.8万	1.2万	426	驾驶、烤烟
李国能	28	高中	4人	9.3万	2.3万	426	驾驶、养猪
高代德	29	高中	4人	5.5万	1.4万	426	驾驶、养猪

注：以上收入，乡平均收入来源于村委会、乡统计办。

从以上统计资料中可以看出，第一，致富者文化素质呈现向高层次发展趋势，劳动者致富是由一定的历史条件所决定的。改革开放初期，初中以下文化程度的劳动者在当时的农村劳动中已属于素质较高的层次，他们能够及时抓住机遇，大胆去闯，奠定了今天的发展基础。而在今天教育日益普及、提高的新形势下，劳动者素质正发生着由低向高的发展变化，高中文化程度的劳动者正成为农村经济发展中的主体，年轻的一代仅仅具有初中以下文化程度，要在市场经济的大潮中成为优秀的竞争者，机会已经很渺茫了。第二，未来致富最重要的将是文化素质。据对建水县西庄镇高营村的调查显示，在富裕的100户中，具有大专学历2人，高中学历63人，初中学历33人，小学学历2人。其中高中学历以上的占总人数的65%，在对这100人关于致富原因调查中，我们列出机遇、文化、政策三项选择中，选择机遇重要的有11人，选择文化重要的有66人，选择政策好的有23人。在对现在已有知识有何看法的选择中，15人选择了知识不够用，32人选择了学习的知识已够用，20人选择了高学历，22人选择了增加一点知识，11人选择了希望学习管理知识。

（六）文化素质的提高有利于改变劳动者的生活方式，提高劳动者的生活质量，实现民族地区向现代文明的过渡

通过怒江傈僳族自治州福贡县腊吐底村的调查有力地证明了这一点（表9-4）：

表9-4　怒江傈僳族自治州福贡县腊吐底村情况调查表

文化程度	个人纯收入（元）	房屋结构	衣物用品	家电情况	生活状况	兴趣爱好
初小	600	大众化	最低档	数量少	一般	少
高小	1300	初有个性	比前者好	一般要求	一般	一般
初中	2800	有创意性	中等水平	中等要求	初有规律	广泛
高中	5500	有创新	中等水平	有选择	有规律	广泛
大专	7200	新颖整洁	有科学美	高新品种	形成规律	有选择性

二、教育在民族地区人力资源梯次开发中的地位和作用

教育的产生随着经济发展的需要而产生，教育的发展随经济的发展而发展；教育的发展既为经济社会的发展提供合格的劳动者，又受到经济社会状况的影响，因此，不同的经济社会状况必然对劳动者的文化素质提出不同的要求，而不同文化素质的劳动者在不同的经济社会状况中的地位和作用，又表现出不同的特点。根据民族地区存在的梯度结构，我们把收到的56份调查报告大致划分为四个梯度来分析研究，从中找出其不同的特点，并把其作为实现民族地区人力资源梯次开发的基本依据。

（1）第一梯度，即处于原始农业经济时代的民族地区，共4份调查报告，涉及西双版纳傣族自治州景洪县基诺族山乡，勐海县布朗山乡，怒江傈僳族自治州福贡县腊吐底村，西盟佤族自治县小河乡。从调查报告来看，在处于这一梯度的民族地区人力资源中的文化素质具有如下特征：一是文化素质普遍偏低，在所调查的四个乡（村）中，共计4.2万人口，其中，文盲及小学文化程度人口为3.3万人，占人口总数的78%；初中文化程度的人口为0.63

万人，占总人口的15%；高中文化程度的人口为1932人，占总人口的4.6%；大专以上文化程度的人口为172人，占总人口的0.4%。二是大专以上文化程度的劳动者为主要富裕者，职业分布集中在教师及国家行政工作人员。这一梯度的民族地区，经济收入年均在600元以下（除基诺山），而教师、国家机关工作人员人均收入约为5500~7200元，收入较高，较为稳定。三是由于大专以上文化劳动者的较为稳定和相对较高的收入，形成了民族群众对未来职业选择的预期。在对基诺族224名中学生职业选择的调查中，有50%的学生把教师、解放军、医生、工人（含工程技术人员）作为自己最喜爱的职业。有20%的学生希望继续升入高一级学校深造，其中有8%的学生明确提出想读大学。四是这一梯度由于经济形态较低，市场经济尚未开始萌芽，在224名被调查的学生中无一名涉及现代市场经济有关的职业，如营销、财务、外贸、企业管理等，只有4名学生把售货员作为自己最不喜欢的职业，表现出对市场经济厌恶、漠不关心的态度。

（2）第二梯度，即处于传统农业经济的民族地区。共收到调查报告18份，涉及云南省7个县中的18个乡（村），劳动者的文化素质在这一梯度中的主要特征表现为：一是文盲率比较高，文化素质偏低，鲁甸县龙头山乡共3500人，只有中专生1人，初中生20人，小学生114人，初小及文盲人数占劳动人口数的83.9%。所调查的18个乡（村）中有15个乡（村）尚无大专毕业生，最高文化程度为高中。二是小学以下文化层次的劳动力占富裕人口总数中的绝大比例。以红河彝族哈尼族自治州石屏县亚花寨村调查为典型样本（表9-5）：

表9-5　石屏县亚花寨村情况调查表

	总户数	富裕户	中等收入	贫困户
	248	27	196	15
小学	106	20	71	15
初中	84	5	79	0
高中职高	58	2	56	0

在上述统计中，高中文化程度户中富裕户及中等收入为 58 户，占该层次的 100%，占全村总户数的 23%。初中文化程度户中富裕户及中等收入为 84户，占该层次的 100%，占全村总户数的 33.8%。小学文化程度户中富裕户及中等收入户为 91 户，占该层次的 85.8%，占全村总户数的 36.7%，初中以上文化程度户中富裕户及中等收入户为 142 户，占全村总户数的 70.1%，为富裕户及中等收入户中的最大的群体。在关于屏边县新县乡水回村的调查中，该村人均纯收入超过 800 元，为屏边县较富裕的村庄。全村 10 户人家中，仅有 1 户为高中，其余的为初中文化水平。在民族人口达人口总数 43% 以上的思茅龙潭彝族傣族自治乡，人均收入仅 577 元，其中有 3 户人家纯收入超过 20 万元，在这三户人家中，有两户户主属小学文化，一户文盲。三是从职业结构看，劳动力集中在两极：第一产业与第三产业。其中，第一产业从业人数超过劳动力总量的 90% 以上，第三产业（经商）占劳动力总量的 10% 左右，未涉及二产业。

（3）第三梯度，即处在由传统农业经济过渡的阶段。这一梯度共收到调查报告 30 份，直接涉及云南 25 个县的 30 个乡（村）。这一梯度劳动力的文化素质在经济社会发展中呈现出几个基本的趋势：一是富裕程度与劳动者的文化素质呈正比例递增现象。即文化素质越高，经济产业越大，富裕程度越高，小学文化程度的富裕户所占比例已下降到总富裕户数的 20% 以下。巧家县新华镇七星办事处七社三组，最富裕户 9 户，其中初中 7 户，高中 2 户。寻甸回族自治区县柯渡镇年收入在 100 万以上的共 5 户，其中初中占了 5 户。二是从职业分布结构看在富裕群体中，从事第二产业的占 20% 左右，出现了金属加工、办矿产、汽车修理、砖厂、搞水电安装、经营液化气等多种职业分布。再次，这些富裕层有几大特点：一是普遍年轻，在巧家县调查中，富裕户中有 8 位在 45 岁以下；二是多在外地闯荡，这一群体有 40% 左右为异地经营，如巧家县 9 户富裕户有 5 位在外地经营。最后，从职业中学分配情况来看，最受欢迎、最有就业前景的为兽医、医士、家电修理、汽车修理。从对富源一职中九六届毕业生的跟踪调查报告中可以看出这一趋势：

表9-6　富源一职中九六届毕业生情况调查表

班别	毕业生数	安排就业	自谋职业	月平均收入
医士	56 人		56 人	400 元
家电修理	41 人		41 人	200 元
钟表修理	32 人		32 人	150 元
汽车修理	26 人	4 人	22 人	400 元
文秘	38 人	20 人	22 人（无业）	340 元
会计	50 人	18 人	22 人（无业）	450 元
兵役	50 人	保安 20、参军 30		

由于经济结构层次较低，因此，职业培训层次太高反而不利于就业。

（4）第四梯度，这一梯度处于传统经济向市场经济的全面过渡阶段。经济的发达对人力资源素质的需求出现了一个质的变化，在所收到的四份样本中表现出几个基本的趋势：首先，富裕户文化素质正向较高层次移动，高素质人才在经济中扮演了主要角色。建水县曲江镇小河营村的调查情况如下表：

表9-7　建水县曲江镇小河营村情况调查表

积蓄情况	户数	文化层次				经济来源		
		小学	初中	高中	大专	种田	经商	其他
5 万～10 万	25	14	7	4		13	8	4
10 万～15 万	17	8	7	2		6	9	2
15 万～20 万	12	3	5	2	2	3	6	3
20 万～25 万	8	1	3	3	1		5	
25 万～30 万	6		1	2	2		2	1
30 万以上	3			2	1		2	1
总计	71	26	23	15	7		34	15

从表中可以看出几点：第一，收入随文化层次移动，以 15 万～20 万元为基准，15 万元以下为小学初中唱主角。25 万元以上，小学文化绝迹，30 万元以上初中绝迹。第二，15 万元以上，就没有种田的，主要集中在经商及其他

方面。在经济富裕的分布结构中，经商占 47.9%，再加上第二产业 21.1%，共占整个经济成分的 69%。经济越发达，则文化素质高的劳动者越显示出较强的竞争力。其次，从职业中学培训的人才来看，最受欢迎的人才分别为技术工人、国防预备专业、医护、兽医、旅游等专业。如大理白族自治州剑川县职业中学对深受群众欢迎的专业调查显示：首选为木雕专业，剑川素称"木雕之乡"，木器厂的扩大、文物的修复、城乡人民住房的装修，使这一专业极为走俏。其次，为国防预备专业，每年为国家输入大量兵源，同时，工矿企业的大量兴起，对保安的需要骤增。再次，医护专业，随着人民生活水平的提高，健康保健事业逐步兴旺。而长期形成的农村保健卫生的薄弱，造成对医护人才的大量需求。复次，兽医业，剑川农村经济正由单一的种植业向养殖业、畜牧业发展，职中所培养的兽医专业毕业生深受农村群众欢迎。最后，旅游业，经济发达地区在交通、通信基础设施得到极大改善的条件下，旅游业得到了极大的发展，旅游景点的不断推出，旅游线路的不断开辟，宾馆、饭店的不断扩建，对旅游人才产生了大量的需求。因此，从人才培训的层次看，在这一梯度已较前三个梯度，尤其是第一梯度具有了质的提升。

三、普及与提高教育是民族地区经济社会发展的关键

从调查的基本情况看，尽管调查带有一定的局限性，但仍可以得出几点有益的启示：

第一，教育是实现人力资源开发的最重要的途径。教育的发展，人力资源素质的提高，科学的推广与运用、农村群众家庭经济的富裕之间存在着一种相关关系。普及与提高教育是实现民族地区经济社会发展的关键。

第二，教育的发展是与经济社会的发展相适应的。首先，经济发展的状况决定了人力资源的现实状况，经济发展水平越低，人力资源素质越低。反之，经济发展水平越高，人力资源素质也越高。教育需要一个发展的环境，经济不发达，对科技的力量、教育的潜力认识并不清楚；内在动力不足，经济不发达，教育的发展缺乏经费，难以吸收到人才，教育缺乏外部条件。其次，经济社会的发展决定了对人力资源需求的方向、决定了人力资源需求的结构。经济发展的梯度，决定了人力资源文化素质上的梯度，决定了人力资

源职业分布上的梯度。再次，经济社会发展的梯度转移决定了人力资源文化素质的梯次发展，从而决定了教育发展重点的梯次转移。发展教育不能脱离经济社会发展的实际状况，必须适合经济社会发展的实际需要，这是发挥教育在人力资源开发中的功能作用的关键，也是我们认识和发展教育事业的基本指导原则。

第三，加强基础教育，注意把握实用技术培训、基础教育与职业培训三者间的关系。对农村人力资源的开发，基础教育是核心。实用技术对农村群众的脱贫可以起到吹糠见米的直接效应，但局限性很大，一是单项技术培训，脱离了当地的条件，就没有实际的效用。二是并不能实现全面素质的提高，尤其是适应整个市场竞争和变化的能力，在很多份调查报告中可以看出，农民学会了实用技术，种植苹果、桃子、西番莲、花生等等，但并不懂得市场，必须由政府组织出面收购，一旦这个环节落空了，农民就血本无归。职业培训则是一种技能的培训，可以提高劳动者的谋生能力。但这种运用，其基础同样取决于基础教育。从表现来看，基础教育并不能直接创造物质财富。但从调查材料上看，基础教育的功能在于启迪人的思维，开拓人的视野，接受新信息灵敏等等，从而有利于劳动者打开致富门路，勇于探索市场经济规律。因此，实用技术只有依据基础教育，才有坚定的发展基础。基础教育只有加上职业教育才有利于基础教育发挥作用，满足民族地区农村经济社会发展的需要。

第四，改革目前的高等教育，把教育的目标定位在围绕经济建设中心，培养与现实社会经济发展相适应的人才，改革目前高等教育只偏向政府培训官员、教育的教育目的的狭窄性，改变高等教育只为改变受教育者身份、社会等级的偏向，注重实用本领的培训、注重培养劳动者的全面素质。

第三节　加快民族教育发展的基本原则

发展云南民族地区的教育，从民族地区教育事业的特殊性出发，探索民族地区教育发展的规律，是我们实现民族地区人力资源开发重要途径的基本出发点，民族地区教育事业发展必须遵循三条基本的原则。

一、分类指导的原则

社会经济发展的现实状况制约和影响着教育的发展，教育产生于经济社会发展的特定需要，教育的发展又取决于经济社会发展的水平；教育受制于经济社会发展的实际状况，教育为经济社会发展提供人才，提供发展的动力。云南民族地区教育发展的不平衡性决定了教育"分类指导，分期普及"的原则，云南民族地区教育发展的成功实践证实了教育必须遵循"分类指导，分期普及"的原则。

（一）民族地区教育发展的不平衡性、复杂性决定了教育必须采取"分类指导，分期普及"的原则

民族教育的不平衡性、复杂性表现为：

第一，民族教育发展上的起点不平衡与云南各民族进入社会主义的多种社会形态相适应，云南的民族教育发展也存在着事实上的梯度结构状态。新中国成立前，最发达的民族如白族、回族等民族，教育的发展已达到内地发达汉族的水平，而处于原始社会末期的民族如独龙族、布朗族、佤族、怒族、拉祜族则还处于刻木记事、结绳记数的水平。新中国成立以后，在社会主义制度下，各民族教育事业有了很大的发展，但由于历史起点的不平衡，目前，这种历史的脱胎差异痕迹仍然十分深刻，这份"历史遗产"规定了民族教育发展的不平衡性。

第二，民族地区多形态、多结构的经济社会形态所构成的对教育的多层次的需求。云南民族地区原始经济、自然经济、市场经济多种经济形态并存；社会发展既有工业基础较好的城市，又有广大的处于封闭、半封闭的农村，还有带有原始痕迹的边远山区；既存在具有国际先进水平的企业，又存在着大量的传统农业，还有部分民族的"刀耕火种"；在改革开放中，一些后进民族跃进了先进民族的行列，而一些处于发展较高阶段的民族，由于自然环境的恶化，已丧失了基本生存的条件，即使在同一地区，也存在不同层次的生产力、经济形态、城市与农村、坝区与山区等等间的不平衡性，这种经济社会发展的不平衡性对教育发展提出了从扫盲、普四、普六、普九、高中、高等教育等不同层次的需求。

第三，多民族、多语言、多文化传统。云南 4000 人口以上的民族共有 26 个，各民族由于历史、经济、政治、社会、宗教信仰、语言文字间存在着较大的差异，因而构成民族教育中多民族、多语言、多文化传统的特点。各少数民族都有自己的语言，有的还有自己本民族的文字。在云南 25 个主要少数民族中有 11 个民族的 14 种文字进入课堂，民族教育要求一些民族必须熟悉和学会自己的文字，使用自己的语言，"双语教育"在一些民族中成为必然的选择。同时，有的民族教育与宗教是紧密结合在一起的。如傣家男性少年儿童从 6～18 岁必须有一定时期入佛寺内当和尚，学习和教育的过程主要在寺庙中进行。很多民族从文化传统上不愿意进学校学习，因此，必须带来民族教育在内容、形式、方法传播工具等方面的多样性、复杂性和艰巨性。

第四，小规模、多布点，耗资大。少数民族地区地域广大、人口稀少，而且大多居住在边境、山区、地广人稀。贡山独龙族、怒族自治县人口密度每平方公里约 7 人。据 1990 年统计，全省有小学 53556 所，15.8 万个教学班，平均每校仅 83 人。在边疆、山区的农村小学，每校人数、班数都很少，一所学校一个教师的初级小学全省有 2.2 万多所，占小学总数的 42%。这种规模小、多布点，必然带来教育投资的数额比内地高得多。澜沧拉祜族自治县在 80 年代搞了一次调查研究，全县小学质量较低，5 年花了 100 多万元，只有 100 多个小学毕业生，1 万元培训一个小学生，超过培养一个大学生的费用，尽管结论有些不令人信服，但其反映了在民族地区的特殊情况下，教育投资的基本特点。

（二）"分类指导，分期普及"加快民族地区教育的发展

从民族地区教育的实际状况出发各民族地区在发展教育中采取"分类指导"取得了显著的成果，为我们深化民族地区教育事业的发展提供了借鉴。

第一，怒江傈僳族自治州"分类指导，分期普及"的成功探索。在实施普及初等教育的过程中，怒江州根据本地区教育发展的实际情况，采取了"分类指导，分期普及"的原则，取得了显著的效果。自 1986 年开始，怒江傈僳族自治州就根据全州各地经济、环境的差别，把初等教育的实施，把全州分成四个地区类别，实施分类指导，保证了教学的普及，提高了教学质量。

第一类，州、县、区政府所在地及其附近能入学的农村人口共5万，约占全州人口的12.5%。这类地区，要把中心完学办好，集中财力、物力，配备较强的领导班子和教学班子，使其成为教研、师资中心，着重提高教学质量。第二类，汉、白族聚居地区，平坝、江边和公路沿线，人口约为19万人，占全州人口的47.5%。这类地区保留部分乡完小，在办好四年初小的基础上，在办学力量允许和群众生活改善的时候，逐步有计划地恢复完小。第三类，半山区，是较为贫困的地区，人口约8万，占全州人口的20%。这类地区暂不办完小，主要办好四年初小。第四类，边远地区和高寒山区，这是全州最贫困最分散的地区，人口8万，占全州人口的20%。原来学生很少，校舍简陋，人户不多的地区小学暂停办，实行相对集中，办好一批初小。实践证明，对初等教育实行分类指导，集中办学和食宿包干的办法，符合现阶段怒江实际，有利于巩固学生的入学率。在中高年级胜任教师不多的情况下，集中办学有利于教学质量的提高。

第二，分类指导，加快民族地区教育发展的基本构想。根据不同民族地区教育发展的实际，我们可以将民族地区划分为四个基本的规划区。从不同经济地区的总体目标出发，层次规划区教育目标、任务、教育改革的主要内容，教育发展的保障机制等。使教育的发展摆脱"一刀切"的做法，改变片面追求升学率的错误，使教育真正为生产劳动服务，为社会经济建设服务，为社会主义现代化建设服务，发挥教育在人力资源开发，提高劳动者素质的重要途径作用，从总体上看，全省大致可以划分为四个区域：

首先是工业布局较为集中，城市化程度较高，教育发展水平较高的地区，如昆明、玉溪、大理、曲靖等州（市）教育发展的主要目标应是加快高等教育发展的速度，调整高等教育的结构，重点放在素质教育方面，培养受教育者的创新能力。同时，加快建立终身教育体系，全面提升劳动者的科学文化素质和思想道德素质。教育必须成为"两个根本性转变"的主要动力。

其次是已经具备一定工业基础，城市化正在进行，教育发展已有一定基础的地区，如保山、思茅、红河、西双版纳、德宏的城市及自然条件较好的坝区。这一层面大致可以划分为两类地区：一类是传统工业较为集中的地区，如红河哈尼族、彝族自治州，交通基础设施较好，工业具有一定的历史基础，城市间形成较发达的网络，教育具备了坚实的基础。另一类就是处于对外开放较为活跃的地区，产业的移动表现为从第一产业向第三产业直接跳跃的趋势。这一类地区又可以划分为两类：一是德宏傣族、景颇族自治州，以边境贸易为龙头，带动全州经济大增长的模式。到1997年，全州边境贸易额已达23亿元，占云南省边境贸易总额的70%以上。由于边境贸易的活跃，带动了相关的旅游、运输、饭店、商贸等各行各业的发展；二是西双版纳傣族自治州以旅游为支柱产业的经济结构，由于独特的自然、人文条件，西双版纳近几年旅游业获得了迅速的发展。1985年全州接待旅游人数为10万人，旅游收入约为80万元；到1998年，全州接待旅游人数已达200万人次，旅游收入达3.2亿元。1985年全州旅游饭店为10家，从业人数为999人；到1998年，全州旅游饭店为60家，从业人数为5万人。以旅游业为龙头，西双版纳第三产业的产值占全州国内生产产值的35%。教育在这一层面的发展，必须贴近现实，加强对实用人才的培养，重点应放在高中、职业高中这一层面，扩大向高等教育输送的人才数量。

再次，处于传统农业经济时代的民族地区，包括各民族地区的农村地区、偏远山区及处于离中心城市较远的边境县，如怒江州、临沧地区及处于第一、第二层次的地区，这一地区的基本特点为以农业经济为主导，出现了一些家庭手工业，几乎没有现代工业。这一层次大致可分为两个基本部分：一部分是处于自然资源较为丰富的地区，发展农业产业，实现农业经济的规模化、集约化，开发热区资源，已成为这一地区经济发展的目标。在教育的发展上，应以完成"普九"教育，扫除青壮年文盲为主要目标，在教育层次上以培养中、初级人才为主要任务，重点搞好初中教育及初等职业教育。同时，围绕国家重点建设项目积极开展中等技术培训，加快对市场经济最紧缺的营销、企业管理、机械修理、医务、兽医等多方面人员的培养。处于滇东北的民族地区，这部分地区自然环境十分恶劣，人口恶习性膨胀，处于人口膨胀—滥开滥采—生态恶化—人口贫困恶性循环中。大部分群众尚未摆脱贫困，控制人口增长，有计划地组织劳动力输出成为经济发展的重要内容，为此加快普及教育及扫盲工作的进程，加快实用技术的培训与推广，对青壮年劳动者进行初等职业技术培养，将成为教育的主要任务。

最后，尚处于原始经济时代的民族地区，这些地区民族经济发展水平较低，社会发育程度很低，教育发展的底子十分薄弱，起点比较低，民族居住分散，教育的发展存在一定的困难。因此，民族教育的首要任务是扫除文盲，基本完成普及的目标。同时，通过对实用技术的普及提高，尽快帮助群众摆脱贫困，改善教育发展的社会环境，提高民族群众的教育预期。最后，有重点地提高民族班干部的学历水平，提高民族班干部的整体素质。

云南是一个边疆、山区、民族三位一体，发展极不平衡的特殊省份，这就决定了云南教育特殊的教情，云南的民族教育的发展必须依据边疆、山区、分散、贫困和少数民族经济社会发展不平衡等特点，制定特殊的政策。若只强调一刀切，强调办学的正规化，强调用内地的指标来衡量，则云南的民族教育就容易脱离实际，办得死气沉沉，毫无生气。实施分类指导，就是要把国家关于教育发展的整体战略同各民族地区的实际结合起来，形成民族地区教育发展自身的模式，使民族教育成为人力资源开发的重要途径，成为党和政府经济战略二次转移的重要内容。因此，分类指导是正确的，关键在于经济研究各类别不同的特点，指出不同的指导意见。

二、民族教育的发展重点是解决好农村教育的问题

民族教育的工作重点应放在经济社会发展的较低的民族农村地区，一是从这些地区的实际出发，重点培养中、初级人才；二是重点搞好乡镇教育工程。其主要依据为：

第一，云南民族地区从总体上还处在从农村向城市的缓慢发育过程，农业和农村工作占有相当的位置。一是云南民族地区的农业人口比重比较大。1990 年，云南省农业人口在人口总数中的比例：宣威 91.9%，保山 90.1%，昭通 85.1%，瑞丽 81.2%，楚雄 79.2%，玉溪 77.7%，东川 77.5%，景洪 76.60%。教育必须关注农村人口这一人口的主体。二是从国内生产总值中，在 1997 年的云南省 15 个城市中，第一产业在产业结构中的比重超过 20% 的有，景洪 52.4%，保山（今保山市隆阳区）47.4%，宣威 38.6%，瑞丽 30.9%，思茅（今普洱市思茅区）21.4%，畹町（今属瑞丽）20.9%。从农业总产值在工农业总产值中的比重看，超过全省平均数 35% 的有：景洪

88.6%，畹町 70.6%，瑞丽 56.7%，保山 53.3%，宣威 45.5%，思茅 43.7%。三是从乡镇企业总收入看，在全省 15 个城市中，昆明最高为 39.75 亿元，1 亿～10 亿元的有 8 个市，玉溪 9.24 亿元，曲靖 4.23 亿元，个旧 3.65 亿元，大理 3.42 亿元，宣威 3.07 亿元，开远 1.02 亿元，等等。1 亿元 以下的 6 个市，东川 0.45 亿元，昭通 0.68 亿元，思茅 0.27 亿元，景洪 0.49 亿元，畹町 0.61 亿元，瑞丽 0.3 亿元。

第二，云南民族地区产业结构正发生分化，出现配第—克拉克现象。一 是随着改革开放的深入，云南民族地区的农村正发生着深刻的变化，农村贫 困人口已大大减少。1985 年全省贫困人口为 700 多万人，其中民族群众为 500 多万人，到 1998 年，全省贫困人口已不到 450 万人，其中民族群众为 300 多 万人，占 75%。按照云南省扶贫规划到 2005 年全省将全部完成扶贫任务。二 是云南农村的平均收入水平 1999 年已达到 1500 元以上，其中最高的地区高 达 1 万元以上，大部分地区农民的收入已超过 1000 元。三是对农村经济结 构，包括产业结构、消费结构、就业结构等多方面的调整。农村中手工业和 初级产品加工业正从农村中分化出来，第三产业在民族地区农村正在兴起， 商贸、旅游、饭店、运输等行业发展十分快，市场经济观念正深入各民族地 区。如基诺山 1990 年开始建立该民族历史上第一块约 200 平方米的市场。到 1999 年日交易量已达 2 万元。日参与交易约 500 多人次，最高达 2000 多人 次。四是农村大量剩余劳动力正开始向城镇，向发达地区流动。据人事厅统 计，1996 年全省农村有 36 万人在城镇就业。到 1999 年，这一数据已翻了三 倍。预计在 2000 年后的 5～10 年内，将出现农村劳动力向城镇流动的高潮。 从现代化进程来看，云南民族地区正处在一个由第一产业向第二产业而向第 三产业移动的过程。第二、第三产业从第一产业中的分化初期所需求的是大 量的中、初级人才，从目前的调查报告来看，基础教育最适合的主要集中在 初中阶段。职业教育则集中在家电修理技术人员、木工、兽医、医护、修理、 保安等较低层次的能工巧匠型人才。在发展农村教育问题中，最重要的是建 立乡镇教育工程体系。乡镇最重要的一级行政区划基层单位，乡镇教育，就 是指乡镇以下农村的教育，这是农村教育的主体。乡镇教育工程，主要是集 中有限的人力、物力、财力，重点建设好乡镇中心学校，以发挥乡镇教育的

多功能作用，提高教育效益，带动整个乡镇教育的普遍发展。乡镇教育体系必须贯彻以省委省政府提出的"教育为本，科技兴滇"，治穷必须先治愚，经济开发必须与智力开发相结合，经济、科技、教育三位一体的改革和发展民族地区教育的基本思路。贯彻主要为当地经济社会服务，兼顾升学率的原则。建设好乡镇教育体系应抓好几项工作：第一，县以下基础教育，职业技术教育，成人教育实行分级办学，分级管理的体系，乡镇建立教育委员会及其办公室，每个乡镇应配有一名懂得教育的教育副乡（镇）长。第二，每个乡镇建设好一所标准化的初级中学，一所标准化的中心小学。第三，按乡镇教育的需要和教师达标的要求，配备建设好乡镇初中、中心小学的师资队伍。第四，成立乡镇中学、小学中心教研组，负责指导全乡的教学、教材教法的研究，以及组织教师的短期培训工作。试办农村综合初中，改革课程设置、教学计划、考试和招生办法，较多地增加职业技术教育的内容。第五，以乡镇中学或完小为基地，利用学校的师资、教室、图书、仪器、设备等条件，办好乡镇学校、农民文化技术学校、文化站，或一长管两校、一师办两教，使学校具有多种功能。乡镇教育体系的建立是对传统教育观念的突破，涉及政治、经济、科技、文化等各个领域的改革，有一定的难度，但它的提出契合了云南民族地区教育发展的特点，它的推行及完善将有利于促进民族地区教育事业的发展。

三、实施特殊优惠的政策，促进民族教育事业的发展

（一）民族教育发展与内地教育发展的差距很大

云南民族教育可以用三句话来概括："起点低，底子薄，基础差。"一是民族地区经济落后，农民生活困难，实行教育"分级办学，分级管理"体制困难很大。全省有 102 个县的财政靠国家补贴，73 个国家级贫困县，其中民族自治地方 50 个县。1998 年工农业总产值，全省人均 1854 元，民族自治地方 79 个县人均 1371 元；财政收入全省人均 285 元，民族自治地方人均 135 元。1994 年全省小学生辍学率高达 5.6%（全国 1.9%），居全国第三位；中学生辍学率 9.4%（全国 5.1%），居全国第一位，小学六年的巩固率不过

20％左右，家庭经济困难学生的辍学的主要原因是边远地方经济的落后制约了民族地区教育事业的发展。二是教育基础差，发展快，教育面临的任务十分艰巨。新中国成立前民族教育基础很差，很多民族尚无正规的学校。约有十个民族尚无自己的大学生。新中国成立以来，民族教育从无到有，发展很快。1994 年与 1952 相比，全省大学生增长 15 倍；民族大学生增长 34 倍；全省中专生增长 13 倍，民族中专生增长 21 倍，全省中学生增长 25 倍，民族中学生增长 53 倍，全省小学生增长 3 倍；民族小学生增长 5 倍；民族学生增长幅度均高于全省学生平均增长幅度，但与提高民族整体文化素质的目标差距还很大。据 1990 年第四次全国人口普查显示，全省 15 岁以上文盲半文盲人口占人口的比例，各少数民族平均达 29.7％，有 12 个民族高达 30％以上，最高的拉祜族为 45％。1994 年，全省小学尚有危房 56.4 万平方米，损坏房 239 万平方米，土木结构校舍占 40％，比国家额定标准化面积要求差 134 万平方米。1994 年全省达标学校的比例平均数高中为 40％，初中为 20％，小学为 12％，粗略估计，改造工作约需人民币 60 亿元。这些困难在边疆少数民族地区尤为突出。三是民族地区居住分散，信息闭塞，办学条件十分艰苦。云南省山区半山区面积占 94％，1990 年人口密度为每平方公里 94 人，在 5 个少数民族集中的地州人口密度每平方公里不足 50 人，如贡山独龙族怒族自治县每平方公里仅为 19 人。地形的特殊和居住的分散造成了交通不便，信息闭塞，学校布点分散。1994 年全省共有小学 40608 所，其中一师一校即达 21606 所，但仍不能满足儿童就近入学的需要。全省每所小学约有 83 个学生，教育投资效益不高。四是多民族多语言多文字。全省 25 个少数民族，除回族、满族使用汉语外，都有自己的语言，共有 26 种语言。有 600 万（近一半）少数民族人口不通汉语，居住在边境一线的 13 个少数民族与境外民族语言相通，有 14 种少数民族在扫盲中使用 20 多种文字或拼音方案，有 11 个少数民族的 14 种文字进入民族小学。7 种文字进入民族师范和民族学院。五是民族中信教群众多，宗教与教育往往混杂在一起。全省各种宗教信教群众 200 多万人，还有 800 万群众信仰原始宗教。在民族地区，宗教与教育又是紧密相联的。发展教育必须正确处理好宗教同教育的关系。

（二）从我省民族教育复杂多样的特点出发，采取特殊的措施

从民族地区教育发展的实际出发，采取特殊优惠的政策，关系到缩小民族教育与发达地区教育的差距，全面提高民族素质，培养大批符合社会主义现代化建设的民族人才，实现开发西部的战略任务。改革开放以来，省委、省政府从招生、教材、师资队伍建设、办学等方面制定和采取了一系列特殊政策、措施、逐步形成云南民族特点的民族教育体系。这个体系包括三个部分：

第一，根据民族地区教育基础薄弱，民族学生水平低的现状，采取了多种办学形式，从县到省建立了以少数民族为主体的学前班、民族小学、民族中学、民族农职业学校、民族师范学校、民族干部学校、民族学院；在各级各类全日制普通高等院校、中等职业学校、中学、小学举办民族班；采取各种特殊措施，增加各级各类学校中民族学生比例，和汉族学生混合编班学习。

第二，根据我省一些后进民族生活贫困和生产落后的状况，党和政府给予了特殊的帮助和照顾。民族中学的学生生活费每月补助 10～15 元，寄宿制的民族小学学生每月补助 10 元，这两种学校的每个学生还有行李费、寒衣费 30 元；半寄宿制的民族学生每月补助 5 元；民族学院和有关大学的民族学生的伙食补助或助学金由国家包下来。实践证明，在贫困、分散的山区和边疆，如果没有这种以寄宿为主的特殊帮助，民族学生就很难上得起学校。

第三，根据民族语音的不同特点，在不通汉话的民族地区学校采取了双语教学。有民族文字的用民族文字教学，没有文字的用民族语言辅助教学。德宏州现有民族小学 883 所，开设民族语文课的已达 301 所。在这类民族地区使用双语教学和用民族语文扫盲，证明比直接用汉语教学扫盲有着无可比拟的优越性。不仅不会影响汉语文的学习，反而有利于民族学生汉语水平的提高。这种特殊的优惠的政策，有力地促进了民族教育事业的发展。到 1994 年，全省在校学生中少数民族研究生已达 98 人，占在校研究生总数的 12.9%；少数民族大学生 10749 人，占大学生总数的 20.9%；少数民族中专生 30113 人，占中专生总数的 31.9%；少数民族中学生 372627 人，占中学生总数的 30%；少数民族小学生 1624074 人，占小学生总数的 36%。中等、初

等教育少数民族学生比例已达到或接近少数民族人口占全省人口的比例。

（三）加大对民族教育扶持的力度，是促进民族地区教育事业发展的强劲动力

1999 年 12 月 25 日，云南教育工作会议上提出了全省教育改革和发展的奋斗目标：到 2005 年，占全省总人口 85％的地区实现普及九年义务教育，人均受教育年限达到 7 年。到 2010 年，全面普及九年义务教育，并在部分城镇和经济发达地区有步骤地普及高中阶段教育；基本上扫除青壮年文盲，人均受教育年限达到 8 年；健全职业教育体系；逐步缩小同龄人口高等教育入学率与全国水平的差距，使同龄人口高等教育入学率由现在的 3.95％提高到 11％；各级各类学校的教育水平有较大的提高，教育对经济社会适应能力显著增强；基本建立起与社会主义市场经济体制相适应的全面实施素质教育的教育体系。

省政府决定 20 世纪初普及九年义务教育和基本扫除青壮年文盲仍然是我省教育工作的重中之重。省委、省政府明确提出继续采取特殊措施加快发展民族地区和贫困地区教育。第一，切实解决民族、贫困地区学生辍学问题：一是将半寄宿学校学生的人均补贴由现在的每月 7 元提高到 12 元；二是省定寄宿制中民族中小学和 33 所贫困县一中的部分民族学生人均生活补助由每月 15 元提高到 25 元；三是对边疆沿线行政对学校中的学生免收杂费、课本费、文具费。第二，进一步优化中小学校布点，提高办学水平和规模效益。第三，切实做好少数民族教师的培养工作。各级师范学校、教师进修学校，要在 35 个民族特困区、边境县和 386 个民族扶贫攻坚乡扩大招收定向培养学生的名额，对到民族贫困地区任教的大中专毕业生实行 6 年定期轮换制，并享受国家规定的工资倾斜政策。第四，继续加强民族、贫困地区教育的对口支援工作，如贡山、德钦等要求 2000 年"普 2000 六"和"普九"的一些贫困县。第五，对特殊地区经济、社会发展相对滞后的部分少数民族，如怒江的独龙族、傈僳族、怒族、布朗族，景颇山的景颇族，佤山的佤族，红河州的拉祜族，文山州的瑶族、苗族等的教育发展，要结合扶贫攻坚，在政策、资金和师资力量配备等方面给予特殊扶持。这些措施和政策将有力地推动民族教育事业的发展；而民族教育事业的发展对民族素质的全面提高、民族的人力资源开发将起到重要的作用。

第十章 普及与提高科学技术是人力资源开发的重要形式

在知识经济时代，科学技术是生产力发展的主要动力，是教育转化为现实生产力的中间环节。邓小平指出，科学技术是第一生产力。这一论断深刻地阐明了科学技术在经济社会发展中的重要地位。在民族地区普及和提高科学技术是改变民族地区贫困面貌，提高人力资源素质，促进生产力发展，实现民族地区经济可持续性发展的重要形式。

第一节 普及与提高科学技术是时代发展的必然要求

一、科学技术是第一生产力

马克思主义认为，科学首先是知识形态的东西，人类的社会生活离不开知识。生产劳动和知识从来都是密切相关的，人们要从劳动中获得知识，又必须以知识为武器进行劳动。人们在劳动中不仅要靠体力，靠四肢的力量去作用于自然界，而且要靠大脑的活动去调整和控制人与自然界之间的物质变换的过程。因此，一方面，人们在改造自然和社会生活的过程中创造了知识；另一方面，人们又需要利用知识去改造自然和社会生活。马克思指出："自然界没有制造出任何机器，没有制造出机车、铁路、电报、走锭精纺机等等。它们是人类劳动的产物，是变成了人类意志驾驭自然的器官或人类在自然界活动的器官的自然物质。它们是人类的手创造出来的人类头脑的器官，是物化的知识力量。固定资本的发展表明，一般社会知识，已经在多么大的程度上变成了直接的生产力，从而社会生活过程的条件本身在多么大的程度上受到一般智力的控制并按照这种智力得到改造。"科学的发展推动了社会经济的发展，并随社会经济的发展呈现出不断加速的发展趋势，变成了直接的生产力。"随着资本主义生产的扩展，科学因素第一次被有意识地和广泛地加以发展，应用，并体现在生活中，其规模是以往的时代根本想象不到的。"可以说，现代经济就是物化了的知识力量。在现代生产力中，由于人的智力的提高，劳动者素质的改变，推动着以劳动工具为主的生产资料日益与科学密切结合，从根本上改变了人类的生产手段，改变了人类生产中的劳动对象的状况，扩大了人类劳动生产的规模，全面提高了劳动生产率。科学技术的发展也改变了工艺过程的性质和人类劳动的特点，放大了人类的智力，延长了人类的四肢，增强了人类的体力，全面提高了人类征服自然的能力。科学技术的进步还改变了社会生产部门的结构和组成，使传统的产业部门面目焕然一新，并且创造出一系列新兴的产业部门。总之，科学技术的发展提高了人的素质，推动着人类知识的不断发展；人的素质的提高，人类知识的不断物化，又有力地促进了社会经济的发展。科学技术的发展从根本上改变着人类社会，成为推动人类社会经济进步的主要动力。

按照 OECD（经济合作与发展组织）的观点，知识经济就是"以知识为基础的经济"，知识经济就是指以现代科学技术为核心的、建立在知识和信息的生产、存储、使用和消费之上的经济基础。因此，知识经济的到来，突出了科学技术在人类社会发展中的核心地位，突出了掌握和应用知识的高素质人才在社会经济发展中的地位，使科学技术的发展与人力资源的开发利用紧密地结合起来，对社会经济的发展起到直接的推动作用，从而证实了邓小平关于"科学技术是第一生产力"论断的真理性、预见性。首先，人类社会发展的历史就是一部活生生的生产力进化史，就是一部科学技术不断进步，对社会经济的作用日益深化的历史。生产力的每一次划时代的进步，都是科学技术的重大飞跃。人类社会生产力的发展主要经历了四个时代：石器、青铜器、铁器和机器时代。机器时代又可分为动力机、自动机和智能机三个阶段，并对应着三次大的科技革命和产业革命。每次科技革命都表现为人类知识的巨大飞跃，都是知识和智力向现实生产力的转化。科技革命的结果把科技对社会进步的作用充分显示出来，把科技进步放到了现代经济增长和社会进步的核心地位。其次，科学技术的进步为生产力和经济的发展不断注入新的活

力，也成为国家间经济竞争的核心。在现代经济中，产品和产业结构的高级化是经济发展的大趋势。信息产业已成为经济增长中的主导产业，电子化、数字化和网络化，促使经济系统在产品、服务、效率、企业形象、生产、流通、交易等概念及操作方面都面临着深刻的变革。在生产经营中，研究开发、战略分析、决策、管理、企业策划、形象设计等软组织功能的作用越来越显著，市场竞争已经从产品的竞争延伸到知识的较量和智慧的对抗，直接表现为对人才的争夺与竞争。同时，国家的强盛、经济的崛起总是与科技创新及其在产业领域的应用密切相关。谁能在科技上有所创新，在新的产业领域有所突破，谁就能获得较快的经济增长。即使是后进国家，只要选择了适当的发展战略，依靠科技进步，在经济上赶上和超过发达国家是完全可能的。因此，只有具备强大知识力量、拥有雄厚人力资本的企业才能成为市场竞争的优胜者，只有具备高素质人力资源基础、拥有先进科学技术的国家才能创造出较高的生产率，从而具备强大的综合国力。最后，科学技术的进步造就了新的产业主体。知识经济的一个显著的特点就是知识型劳动者从后台走向前台，成为决定生产和管理运作的主体，人力资本或知识积累已成为改变经济系统产出的显著变量。这表现为，一是在社会经济领域中，白领的数量超过了蓝领的数量，并且白领阶层内部正发生着更为复杂的分工；二是对产业主体的素质要求越来越高，个人的知识水平决定着就业的起点和收入，个人的知识结构决定着就业的方向，个人的知识积累决定着生产效率的高低；三是高附加值引导着产业结构的调整，推动着产业结构的进一步高级化。从传统的农业经济到工业经济，再从工业经济发展到知识经济，科学技术在人类社会的发展中起到了真正的核心和关键的作用，科学技术则不断突出人力资本的地位和作用，"科学技术是第一生产力"，这一论断包含着意义深远的预见，即人类必将走向以科技发展为动力或以知识为基础的新社会，一个民族求得发展和强盛的出路在于依靠科技进步和提高劳动者的科学文化素质。

二、普及和提高科学技术是实现国家经济增长方式根本性转变的关键

工业革命以后的世界历史表明，科技的进步与国家的经济发展密切相关，历史上几次大的科技革命都带来了相关产业的发展，导致了科学技术中心和

经济中心的转移，形成了国家经济发展中的超越现象。英国是工业革命的发源地。蒸汽机和纺织机器的发明带动了工业革命的发展，创立了"棉纺织时代"，使英国成为世界科技中心和产业革命的中心。19世纪中叶，德国采用了先进的钢铁生产技术和生产体制，并以有机化学和煤化学为研究方向，发展了合成化学工业。其中，德国人在钢铁产业技术方面的突破，把人类社会从"棉纺织时代"带入了"钢铁时代"，德国逐步取代了英国，成为世界科技的中心和世界经济的中心。20世纪以来，内燃机和电力在美国的普及带动了美国经济的迅速发展，使美国成为世界头号强国。二战结束以后，在美国形成的"大科学体系"推动了美国各主要产业的迅速发展，美国取代了英国和德国，成为世界科技的中心和世界经济的中心。由于美国紧紧把握住了在世界科学技术发展的最前沿的机会，尽管美国不断受到其他工业化国家的挑战，但由于其在主要高技术领域的领先地位，美国仍然保持着世界头号强国的地位。二战以后，日本与韩国等新兴工业国家的崛起为后发国家提供了示范。日本与韩国的共同之处在于，它们都强调并且依靠科技进步来推动经济的增长，注重对国外先进技术的引进、消化、吸收和创新，最终形成自主技术；并选择适当的产业领域优先发展，以市场为导向，以出口为目标，以先进的科技为动力，不断调整产业结构，最终实现了现代化的进程。

在我国，长期以来科技进步在经济增长中没有处于中心的地位，客观上造成了劳动生产率低、产品质量差、资源浪费和环境污染等一系列问题。据统计，在我国经济的增长中，科学技术的贡献率只有30%，远远低于发达国家60%～70%的水平，而资本的投入对经济增长的贡献率则高达62%。目前，发达国家的高技术产业在工业总量中的比重已达30%～40%，进出口额已达40%以上；而我国的高技术产业增加值仅占工业增加值的11%，出口额的比重仅占5%～7%。随着国际竞争的不断加剧，我国的经济活动空间将不可避免地越来越受到束缚和挤压，这对于我们这样一个资源相对短缺、经济竞争力较弱的发展中国家来说，将是全面、深刻的挑战。因此，我国经济的增长不可能沿袭传统的粗放式发展的道路，而必须走依靠科技进步和提高劳动力科学文化素质、走集约式发展的道路。首先，必须运用最新的科技成果，实现技术发展的跳跃。我国要赶上世界先进水平，完全重复发达国家所走过

189

的道路是不现实的，也是不必要的；但要在短时期内全面超越发达国家也是不可能的。因此，在科技领域，应该重点考虑关系到国计民生和国家安全的一些重要领域和重要产业方面，瞄准世界最先进的水平，重点攻关，利用科技进步的因素，根据"有所为、有所不为"的原则，实施有限的超越发展战略。其次，加快技术引进中的消化、吸收与创新。技术引进是我们迅速掌握世界先进技术，转变经济增长方式的有效途径之一，也是发展中国家利用后发优势的重要方式。最后，加快高新技术产业的发展。高新技术产业是体现技术进步的显著特征，它是以先进的技术和持续的创新为基础，将知识迅速转化为现实的生产力的重要内容。高新技术产业是现代经济中最具活力的部分，代表了未来产业发展的方向。大力发展高新技术产业是全面提升我国的科技发展水平，改变目前科技和产业结构落后现状，转变经济增长方式的必由之路。

三、普及与提高科学技术是西部大开发的战略重点

西部大开发并不能单纯地理解为开发西部地区的资源，而是关系到国家经济的协调发展；西部大开发的核心是可持续发展，因此，西部大开发的基本要求突出了科技进步的地位和作用，科技的普及与提高成为西部大开发的战略重点。首先，西部大开发的可持续发展战略要求我们必须选择依靠科技进步，全面提高劳动者的素质来推动经济快速增长的发展战略。从西部地区的资源分布的实际情况来看，西部地区的资源分布也是不均衡的，有很多的资源与东部相比较，的确非常丰富；有的资源则是东部所没有的；而很多资源在西部地区又是非常贫乏的，如水资源、绿色资源等。因此，只有依靠科技的进步与发展，才能提高现有资源的利用效率，产生较高的经济效益；只有依靠科技的力量，才能大量节约贫乏的资源要素；也只有依靠科技进步，才能通过对丰富要素的利用，弥补稀少要素的短缺，实现现有资源的优化配置和有效利用，取得较好的开发效果。其次，西部地区要尽快缩小与东部地区的发展差距，就必须选择一条跳跃常规发展的道路，即通过大力发展能够走在市场前列的高新技术产业，通过高新技术产业的发展，全面提升西部地区的科技发展水平，提高科技在经济增长中的比重，并通过高新技术产业的

溢散效应，形成地区经济发展的增长极，带动地区经济的快速发展。只有这方面的产业发展了，西部才有希望实现跳跃常规的发展道路，赶上甚至走到东部之前，也才有希望到国际市场上去竞争。最后，由于西部地区的科技人才和资源呈现出群落式的聚集状态，而不是全面均衡的分布，仅靠高新技术产业还不能解决大多数人的发展和致富问题。普及科学技术，全面提高劳动者的素质，让西部地区广大的农村劳动者都掌握一定的现代科学技术，实现由原始农业、传统农业向现代农业、生态农业和高科技农业的转变，这是实现西部地区广大群众摆脱贫困，走向共同富裕的基本要求。总之，普及和提高科学技术既是西部大开发的重要内容，又是西部大开发的战略重点。

第二节　科技发展水平的落后是云南民族地区经济落后的重要原因

科学技术进步对经济发展的作用可以从两个角度来理解：一是在科技进步的条件下，等量的生产要素可以产出更多的产品；二是生产等量的产品只需要更少的要素。民族地区经济水平的落后，从总体上看，就是科技水平的落后，一方面，经济的增长长期靠资源的大量投入来推动，资源的利用率极低；另一方面，民族地区丰富的资源，由于缺乏科学技术，长期得不到有效的开发，不能把资源优势变为经济优势，出现"守着金碗没饭吃"的情况。

一、科学技术水平低下，阻碍了资源的有效利用

资源的有效利用是实现可持续发展的重要内容，资源的有效利用在根本上还取决于科学技术的发展。云南民族地区拥有丰富的资源，由于劳动者的总体素质偏低，科学技术落后，资源的利用率很低。云南的水资源居全国第三位，可利用的水资源为 2222 亿立方米，占全国可利用水资源的 8.4%，按全省现有耕地面积计算，平均每亩为 55.5 万立方米，但目前云南水资源的实际利用率不到 0.1%。由于种种原因，还有几百万人，尤其是滇中、滇东北、滇东南地区几百万亩耕地浇不了水，人、畜饮水都十分困难，思茅地区 230 万人中，有 46.5 万人和 23.35 万头大牲畜仍为饮水问题所困扰。在工业发展

方面，由于生产技术落后，云南工业多数生产的是初级产品和中间产品，深加工、精加工的产品不多。90 年代初，云南磷矿产量 485.73 万吨，只产磷肥 36.64 吨；蔗糖 51 万吨，只产糖果 1.8 万吨；木材 244.86 立方米，只产锯材和人造板 43.6 万吨。由于科学技术水平低，低技术的掠夺式开发造成了资源的严重浪费。怒江州兰坪铅锌矿开采中的回收率只有 46%。五年采矿 31 万吨，消耗资源 500 万吨，收益 4500 万元，浪费却达到几十亿元。澜沧铅锌矿有 8 种有价元素，目前只能回收 4 种。

二、由于科学技术的落后，生产停留在低层次水平，造成生态的严重破坏

20 世纪 90 年代初，全国机耕面积已占耕地面积的 40%，东部沿海高达 75.2%，而云南只占 9.9%；全国有效灌溉面积占耕地面积的 46.3%，江苏高达 76.8%，而云南只占 34.9%；全国每亩耕地化肥施用量 13.9 公斤，江苏 25.9 公斤，而云南为 10.6 公斤；全国每亩耕地用电量为 45.8 千瓦时，江苏 124 千瓦时，云南为 20.8 千瓦时。大量的传统的乃至原始的生产技术仍然存在，刀耕火种占了较大比例。这不仅阻碍了民族地区经济的发展，而且严重地毁坏了生态环境。全省每年流失土壤（泥沙）达 5 亿吨。据 1988 年运用遥感技术调查表明，全省水土流失面积达 14.6 万平方公里，占全省总面积的 37%，其中，中度以上的流失面积达 6 万平方公里。有的地区（昭通）水土流失面积占总面积的 59.3%。据监测，IV 类以上水质在全省 116 条主要河流中占 75.8%，湖泊占 67%。全省每年水污染 10 亿立方米，生态损失折价 25 亿元。这一现象在低梯度民族地区表现得尤为突出。在怒江傈僳族自治州 88.94% 的土地坡度大于 25 度，其中大于 30 度的占 71.2%。目前粮食产量仅为每亩 200～300 斤。由于人口的不断增加，生产的发展只有依靠不断地砍伐森林、开垦荒地来维持，以至导致历史三次大的泥石流。改革开放以来，民族地区已经相继有 4 个县城被迫搬迁，其中碧江县城因滑坡已撤销。在滇东北地区，县域森林覆盖率已经低于 5%～7%，而由于人口增长过猛，不断毁林毁草开垦荒地，导致土地沙化、荒漠化不断扩大，自然灾害日趋频繁，泥石流不断发生，生态环境日益恶化。

三、科学技术水平的落后，阻碍了资源替代发展战略的实施

在区域发展中，没有一个地区具备经济发展的全部资源，因此必须与其他地区相互配置，尽可能节约自己稀缺的资源，充分扩大丰富资源的投入和提高丰富资源的利用效率，是实现资源替代发展战略的核心，而这一战略从根本上取决于科学技术的发展水平。从世界现代化的进程来看，资源丰富度高的国家和地区，经济发展的水平未必就高；而不少资源丰富度低的国家和地区，经济发展水平实际却超过了资源度高的国家和地区，其根本原因就在于充分地运用了科技发展的成果。一吨铁矿石出口到日本的价格为 500 日元，而日本出口一吨钢铁的价格为 20000 日元，中间的差价就是科学技术所创造的。我国东部地区自然资源不丰富，但其发展速度却快于西部地区，科技的发展水平差异便是一个重要的因素。民族地区要实现可持续发展，关键在于科学技术的发展，而科学技术的发展从根本上取决于民族地区整体人力资源素质的提高。

第三节　普及和提高科学技术是实现民族地区人力资源开发，推动民族地区经济增长的重要形式

科学技术是知识和智能的重要组成部分，是人力资源素质的重要内容。科学技术水平反映了整个民族地区智力开发的程度，并且是衡量民族地区生产力水平的尺度。科学技术的发展是提高民族地区人力资源素质的重要形式。科学技术在人力资源开发中的地位和作用主要有以下方面：首先，科学技术是人力资源开发结果的重要表现。科学技术分为两个部分：一是指科学的发明与创造；二是指科学转化为技术的应用与推广，但不论是科学技术的发明与创造，还是科学技术的推广与运用，从根本上讲，都取决于人的知识水平和人力资源的素质。科学技术的发展从根本上讲，是人力资源开发的必然结果。其次，科学技术的普及与提高，推动了生产力的发展，创造出巨大的经济效益，从而提高了人们对人力资源开发的预期效益。在人力资源开发中，

教育是基础，教育的成果往往是通过科学技术的发明创造，并通过科学技术的普及与推广应用而表现出来的。在民族地区，科学技术的普及与推广能够尽快改变民族地区生产的落后状况，使劳动者的收入提高，消费水平提高，从根本上改变贫困的面貌，促进经济的发展；科技的普及与推广又要求劳动者的素质要提高，从而推动教育的发展。与基础教育相比，科学技术的普及与推广具有"吹糠见米"、传播快、周期短、见效快、能够在短期内获得收益的特点，更容易为低梯度民族地区群众所接受。最后，科学技术的发展有利于人力资源开发结构的调整，有利于人力资源质量的提高和人力资源整体结构的高级化。在西部大开发战略的整体原则下，民族地区的开发必须采取可持续发展战略，在保护民族地区生态环境的前提下，在强调人类社会与自然社会协调发展的基础上，实现经济的超常规发展。可持续发展战略要求把科学技术放到核心的地位，因而也就突出了人力资源开发的主导地位。从总体上看，普及与提高科学技术是实施人力资源开发的重要形式。

第一，科学技术的普及与提高是人力资源技能素质提高的重要形式。科学与经济的"接口"，是技术成果的商品化，科技成果商品化的前提就是对人力资源的培训和教育，提高人力资源的整体素质。同时，科技产业化及其所带来的高效益，使人才价值得到充分体现，极大地激发了科学技术人员的创造热情，从而成为新一代人才的催化剂。

第二，科学技术的发展对劳动者及其文化素质提出了较高的要求，促使劳动分工高级化，突出了人力资源开发的重要性。在工业化革命以前，劳动者以自己掌握的知识和经验直接进行生产，主要是劳动者用自己的头脑指挥自己的双手进行生产。工业化开始后，劳动中用双手的劳动与用头脑的劳动开始分离。前一种劳动是机械性的劳动，其工作特点就是直接按规定的操作方法和程序作业，其劳动的特点，就是决定劳动产品的数量。而后一种劳动则是一种创造性的劳动，主要由从事开发研究的科学家和工程师承担。他们在劳动中付出的智慧转化成了生产所需的各种知识软件，这些知识决定了产品的形式质量和生产形式。科学技术的发展，使劳动分工不断从用双手的劳动转到用头脑的劳动。用头脑的工作需要较高的知识和智慧，用双手的人工作也要求掌握各种知识和技能。科学技术进步越快，对劳动者文化素质的要求越高，教育的发展越快，人力资源开发的地位就越突出。

第三，科学技术的发展有利于人力资源精神素质的提高。科学技术不仅能够直接促进生产，创造物质财富，而且能够影响和改变人的思想道德水平，转变观念，推动精神文明建设的发展。云南民族地区从不同的社会形态进入社会主义，与社会经济发展水平适应的，也存在着科学技术水平发展中的不同层次，民族地区科学技术水平的低下，以及由此形成的科学知识和科学素质的低下，成为阻碍民族地区经济发展的重要因素。在低梯度地区，民族群众中崇拜神秘自然现象，把消灭病虫害看成是杀生害命，迷信宗教，不吃药，不看病，宁肯把钱投在宗教上，让孩子"赕佛"，当和尚，进寺庙，而不让孩子上学，学文化；把兴修水利公路看成是破坏风水；保持不文明不科学的生活方式，如吃生肉、酗酒、不洗脸脚、不洗澡、不讲究卫生；"人不进厕所、牲畜不进厩、家肥不进田"，不懂得科学种田的重要意义等方面的情况十分突出，这些非经济因素成为民族地区经济发展中的严重障碍。改造这些旧的习俗和传统，将为民族地区经济发展扫清障碍。只能通过在民族地区普及和推广科学技术，认识自然发展规律，优化民族地区经济社会环境，促进人们健康成长的智力的发展来实现。

第四，科学技术的发展必然产生更多的交叉学科和边缘学科，促使科学技术向更广的范围和更深的程度发展，必然使人才结构和人才类型复杂化、多样化，从而推动人力资源结构的高级化。随着民族地区科技的进一步普及和提高，人力资源结构也日趋高级化，民族地区的人才结构从过去单一的党政管理发展到经济管理、企业管理、外贸进出口、旅游经济等几十种专业门类。全省25个少数民族中都有了不同专业的人才，有了自己的大学生、硕士生，一些民族有了自己的博士。民族人才结构进一步分化，门类越来越多样化、复杂化。

第五，普及科学技术知识，有利于执行计划生育政策，实现优生优育，提高民族人口素质。在一定的社会生产力条件下，保持相对适量的人口是社会生产得以持续进行的重要因素。人口适量，资源开发利用合理；人口的增长与社会生产的发展相适应；社会生产与环境保护相协调是可持续发展的基本要求。通过科学技术的普及，提高民族地区群众的环境生态意识，有利于

计划生育政策的执行。同时，人的生理素质和身体素质是人力资源的重要基础，是人力资源开发的重要内容。在民族地区群众中，由于受传统的婚姻习俗的影响，存在一些早婚、近亲通婚等不正常的婚姻关系，维持繁衍着一代代素质一般甚至较差的后代，危害健康，影响民族人口素质。民族地区劣生多育现象是与民族地区群众的思想文化素质低和不科学的生活习俗分不开的。正如舒尔茨所认为的："在改进贫困人民的福利中，起决定性的因素不是空间，能源的耕地面积，起决定性的因素仍在于如何改进人口的素质。"因此，提高民族地区群众的思想文化素质，通过普及科学技术，宣传生理卫生、医疗保健等方面的科学知识，培养健康的文明的生活习惯，实现优生优育，是实施民族地区人力资源开发的重要方面。

第四节　加快科学技术的普及与提高是民族地区人力资源开发的重要内容

一、在民族地区培养一支科技队伍，建立了科学技术普及的网络

要使科学技术推广到千家万户，让科学技术知识为每个劳动者所掌握，就必须建立一支科学技术普及的骨干队伍。民族地区要在发展基础教育和职业技术教育的同时，抓好科学技术的推广运用，逐步建立起农村科学技术普及组织。大理市阳合蔬菜产销协会下属有农作物栽培、植物保护、土壤肥料、农副产品经营四个研究组，由技术协作走向农、技、贸结合，引进了 106 个蔬菜品种，筛选推广了 21 个优良品种，通过田块速测法，摸清了土壤属性，并预测预报病虫害，试验农药 20 多种，有了显著的经济效果。1995 年，协会会员人均收入 17200 元，最高收入达 34000 多元。这个村已建立研究会 11 个，并建立了联合会。到 1998 年，云南已初步建立了以县、乡科技业务部门为骨干、能工巧匠、科技示范户形成的科普网络。在全省 1567 个乡镇中，已建立乡镇科协 1375 个，村级科普协会和小组 11493 个，专业技术研究会 5933 个。17 个地州和 72 个县 600 多个乡镇建立了农函大分校、辅导站和办学点。他们协助基层科技单位宣传科学技术知识，学习和推广实用技术，对于培养科技

人才和依靠科技兴农起到了积极的作用。

二、在民族地区普及推广一批先进的科学技术，帮助民族地区群众迅速脱贫，促进人力资源素质的普遍提高，提高民族地区对教育发展的预期

（1）推广科学技术，提高劳动生产率。科技的实用性是科技普及与推广的基本要求，也是科技得以普及和推广的基础。西双版纳州科协与民政部门通力合作，先后90多次组织科技人员深入嘎栋乡回火寨，教农民科学种田、科学养猪、发展橡胶和水果。三年时间，使这个吃粮靠返销、花钱靠贷款、穿衣靠救济的"三靠"村实现了人均有粮650公斤，人均收入837元，一举脱贫。澜沧拉祜族自治县酒井乡通过杂交稻规格化栽培，水稻化学除草、油菜上田、稻田池塘养鱼、甘蔗丰产等多项科学技术，全乡杂交稻面积由1990年的2650亩发展到1991年的3500亩，粮食总产量达434.9万公斤，比1990年增长24.8%，人均有粮381公斤，人均纯收入405元，比1990年增加59元。1993年，该乡又引进电脑农业专家指导种植玉米，亩产由原来的100斤提高到500～840斤。

（2）运用科学管理，实现生产的规模化和集约化经营。改革开放以来，各民族地区已逐步认识到科学管理是实现资源合理开发，科学利用，实现经济增长的重要内容，学会依据现有的自然资源及资源开发的难易程度，现实的开发能力和市场的供求趋势，提出综合开发的系统规划。孟连县在开发热区资源时，采取了股份合作制，实行谁投资、谁受益的开发原则，抓好连片开发，实施规模化集约化经营，按茶叶亩产50斤，橡胶亩产70公斤干胶，咖啡亩产80公斤干豆的技术标准建设，保证了开发的规模效益。

（3）科技与经济结合，采取短期培训与现场培训，理论讲授与实际操作相结合，实现了科技普及，人力资源素质提高，经济发展三者的统一。实用技术的培训与推广，是农村科普工作的一个重要内容。农村技术培训在于突出一个"实"字，即实用、实际、实效，这就要求技术培训要有针对性和专业性。"八五"以来，我省农村科普工作开始注重专业技术培训，省农函大先后培训了29个专业的学员30多万人；其他各种培训人次达1000多万人，其中有6万人获得了不同级别的农民专业技术职称，10万人掌握了1～2门实用

技术。自 1997 年以来，在科协系统扶贫户中，已有 38000 多户、15 万人脱贫。在澜沧县酒井乡，仅 1991 年就办班 30 期，培训 2129 人次，每户人家都有技术能手，实现了家家增产，户户增收。

三、在民族地区形成一批高新技术企业，提升民族地区科学的技术的结构，培育一批高素质的民族人才

民族地区开发的战略重点之一就是科技密集型产业。高新技术产业是西部开发中的亮点和希望。只有高新技术产业迅速发展了，民族才有希望赶上发达地区甚至走到发达地区之前。自 1993 年以来，云南高新技术产业工业产值以年均 31% 的速度增长，到 1997 年，全省高新技术企业 204 家，年产值超千万元的 21 家，年产值超过亿元的 7 家，工业总产值已达 59 亿元。到 2005 年，云南省提出的发展目标是，高新技术产业产值占全省工业总产值的比重要达到 15%，高新技术产品出口创汇额占全省出口创汇总额的比重要达到 12%。而要达到这个目标，民族地区尚存在着几大难点：一是高层次的科技人员严重匮乏，全省 95 万人的专业技术队伍中，科技人员仅 16 万人，真正从事科技活动的仅 5 万多人，其中科学家和工程师只占 60% 左右，而民族人才只占其中的 20% 左右。二是现有科研基础不足以支撑高新技术产业的发展。20 世纪 90 年代，全省有中央和地方科研单位 160 多个，高等学校 26 所，但真正能承担高新技术产业发展研究和开发任务的主要是中央在滇科研单位及少数省属高校和科研机构。这些单位又大部分在中心城市昆明，民族地区寥若晨星。三是资金投放严重不足，民族地区科技发展中缺乏高投入、高产出、高风险的企业投资。四是科技成果转化低，企业并未成为科技进步的主体。民族地区企业整体技术水平偏低，技术存量不足，竞争力十分脆弱。没有高新企业的发展，就不能进入科研发展的高水平面，民族地区的人力资源素质就不可能有高质量的提高，民族地区人力资源开发就缺乏向纵深发展的条件，民族地区的经济发展就缺乏强大的动力。因此，从民族地区的超常规发展的要求看，加快普及和提高科学技术已成为民族地区人力资源开发中的重要内容。

第十一章　建设民族文化大省：云南民族地区
人力资源开发的社会系统工程

文化是一个民族发展进步的标志和动力，也是人力资源开发的重要内容。人力资源开发的基本任务就是全面提高劳动者的素质，这不仅是通过发展教育，普及科学技术，而且要通过发展文化事业，提高人们的文化水平，提高人的认识能力，提高人的精神素质，营造出一个全面塑造人的社会环境来实现。云南省提出的建设边疆民族文化大省的战略构想从本质上看，就是一个民族地区人力资源开发的社会系统工程。这一战略构想的实施将有力地推动民族地区的人力资源开发工作。

第一节　发展文化事业是一项人力资源
开发的社会系统工程

一、文化及文化的基本功能

文化是一个民族传统文明的积淀，是一个民族的精神财富，也是一个民族发展进步的标志和动力，还是一个民族素质全面形成的社会环境。1871 年英国人类学家泰勒在《原始文化》一书中，对文化作了最早的界定："文化或文明是一个复杂的整体，它包括知识、信仰、艺术、道德、法律、习俗等等，以及人作为社会成员可以习得的各种能力与习惯。"广义的文化指人类社会实践过程中所创造的物质财富和精神财富的总和，包括社会发展一定历史阶段上的技术进步、生产经验和人们的劳动技能、教育、科学、文学艺术及与之相适应的机构和制度。狭义的文化指社会文化精神生活形式的总和，如教育、科学、文学艺术、哲学、道德等社会意识及与之相适应的机构和制度。作为

观念形态的文化，它的表现是发展需要借助相应的媒介（即文化载体），这就是我们发展文化事业所需要的机构和设施。所谓民族文化，则是指各民族在长期的社会实践中创造和发展起来的带有民族特点的文化，这种文化具有几个突出的特征：一是多样性，不同的社会生活形成了民族地区文化的不同性，形成了不同民族物质文化、精神文化和价值的差异及各自的特殊性。二是主体性，民族文化在其历史发展过程中积淀了以自己民族价值系统为主导的传统、习俗、文字、精神素质的文化系统。在阶级社会中，民族文化是一定社会政治和经济观点在观念形态上的集中反映。在社会主义社会里，民族文化是具有社会主义内容和民族形式的新文化，其中，社会主义文化是民族文化的主体，决定着民族文化的性质，民族文化形式反映着社会主义文化的本质。三是交融性，任何一个民族文化的发展都是在或多或少地吸收其他文化的基础上发展起来的。文明间相互交融、渗透是民族文化发展的动力之一。四是变动性，民族文化的形式并不是固定不变的。作为民族社会经济、政治在观念形态上的反映，民族文化的发展是以经济的发展为前提的，以社会的政治变革为之开辟道路，不断变化发展以适应经济社会发展的要求。

在知识经济的背景下，经济科技的竞争正成为世界发展的主旋律，竞争主要表现为综合国力的竞争。在综合国力中与经济力、国防力相对应地是"文化力"。所谓"文化力"就是指一个国家人的资源和民族素质的问题。一个国家希冀于屹立于世界民族之林，除了独立而强大的经济力和国防力之外，还要有自己高度的理论旗帜和思想尊严。一个没有共同理想、远大目标和精神支柱的民族，即使经济再发达，也顶多是一个跛足的"泥足巨人"。恩格斯在《共产主义原理》一文中就提出过："用整个社会的力量来共同经营生产和由此引起的新发展，也是需要一种全新的人，并将创造出这种新人来。"文化所产生的是人的整体精神境界和劳动素质，它主要的功能就是塑造人。文化建设的功能就是为民族社会的经济建设和社会发展提供精神动力和智力支持，培养高素质的人力资源。具体地说，一是塑造人。人一出生就处于特定的文化背景中，面对特定的文化环境，形成特定的文化素养。正如美国人类学家本尼迪克所说的："个体生命史首先是适应他的共同体、世代相传的方式和标准。从他出世时候起，他出入其中的风俗习惯就塑造他的经验行为，到他会讲话时，他已经成为他所属文化的小小创造物，到他长大并且能参加它的活动时，它的习惯就是他的习惯，它的信念就是他的信念，它的不可能就是他的不可能。"二是文化是培养人的共同理想，树立社会精神支柱的重要手段。文化依附语言和其他文化载体，能够超越具体的历史时代和个别人的心理，形成一种社会文化环境，对生活于其中的每个人产生同化作用。一个社会的主体文化，能够培养起一代代人对社会生活制度的归属感和认同感，使人们在社会生活的主要方面形成大体一致的价值理念，成为维系一个社会、一个民族的巨大力量，是人力资源质量提升的核心内容。三是文化是提高人的科学文化素质的重要途径。文化教育既是文化的传播过程，又是文化的再生产过程，文化通过提高劳动者的整体素质来改造和发展社会生产力，促进经济社会迅速、持续、健康地发展。科学技术的进步和运用推广，都是通过文化传播转变为劳动者的能力，转变为现实的生产力，通过文化的再生产，实现新的飞跃，因此，在人力资源开发系统中文化的影响远比教育、科技的范围广泛得多，文化本身的发展不仅涵盖了教育和科技，而且通过广播、电视、图书、电影等传播媒体，把教育性与社会性、知识性与娱乐性有机地融合在一起，满足了人们精神生活的需要，传播了科学文化知识，在潜移默化中塑造着人力资源的素质。可以说，文化建设就是人力资源开发的社会系统工程。

二、文化事业在人力资源开发中的地位和作用

在民族地区发展社会主义文化事业对人力资源的开发起着积极的作用：

第一，科学技术的普及与提高，经济社会的发展，劳动者素质的全面提高都要以文化事业的发展、人们文化水平的提高为基础。学习和接受科学技术，特别是现代科学的最新成果，不具备一定的文化水平是不可能的。从一般意义上讲，文化程度越高，经济收入也就越高；文化程度越高，知识面就越宽广，思想就越开阔，而且学习和接受新的科学技术知识就越容易；文化程度高的劳动者就业的门路要宽一些，就业的机会更多；文化程度高的人往往能够利用自己的专长，从事生产经营活动，尽快实现致富。据测算，劳动者接受普通教育的时间每增加一年，可以使新工种的掌握速度平均加快15%，合理化建议增加6%；工人达到小学文化程度，可以使劳动生产率提高10%，

达到大学文化程度可以使劳动生产率提高300%。可以说,劳动者文化水平的高低,决定着劳动者掌握和应用科学技术和生产技能的能力,从而决定着社会经济发展水平的高低。劳动者文化水平的形成,主要依靠学校教育来实现,以达到某种学历水平为标志。在学校教育之外,人们还需要通过社会教育、生产实践,以及社会生活和文化生活等多种渠道,通过广播、电视、电影等大众传播媒介,通过知识竞赛、科技交流、展览会等各种手段,学习和接受文化科学知识。同时,社会经济发展了,人们物质生活水平提高了,也就要求更加丰富多彩的精神生活,对文化事业提出了新的要求,从而促进了精神文明建设的发展。因此,发展社会主义的文化建设事业是一个人力资源开发、劳动者整体素质提高的系统工程。

第二,文化事业是传播知识和信息的重要渠道,是人力资源开发的重要内容和动力。在人力资源开发系统中,我们可以通过发展社会主义的文化事业,向群众宣传党的基本理论和纲领,对他们进行社会主义思想教育,传播科学知识,交流生产生活经验,及时提供各方面的信息和各种新的知识,使他们了解新事物,提高思维能力,提高认识和解决问题的能力。发展文化事业,开展多种形式的文化活动,对民族地区实施人力资源开发起着重要的作用。文化活动的形式和内容是非常丰富多彩的,因而文化对人的素质形成的影响也是多方面的。文化活动最显著的特点是它伴随着人们的社会生活,从各个方面给人们以教育和影响。文化活动形式的多样性,使文化活动对人的作用、影响和效果也是多样的。智力型的文化活动能够直接向人们传播科学知识;娱乐型的文化活动能够调剂和丰富人们的业余生活,把知识和娱乐融为一体,不仅满足了人们的精神生活,而且寓教于乐;竞技型的文化活动则不仅有利于提高人们的体质,而且能够磨炼人的意志。不同的文化活动给人们不同的教育和影响,对人力资源的开发产生着不同的作用。

第三,文化事业的发展,对人们的思想品德和思维方式产生着积极的影响。在人力资源的素质要求中,知识技能和思想品德是最基本的两大要素。只有思想品德高尚的人才能够为祖国和民族的进步和繁荣,为了造福人民而努力学习,掌握和应用科学技术;才能为了人民的根本利益贡献自己毕生的精力;才能为了追求共产主义理想,不为名利所诱惑,不向困难和挫折屈服。

在思想品德素质中，最重要的是一个民族只有树立了自己的共同理想和信念，才具有民族的凝聚力，才具备民族发展的精神动力。多种多样的文化活动不仅对人的思想品德产生着直接的影响，而且对人们情操的塑造、思维方式的发展也产生着积极的影响。通过健康的文化生活，陶冶人们的情操，提高人们的精神境界，培养人们的良好的科学思维方式，全面提高人的素质。

第四，发展文化事业对于青少年的培养、形成未来的人才资源具有十分重要的地位和意义。青少年是民族发展的未来希望，是社会未来的人才资源。对青少年的教育和培养，历来是人力资源开发的重要内容。社会文化活动对青少年的影响是显而易见的，是决定他们成才的重要因素。青少年是潜在的劳动力，是正在开发中的人力资源，是未来的人才。在开展学校教育的同时，积极开展健康有益的社会文化活动，对青少年进行爱国主义、集体主义和社会主义教育，树立正确的世界观、人生观和价值观，培养青少年对科学技术的兴趣，培养他们的观察力和创造力，形成青少年优良的思想品德和系统知识。因此，积极开展社会文化活动，对于青少年未来素质的形成具有决定性的意义。

第二节　建设民族文化大省：云南民族地区人力资源开发的系统工程

云南省提出建设边疆民族文化大省的战略构想，是要以党的十五大政治报告中提出的"建设有中国特色的社会主义文化，就是以马克思主义为指导，以培养有理想、有道德、有文化、有纪律的公民为目标，发展面向现代化、面向世界、面向未来的民族的、科学的、大众的社会主义文化"为根本指针，把云南建设成为各民族人民具有社会主义共同理想的较高的科学文化素质、经济繁荣、社会文明、民族团结、人与自然和谐发展的民族大省。建设文化民族大省的定义是：文化立省、科技兴滇，充分发挥民族文化丰富多样的独特优势，让文化融入经济，提高经济发展质量，把民族文化产业培养成新的经济增长点，促进多民族地区文化、经济、生态的可持续发展，把云南建设成一个经济繁荣、文化发达、民族团结、社会文明的现代化强省。

建设边疆民族文化大省是云南实现跨世纪发展战略的需要。云南经济社会的发展与内地存在着很大的差距，要实现经济超常规的发展，实现跨世纪的发展战略目标，必须始终不渝地坚持科教兴滇，坚持"文化立省"。要通过文化的发展，提高云南经济发展的质量，使云南经济的发展转到依靠科学技术和提高劳动者素质的方面。云南的发展还处于社会主义初级阶段的低层次，制约经济发展的主要原因是人才、技术、资金、管理以及基础建设等。但归根到底还是人的素质问题。在知识经济条件下发展经济，科学技术是第一生产力，教育是基础，人才是关键。云南要实现经济超常规的发展，最急迫的是科技与教育的问题，也就是提高民族整体素质的问题。因此，建设边疆民族文化大省从本质上看，就是民族地区人力资源开发的系统工程。其产生的根本依据在于：

一是从文化与经济发展的不平衡规律看，先进的思想观念常发生在社会的经济、政治变革之前，"思想走在行动之前，就像闪电走在雷鸣之前"。思想观念的解放、人力资源整体素质的提高是经济社会发展的先导。提出文化建设与人力资源超前开发战略的整体构思是相吻合的。

二是经济社会的快速发展，给文化建设提出了更高的要求。要实现民族地区经济的快速增长，就需要大量的民族专业人才，没有科技教育文化的发展、人力资源的蓄积，民族地区经济的发展必然受到严重阻碍，正如邓小平所提出的："我们国家国力的强弱，经济发展后劲的大小，越来越取决于劳动者的素质，取决于知识分子的数量和质量。"加快教育科技发展是建设民族文化大省的基本内容。同时，体制的转化对人力资源的思想道德素质提出了更高的要求。建设民族文化大省目标提出了建设新的适合社会主义的精神价值理念，是实现民族地区社会快速、健康、持续发展的主要因素。因此，建设民族文化大省有利于创造人力资源开发的社会软环境。

三是通过弘扬民族优秀传统文化，实现民族地区人力资源开发的针对性、有效性。在各民族的社会历史发展中形成了民族文化的多样性、复杂性，在各民族文化传统中具有两个方面：一方面是优秀的、健康的民族文化传统。另一方面，民族文化传统中也存在消极的、愚昧的、落后的旧传统、旧观念。通过建设边疆民族文化大省，弘扬民族优秀传统文化，改造旧的落后传统，

创造新的民族文化形式，提高民族文化的整体质量，建立新的社会主义民族文化体系，这一基本内容正是人力资源开发中需要解决的重大问题。

四是建设民族文化大省的重要任务，就是要培育一大批文化工作者和优秀的文化人才。这支队伍的建设既是经济社会发展分化的必然要求，又是人力资源开发的必然趋势。培养以民族为主体的多门类、高质量的民族人才队伍是民族地区经济社会发展的希望所在，也是克服市场经济条件下人才逆向流动的要求，从整体上提高民族人力资源的素质的关键。

五是立足建设民族文化大省突出了民族价值理念的塑造，把培养"四有"新人作为文化建设的基本目标，从本质上说，就是按社会主义的要求培育与民族地区社会主义现代化建设相适应的人才，这就是民族地区人力资源开发的基本指导和主要任务。

六是建设民族文化大省的战略目标强调了文化建设在云南政治、经济、社会发展中的重要地位和影响，有利于动员全社会各种资源来实施这一目标，因而从客观上就创造了民族地区人力资源开发的社会软环境，从而形成了民族地区人力资源开发的系统性工程，形成了人力资源开发中以科学技术为核心、教育为基础、文化建设为网络的多层次、多结构的开发系统，必将有力地推动人力资源开发工作的开展。

第三节　加快民族文化大省的建设，推动民族地区人力资源开发

一、建设边疆民族文化大省的主要任务

建设边疆民族文化大省是一项复杂的系统工程，其包含着几个主要方面的工作：

第一，统一认识，制定规划。建设边疆民族文化大省是一个较长的历史过程，是全社会参与的实践活动，为了保证其健康地发展，就要求有宏观的总体科学规划，还要有分部门、分地区和分项目的切实规划。同时，认识的统一、目标的确定需要在实践中不断深化和提高。

第二，高举邓小平理论旗帜，以科学理论武装人。民族文化建设的理论核心就是马克思主义、毛泽东思想、邓小平理论，这是文化建设塑造人的根本。在文化建设中，教育是基础，科技是骨架，文学艺术是肌肉，新闻信息是血脉，马列主义、邓小平理论就是头脑。

第三，以人为本，以高尚的道德塑造人。民族文化建设要以各民族的传统美德为基础，以为人民服务为核心，加强民族、法制和纪律教育，引导树立正确的世界观、人生观、价值观，培养爱国主义、集体主义、社会主义的理想和信念，形成良好的社会公德、家庭美德、职业道德，大大提高云南各民族人民的思想道德素质。

第四，大兴科教，奠好基础。民族文化建设的基础就是科学技术和教育事业的发展。实施科教兴滇的发展战略是实现云南经济社会超常规发展的基本要求。

第五，实施文化建设工程。这包括民族文化工程、文化精品工程、文明走廊工程、民族文化长廊工程和文化基础工程等五项重点工程。

第六，发展文化产业。文化的建设要走产业化的发展道路。要重点发展传媒文化产业、科技文化产业、教育文化产业、文学艺术产业、体育健身产业、旅游文化产业、信息文化产业、生态文化产业等八个重点文化产业。

第七，扩大对外交流，实现文化的共同繁荣。民族文化的进步与繁荣从根本上取决于民族文化对外交流的水平和程度。民族文化交流的范围不仅限于省内各民族间，而且必须扩大到省外和国外的文化交流；不仅是单向的交流，而且是双向的交流，是多边的交流。

第八，建章立制，优化文化环境。建设民族文化大省，要有一定的规章制度作保证，要有文化立法，通过一定强制性的法律把文化建设纳入规范的途径，形成有序的运动。要创造一个良好的社会环境，保证民族文化建设的健康发展。

第九，加强领导，建设一支高素质的文化大军。科学的组织管理是民族文化建设的基本要求；培养出一批高素质的文化人才是民族文化建设的核心；组织起一支宏大的文化建设大军是民族文化建设成功的保证。其中，知识分子是民族文化建设的主要部分，起着非常关键的作用。

第十，强化宣传，树立形象。宣传是一种组织的力量，是一种引导的力量，是一种鼓动的力量。要通过富有成效的宣传工作，动员社会的一切力量，推动民族文化大省的建设，树立起文明进步的形象。

二、围绕建设边疆民族文化大省的目标，加快民族地区人力资源的开发

民族地区要利用建设民族文化大省的有利时机，推动人力资源的开发，实现以人力资源开发为主导，推动民族地区经济社会的快速发展。围绕民族文化大省的建设，民族地区应主要抓住几个方面的工作：

第一，把提高民族地区人的素质作为人力资源开发工作的核心。人的素质是一个以自然素质为生理物质基础，以精神素质为主要内容和主要指标，以全社会素质为基本条件和保证的复杂系统。其中民族的精神素质是核心。提高各民族人民的素质，一是要始终不渝地用邓小平理论武装、教育各族人民，在社会主义、集体主义、爱国主义的旗帜下，树立民族共同的理想、信念，增强各族群众的主体意识，教育他们树立民族的自强不息、艰苦奋斗、建设家乡、自我发展的奋斗意识，这是民族地区人力资源开发的关键。二是帮助各族群众树立现代市场经济观念，普及市场经济的基本知识，培养各族群众驾驭市场的能力。三是帮助各民族群众树立现代文明观念。现代文明观念包括道德观念、法制观念和追求文明科学生活方式的观念等。改变民族传统文化中不利于现代化进程发展的落后生活方式、习俗和观念。四是提高各民族群众的科学文化素质。提高各民族群众的素质是民族地区人力资源开发的基本任务，也是民族地区精神文明建设的基本内容。实施建设民族文化大省的目标把民族地区人力资源开发与精神文明建设有机地统一起来，起到了两者间相互促进、相互发展的实际效果。

第二，以发展群众性文化事业为途径，实现民族整体素质的提高。提高人们的素质，主要通过教育，学习和接受科学知识，同时也要依靠文化事业的发展。学校教育以达到某种学历水平为标志。但是，接受学校教育在人生中毕竟是一个较短的时期。人们接受文化科学技术知识，除了学校教育以外，还通过广播、电视、电影等工具，通过知识竞赛、科技交流、展览以及各种文化活动，通过社会教育、生产实践以及社会生活和文化生活等多种渠道，

传播知识。发展群众文化事业既能够满足群众精神文化生活的需要，又是人力资源开发的要求。文化事业的方式与民族群众的社会生活直接融为一体，与教育科技发展相比，具有广泛性、娱乐性，寓教于乐，寓教于日常生活中等特点，建设民族文化大省中，从"五讲四美三热爱"到"创建文明村镇"、建设"文明走廊"和"边疆文化长廊工程"、"万村书库工程"，通过图书馆、文化室、博物馆、科技馆等文化事业向群众提供了精神食粮，培养了各族群众的科学素质，普及了科学知识；通过实现家家通电视，村村通广播，戏剧、电影下乡，科技下乡等文化建设活动，有利于传播知识、信息，改变各族群众的科学观念，直接传播、普及科学知识。总之，多种形式的广泛的群众性文化活动，不但对各族群众思想品德的形成有着直接的影响，而且能够培养良好的科学思维习惯，提高民族群众的整体素质。

第三，以继承改造民族传统文化为形式，推动民族地区人力资源的开发。

·云南各少数民族在长期的社会实践中创造了光辉灿烂的文化，对祖国的历史发展作出了贡献，也为民族地区文化事业的发展奠定了基础。民族地区的文化建设不能割断历史，必须继承和发扬民族优势文化而又充分体现社会主义时代精神。继承不是简单的重复和沿袭，而是一个选择、消化和扬弃的过程，继承一方面是对有利于民族经济建设和精神文明建设的传统文化的继承与发扬，如佤族人民爱国主义的传统，白族人民对教育的重视，以及各民族不同的家庭教育方式、不同的语言文字形式等。借助这些传统，推动民族地区教育科技事业的发展，提高民族的整体素质。另一方面则是结合时代的需要，创造新的民族文化，使优秀的民族文化传统、民族特色与时代的需要发展结合起来，赋予新的内容和活力。通过文化活动的教育和影响，增强民族自信心，努力学习提高科学文化水平，赶上知识经济发展的需要。再一方面，对民族文化传统也要进行改造，改造也具有两重含义：一方面是对旧的落后的习俗、观念、生活方式的彻底改变，摒弃如酗酒、迷信、不讲卫生等习惯，另一方面是借鉴吸收外来文化。民族地区要实现人力资源素质的提高和经济社会的超常规发展，就必须加大对外开放的程度，善于接受和吸收其他民族和外来的先进文化，大胆吸收借鉴人类社会创造的一切文明成果，"走出山门，走出国门"拓宽自己的眼界，用最新的知识文化来武装自己。民族文化是民族社会知识和智慧的结晶，它像血一样流淌在各族群众心中，渗透民族生活的每一部分，是民族地区文化建设的重要内容。充分利用民族文化形式，保证了人力资源开发的针对性、重点性的要求，是实现人力资源开发有效投入的社会条件。

第四，实施"科教兴滇"战略，为民族地区人力资源素质的整体提高奠定基础。教育和科技事业的发展，直接关系到民族地区经济社会的发展，关系到各族人民的基本素质和劳动技能的提高。站在建设边疆民族文化大省的高度来认识科学教育的地位，就要求我们加大对科技教育的投入，深化科技教育体制的改革，加强基础教育的发展，加快从应试教育向素质教育的转变，大力发展职业教育，培养各种实用人才。高等学校要调整专业设置，逐步推行联合办学，合理配置教育资源。要充分利用社会力量，鼓励和支持兴办民办教育。在今后若干年内，使全省各族人民的平均受教育程度，接受中等专业技术教育、职业教育和高等教育人数在总人口中所占的比例达到或接近发达地区的水平。要强化科学技术的基础和应用研究，发展高新技术产业，迅速提高广普性科学技术在全省生产、生活各方面的普及率，持续而有效地对民族地区文化注入科学精神和创新意识。

总之，建设边疆民族文化大省构想是建设具有中国特色社会主义文化在云南的具体目标的生动体现。这一构想的核心就是通过弘扬民族优秀文化形式实现塑造民族地区社会主义新人，全面提高各民族的整体素质，从本质上就是一个人力资源开发的系统工程。建设边疆民族文化大省是实施民族地区人力资源超前开发战略的系统工程，有利于实现民族地区人力资源开发的有效投入，达到人力资源开发规模效应，从而推动民族地区经济社会的迅速发展。

主要参考文献

1. 《马克思恩格斯选集》第 1～4 卷，人民出版社 1972 年版。

2. 《马克思恩格斯全集》第 19、21、23、24 卷，人民出版社 1972 年版。

3. 《列宁选集》第 1～4 卷，人民出版社 1972 年版。

4. 《邓小平文选》第 1～3 卷，人民出版社。

5. 文明：《新纪元的第一国策》，民主与建设出版社 1999 年版。

6. 卢福财：《人力资源经济学》，经济管理出版社 1997 年版。

7. 姚裕群：《人力资源概论》，中国劳动出版社 1992 年版。

8. 潘晨光：《国外人力资源发展报告》，中国林业出版社 1998 年版。

9. 沈利生：《人力资本与经济增长分析》，社会科学文献出版社 1999 年版。

10. 左停、陈利生：《不发达区域经济学》，云南大学出版社 1997 年版。

11. ［美］西奥多·W. 舒尔茨：《论人力资本投资》，北京经济学院出版社 1990 年版。

12. E. 麦克纳·N. 比奇：《人力资源管理》，中信出版社 1998 年版。

13. 云南省社会学学会：《云南民族地区的改革和发展研究》，1993 年版。

14. 郭正秉、郭大烈、刘尚铎：《惊险的跳跃》，云南大学出版社 1991 年版。

15. 雷江旺：《人力资源管理》，云南人民出版社 1987 年版。

16. 杜玉亭：《传统与发展》，中国社会科学出版社 1990 年版。

17. 鲁洁：《教育社会学》，人民教育出版社 1990 年版。

18. 陈国新：《云南少数民族的社会主义发展道路》，云南大学出版社 1996 年版。

19. 沈继英、李家兴：《人力资源管理》，北京大学出版社 1998 年版。

20. 陈铁军：《云南区域经济协调发展论》，云南人民出版社 1999 年版。

21. 云南社会科学院哲学研究所：《哲学与云南民族》，云南民族出版社 1988 年版。

22. 王义祥：《发展社会学概论》，华东师范大学出版社 1995 年版。

23. 郭福昌：《中国少数民族教育重大理论问题研究》，云南人民出版社 1997 年版。

24. 裴时英：《教育社会学概论》，南开大学出版社 1986 年版。

25. 杨毓才：《云南各民族经济发展史》，云南民族出版社 1989 年版。

26. 柴泳、杨伯华：《西方经济学》，西南财经大学出版社 1993 年版。

27. 吴照云、李振球：《就业原理与就业指导》，经济管理出版社 1997 年版。

28. 汪安佑、曾宝成：《人力资源管理理论》，国防科技大学出版社 1998 年版。

29. 《云南多民族特色的社会主义现代化问题研究》，云南人民出版社 1986 年版。

30. 《云南统计年鉴》，中国统计出版社 1999 年版。

31. 《新编云南省情》，云南人民出版社 1996 年版。

32. 沈利生、朱运法：《人力资本与经济增长分析》第 3 卷，社会科学文献出版社 1999 年版。

33. 王朗玲、孟庆琳主编：《西方经济思想库》第 2 卷，科学出版社 1997 年版。

34. 《列宁全集》，俄文版第 36 卷，1960 年版。

后　记

　　《云南民族地区梯度结构与人力资源梯次开发》一书为我的博士论文，2000 年被评为华中师范大学优秀博士论文，曾在 2001 年于云南大学出版社出版。在此，我感谢云南省"当代云南社会科学百人百部优秀学术著作丛书"的支持，再次出版，也感谢云南大学出版社编辑们认真细致的工作。需要说明的几点：一是由于著作的完成是在 2000 年，许多资料已经过时，很多数据已经变化。此次再版，考虑到还历史真实，没有按照今天的变化进行调整。二是当时写作的规范并没有太高的要求。著作中一些引言缺乏准确的出处，特别是很多数据没有注明出处，现在更改比较困难，因而再版中没有进行太多调整。三是一些提法，从现有情况来看，可能不太适合，但考虑到当时的情景，没有进行新调整。如"邓小平理论旗帜"，"具有中国特色社会主义理论"，现有已经提"邓小平理论、'三个代表'重要思想和科学发展观"，"中国特色社会主义"。最后，向支持我及我曾引用过材料的作者表示深深谢意。

著　者

2012 年 2 月